결정의 미학

결정의 미학

──── 오연천 전 서울대 총장의 선택과 결정의 순간들 ────

오연천 지음

21세기북스

공적 경험 함께 나누기
: 오연천 총장이 보내는 예술적 충고

남익현 교수(서울대 경영대 학장)

『결정의 미학』을 통해 오연천 총장의 공적 경험을 여러분과 함께 나눌 수 있게 된 점에 큰 의미가 있다. 인생이 의사 결정의 연속이라는 점에서 우리 모두가 이 책으로부터 배울 것이 많다는 얘기다. 『결정의 미학』에서 찾아볼 수 있는 사례는 오연천 총장의 공적 역할에서 겪은 경험을 다루지만, 기업의 전략적 의사 결정과 매우 유사하다는 것을 알 수 있다. 따라서 공적 조직의 책임자와 기업 경영진은 정책을 추진하거나 전략을 선택할 때 배움을 얻으리라 확신한다.

계량 모형의 전형은 목적 함수를 정의하고 여러 제약식 아래서 최적화를 시도한다. 오연천 총장은 결정의 책임자에 대해 계량 모형을 넘어서는 예술적 충고를 권한다. 먼저 목적 함수의 경우 복수의 가치가 존재하는 경우가 많은데 이때 우선순위를 명확히 하는 것이 중요하다는 것을 일깨워준다. 제약식과 관련해서는 제약의 실재를 파악해 이에 대응하고 극복하는 것이 필요함을 알려준다. 목적 함수와 제약식을 파악하는 과정에 다양한 정보를 취합하면서 의사 결정자의 취향에 맞는 정보가 아니라 객관적인 정보를 수집하고 평가하도록 책임자가 스스로 냉철한 노력을 기울여야 한다는 것을 강조한다.

정책 성공의 중요 요소로 다양한 이해관계자stakeholder 간의 갈등을 최소화하는 능력과 기능을 꼽을 수 있다. 정책을 결정하고 집행할 때 적절한 시기를 잡는 것은 정책 내용 못지않게 성패를 좌우한다는 혜안을 준다. 여러분이 『결정의 미학』에서 마주치는 다양한 정책 결정 사례를 주인공 입장에서 심독하면서 경험적 지혜를 공유하기를 희망한다.

차례

추천사 공적 경험 함께 나누기: 오연천 총장이 보내는 예술적 충고
　　　　남익현 교수(서울대 경영대 학장) __ 4
시기별·역할별 사례 분류 __ 16
프롤로그 __ 18

I 인사 부문 의사 결정

01 국립대학 최초로 여성 부총장을 선임하다 __ 28

1 총장 취임 직전에 부총장을 선임하다
2 부총장 선임 기준: 총장 선출의 정치적 중립, 기초 학문, 공적 경험
3 새로운 기준을 만들다: '여성' 교수

02 정치권과 무관한 한국연구재단 이사장 선임: 장관의 마음 비운 추천 __ 32

1 이주호 장관의 한국연구재단 이사장 후보 추천 요청
2 이승종 부총장의 한국연구재단 이사장 임용 과정
3 임용 추천 권한을 폭넓게 활용한 장관의 결단
4 '대통령 임기가 끝나면 미련 없이 자리를 떠나라'는 고언

03 초대 서울대 상근감사의 추천: 친정 마다하고 외부 수혈을 택하다 __ 37

1 서울대 법인 출범과 상근감사제 신설
2 상근감사 임용 과정: 교육부 간부들의 기대에 부응하지 못하다
3 인사 조언 기회를 통해 취약 분야를 외부에서 수혈하다

04 서울대 법인 설립 최고 의결 기구에 김용 총장 위촉:
정성을 다하면 길이 있다 __ 42

1 법인화법 통과에 따른 법인설립준비위원회 구성
2 시대정신 반영한 대표성과 전문성 고려한 선임
3 김용 총장을 위촉하다

05 인사권자가 자문 결과 반영해 주중한국대사 민간 출신 기용 구상을
철회하다 __ 47

1 민간 출신 대사 후보 추천을 요청받다
2 민간 출신 대사 후보자에 대한 탐색: 추천 없음의 추천 의견
3 소신을 철회할 수 있는 용기: 조언자의 역할을 중시하는 리더십

06 서울대병원장 임용 관련 자문 의견:
정중함을 유지하며 대학의 권위를 존중받다 __ 52

1 총장 내정자 시절, 대통령 비서실로부터 받은 연락
2 대학의 입장을 밝히다
3 인사 결정 조언자의 역할: 신뢰를 확립하고 대학 입장을 견지하다

07 자신의 인사 구도에 반反한 자문 조언 수용한 기획예산처 장관 __ 55

1 기획예산처 출범과 개방형 인사 시스템
2 개방형 인사위원회의 심사: 장관의 인사 구도와 다른 결정
3 사례 찾기 어려운 너그러운 수용: 신임 국장을 선임하다

08 추천을 통한 의견 수렴: 주목받을 총장 선임 사례 __ 59

1 대통령실장으로 임용되면서 후임 총장 후보 추천을 요청하다
2 마음을 비우고 추천 중시하는 인사 결정

09 통일평화연구원장을 4번 연임하다: 예외 아닌 모범 사례 __ 63

1 4번 연임을 통해 연구원 위상을 제고하다
2 4번 연임이 모범 선례를 남기다
3 국책연구원장 단임의 한계는 시정해야 한다

10 투병 중인 교수를 기술지주 사장에 임용하다 __ 67

1 기술지주 사장을 자천한 교수
2 홍국선 사장의 역동적인 활동과 와병 소식
3 와병 중에도 사장직 연임을 희망하다

II 새로운 제도 형성에 관한 결정

01 의대 문·이과 교차 지원 시행을 보류하다:
번복 비판 무릅쓰고 여론 고려한 '회귀' __ 74
1 갑작스런 교육부 장관의 우려
2 총장 중심으로 의사 결정 과정을 격상하다
3 입학본부의 입장을 유지할 것인지, 선회할 것인지, 끝장 토론하다
4 최종 결정에서 얻은 교훈: 비용을 치르더라도 가치를 선택하다

02 기금 교수의 전임 교수 전환:
상위 목표의 공감대를 형성하고 부수적 과제를 협의하다 __ 84
1 서울대 법인화와 기금 교수의 신분 전환
2 전임 교수로 전환하는 과정의 논점
3 법인 교수로의 전환 당위성, 부수적 과제는 타협

03 총장 나이 제한 존폐에 관한 결정: 보편적 가치를 중시하다 __ 89
1 법인화 앞두고 총장 나이 제한 존폐 결정에 직면
2 법인설립실행위원회에서 논의하다: 두 입장의 대치
3 나이 제한 철폐를 결정하다: 원칙론을 채택

04 학(원)장 임용 방식의 정비: 실질적 자율과 통합의 상징성 고려한 결정 __ 93
1 명문화되지 않은 학(원)장 임용 관행
2 학(원)장 임용 기준: '자율과 분권', '통합과 집권'
3 중간의 선택: 추천은 자율, 총장의 임용 권위 유지
4 자율성과 다양성을 팀워크로 유도해야 할 책무

05 국회예산정책처가 태동하다:
국회의장의 소수 의견 수용이 만들어낸 뜻밖의 결론 __ 99
1 박관용 국회의장 취임과 국회정책연구원 신설 의지
2 연구원 신설 구상을 철회하고 '국회예산정책처' 신설(안)이 떠오르다
3 국회예산정책처 태동의 뿌리: 의장의 순응하는 리더십

06 '국제대학원'이 아닌 '국제지역원'을 설립하다: 절반의 결실 __ 105

    1 김영삼 정부의 세계화 구상: 국제 전문인력 양성화 프로그램
    2 국제대학원 설립을 논의하는 과정에서 일부 대학이 보인 소극적 태도
    3 반대 의견을 수용한 '국제지역원'이 출범하다: 국제대학원의 변형
    4 국제대학원으로의 진화
    5 부분 이익 추구에 따른 공통 이익의 유실 가능성

07 행정대학원과 국제지역원 통합(안)이 좌절되다: 공통 이익 실현의 어려움 __ 111

    1 총장이 통합을 제안하다
    2 행정대학원 교수회의에서 한 집중 토론: 기득권의 함정
    3 백지화를 결정한 원인

III 신규 사업에 관한 결정

01 관정도서관 신축의 기적: 귀인의 결단을 가능하게 한 용기 __ 120

    1 서울대 제2도서관을 신축하다
    2 이종환 회장의 뼛속 깊은 미래 인재 양성
    3 인사가 만사: '이단적 제안자'가 변화를 이끌다
    4 책임자의 인내심과 무한 책임

02 평창 그린바이오 사업을 완성하다: 선도자의 집념과 일관된 정치적 지원 __ 127

    1 리더십 연구 가치가 있는 평창 그린바이오캠퍼스를 준공하다
    2 평창 그린바이오 사업 전개 과정
    3 농생대 사업에서 서울대 사업으로 격상하다
    4 불가능해 보였던 사업의 성공 요인
    5 그린바이오 사업 완성으로 얻은 교훈

03 삼성R&D센터, 난관 극복한 출발: 거시적 안목에서 결단하다 __ 137

    1 삼성R&D센터 건립을 결정하다
    2 예견할 수 있는 난관: 서울대와 삼성의 입장 차이
    3 직접 나서서 돌파구를 마련하다
    4 최지성 부회장을 만나다
    5 삼성이 거시적 관점에서 재검토하다
    6 건립 협약식: 어려운 상황일수록 책임자가 발 벗고 나서야 한다

04 아슬아슬한 분당서울대병원 개원:
정치적 리더십이 선보인 특단의 배려와 난관 극복 __ 146

1 분당서울대병원이 개원하다
2 서울대병원장이 갑작스레 참여를 요청하다
3 장애 요인: 노인 전문 병원 계획을 수정하다
4 예산 부서에 추가 예산 확보를 타진하다: 미동도 하지 않은 예산 당국
5 특단의 노력: 노인 복지 정책 중시한 대통령의 도움을 이끌어내다
6 특별한 헌신을 기울인 병원 팀, 어려운 제안 수용한 정치적 리더십

05 선의와 대의를 결합한 문화 가치 창조: 버들골 풍산마당 __ 156

1 관악구민으로부터 사랑받는 '버들골 풍산마당'
2 영문학과 교수들의 의견을 경청한 영문학과 출신 회장
3 풍산 회장의 모교 사랑과 대의 중시한 영문학과 교수

06 서울대병원 강남센터 이전 계획을 보류하다: 보류 주도한 이사장 __ 160

1 서울대병원 강남센터 개원과 성공적 정착
2 이사회에 강남센터 이전 계획을 상정하다: 이사장이 직접 문제 제기하다
3 대형 사업을 추진할 때 이사회의 양보할 수 없는 역할
4 이사회의 재론을 거쳐 보류를 결정하다

07 과총 '과학기술인 복지콤플렉스'를 건립하다:
30년 연하 젊은 관리를 설득하는 정성 __ 166

1 이부섭 과총 회장이 동행을 요청하다
2 실무 과장을 만나기 위해 서너 차례 세종시를 방문하다: 예산을 확보하다
3 또 다른 복병: 강남구청과 서울특별시의 험난한 인허가
4 지성이면 감천: 철저한 무한 책임

08 울산산학융합지구 최종 참여 결정: 혼돈 끝에 우선하는 가치를 선택하다 __ 174

1 부임 직후, '산학융합지구사업' 참여 여부 결정에 직면하다
2 갈등과 혼선의 본질: 공감대 형성 부진과 재원 조달의 한계
3 중시해야 할 가치에 따른 최종 입장: 대학 공신력 유지와 적립기금 활용
4 학내 구성원들과 소통하다
5 산학융합지구사업 참여 결정에서 얻은 교훈

09 공간 사정으로 난색 표했던 '창조경제혁신센터'를 울산대에 유치하다 __ 184

1 창조경제혁신센터 유치를 거부한 후, 다시 유치하다

　2 부총장의 적극적 공간 확보 노력과 센터 개원
　3 포지션 정립을 실패한 후 유치를 결정하다: 목표와 수단의 선택 혼동

10 위암 수술 직후 공적 책무 헌신한 한예종 총장: 본질 공유하는 설득 __ 189
　1 한예종 이강숙 총장이 만찬을 요청하다
　2 한예종 서초캠퍼스 신축 건물 예산 확보 문제
　3 위암 수술 한 달 만에 현안을 해결하려고 고군분투하는 총장
　4 논리와 명분 갖추고, 본질을 공유하는 노력이 제약 조건을 극복하다

Ⅳ 교육 비용에 관한 결정

01 직접 주도한 등록금 동결 결정: 사회적 가치를 중시하다 __ 198
　1 반값 등록금 분위기 속에서 등록금을 책정하다
　2 독자적 판단에 의한 선제 대응
　3 앞장서면 비판받아도 당당할 수 있다

02 학생식당의 1700원 식단 가격 동결: 포퓰리즘 오해를 감수하다 __ 203
　1 학생식당 요금 인상을 건의받다
　2 '적자를 줄이느냐', '적자를 감수하고 가격을 유지할 것이냐'의 고민
　3 가격 동결과 포퓰리즘에 대한 비판

03 보직 수당 인상 백지화 결정: 보직 교수의 진정한 권위를 유지하다 __ 207
　1 10년 동결된 보직 수당 인상을 건의받다
　2 열악한 재정 상황과 노조의 이의 제기
　3 보직 수당을 동결하다

**04 동료 교수들의 질타 받은 '도서관 1억 원 기증' 결정:
　　행정대학원장 임기를 마치며** __ 212
　1 도서관에 발전기금 1억 원을 공여하다
　2 단과대학이 대학 전체를 생각하는 선례를 만들고 싶다
　3 열악한 도서관에 기부하다
　4 동료 교수들의 반발: 절차의 미숙함을 인정하며 추가 재원 확보를 다짐하다
　5 감사한 마음의 표현은 때를 놓치지 않아야 한다

V 공기업 부문의 정책 결정

01 공기업 개혁의 빛과 그림자: 통합과 환원, 무의사 결정 __ 222

  1 이명박 정부의 공기업 개혁
  2 산은지주와 한국정책금융공사의 출범:
    5년 후 환원, 일방적 주도로 정책이 실패하다
  3 주택공사와 토지공사를 LH공사로 통합: 강력한 추진 의지로 반대를 극복하다
  4 인천국제공항공사의 지분 매각:
    신자유주의 조치로 간주하는 야권의 반발로 표류하다
  5 뚜렷한 개혁 명분과 공감대 형성이 개혁 성패를 좌우한다

**02 '공공기관 운영에 관한 법률'이 극적으로 통과(2007)되다:
정치권 책임자의 협조 __ 233**

  1 공기업 정부 관리 방식: 개별 부처와 기획예산처의 입장 차이
  2 기획예산처의 중앙 통제 심화 노력: 새 법률안을 제출하다
  3 원내 대표와의 면담을 성사시키다: : 법안 상정 결정
  4 입장을 바꾼 원내 대표의 결심: 정치권 협력을 이끌어낸 장관의 정성

03 광업진흥공사 사장을 해임하다: 장관의 파격적 결정 __ 240

  1 강도 높은 개혁 분위기 속의 공기업 경영 평가
  2 기획예산처 장관의 해임 건의 결정
  3 장관의 파격적 선택: 공기업 자체 개혁에 박차를 가하다

04 경영평가단의 자율성을 존중한 심사평가국: 2년 연속 1위 한 한국전력 __ 244

  1 경제기획원 경영평가단에 참여하다
  2 한국전력, 경영 평가 1위 기관 선정
  3 전례 없는 연속 1위
  4 경영평가단의 자율성을 존중한 경제기획원 심사평가국

05 일본 우정 민영화 성공의 동력원 __ 249

  1 불가사의한 우정 사업 개혁에의 도전
  2 고이즈미 내각의 명확한 개혁 비전과 의지
  3 총리 직할의 우정 개혁과 다케나카 교수의 기용:
    총무성과 우정공사를 배제하다

4 우정 개혁 불변의 기준을 천명하다

5 다케나카 장관의 참의원 압승과 우정 민영화법 의회 통과

6 우리나라 공기업 개혁이 배워야 할 점

VI 환경과의 적극적 소통: 결정의 상시 변수

01 지역 사회와의 정례적 소통 __ 260

02 국회와의 원활한 소통 __ 263

03 언론의 이해와 지지: 기대와 역량 사이의 괴리를 좁혀야 한다 __ 266

04 서울대와 카이스트가 협력 분위기를 조성하다 __ 269

05 베이징대, 도쿄대와의 협력 심화: 낮은 자세로 주도하다 __ 272

06 글로벌 가치의 공유: 아웅 산 수치 여사의 명예박사 수여를 결정하다 __ 275

1 30분 만에 수치 여사 명예박사 수여를 결정하다

2 어렵사리 이루어진 수치 여사와의 접촉

3 간부들의 만류에도 미얀마 방문 결정

4 수치 여사 자택을 방문하고 명예박사 수여를 응낙받다

5 최선의 정성에 응답한 수치 여사

VII 정책 결정과 갈등 대응

**01 ASEM 개최지 선정(2000):
과열 경쟁을 완화하기 위한 민간위원회의 역할** __ 286

1 ASEM 개최(2000)와 서울의 명소 삼성역 코엑스

2 김영삼 정부의 ASEM 유치와 민간위원회 구성

3 민간위원회의 심사 기준: 현실적 타당성과 국민 경제적 고려

4 ASEM 개최지를 서울로 결정하고,
탈락 도시에는 중소형 컨벤션센터를 건립하다

5 과열 경쟁이 빚을 수 있는 갈등 방지

**02 방폐장 입지 선정:
주민 투표 통한 경쟁의 역발상으로 갈등을 극복하다** __ 294

1 후보지 선정이 표류되다
2 발상의 전환 ①: 민감한 공적 결정을 민간위원회가 책임지는 접근 구도
3 발상의 전환 ②: 일방적 선정에서 희망 지역의 주민 투표로 결정
4 뚜렷한 갈등이 부각되지 않은 경주 방폐장 준공

03 대학본부 학생 점거 현장 방문을 결정하다 __ 300

1 법인 전환 반대 학생의 사상 초유 본부 점거
2 의연한 마음으로 평온을 찾다
3 학생 농성 현장 방문을 결정하다
4 간부들과 협의 거치지 않은 '방문'이 갖는 의미

04 융합기술연구원의 좌초 위기 극복: 선임자의 결정 존중한 김 지사 __ 307

1 차세대 융합연구원이 태동하다
2 경기도 지사 취임과 융합연구원의 존립 위기
3 입장을 수정한 김문수 지사의 결단
4 전화위복의 계기: 융합과학기술대학원 신설을 결정하다
5 전임자 의지를 중시한 신임 지사의 탈정치적 결정: 정반합正反合 진화의 증표

**05 IBK커뮤니케이션센터 준공과 갈등:
개별 이익과 전체 이익의 조화가 절실하다** __ 315

1 IBK커뮤니케이션센터 준공 과정
2 IBK 행장의 결단
3 공간 활용을 둘러싼 갈등: 학과 이익과 대학 이익 간 충돌
4 개별 이익과 공통 이익의 조화

06 공감대 형성에 실패한 병원장 연임: 책임자와 부속 기관장의 불일치 __ 322

1 병원장 선임 이사회의 결론이 양분되다
2 책임자의 사전 조율과 마음 비우는 노력

Ⅷ 자신의 문제에 관한 결정

01 울산대 총장 제안 응낙: 시선 의식하지 않은 결정 __ 328

    1 예견하지 못한 '고민 아닌 고민'의 출발
    2 돌이킬 수 없는 선택
    3 총장직 수용을 결정하다: 시선보다 새로운 도전 선택

02 법인 전환 후 총장 보수 결정: 이전과 동일한 수준으로 __ 332

    1 법인 전환과 총장 보수 책정의 자율성
    2 이사회에서 총장 보수 인상을 논의하다
    3 사회자 입장으로 결론을 내리다: 총장 보수 동결
    4 자신에 관한 문제는 자신이 결정을 주도해야 한다

03 총장 공관 신축 계획의 백지화를 스스로 주도하다 __ 338

    1 공관 신축 계획을 마련하다
    2 공관 신축 제약 요소
    3 공관 신축 계획의 허점: 필요성 낮고 긴급성 없어
    4 백지화를 단행하다
    5 공관 신축 백지화 과정에서 얻은 교훈

에필로그 __ 345

시기별·역할별 사례 분류

책임자 시절: 서울대 총장으로서 겪은 경험	연도	해당 본문
과총 '과학기술인 복지콤플렉스'를 건립하다: 30년 연하 젊은 관리를 설득하는 정성	2016	p.166
IBK커뮤니케이션센터 준공과 갈등: 개별 이익과 전체 이익의 조화가 절실하다	2014	p.315
서울대와 카이스트가 협력 분위기를 조성하다	2013~2014	p.269
지역 사회와의 정례적 소통	2010~2014	p.260
국회와의 원활한 소통	2010~2014	p.263
언론의 이해와 지지: 기대와 역량 사이의 괴리를 좁혀야 한다	2010~2014	p.266
베이징대, 도쿄대와의 협력 심화: 낮은 자세로 주도하다	2010~2014	p.272
평창 그린바이오 사업을 완성하다: 선도자의 집념과 일관된 정치적 지원	2003~2014	p.127
투병 중인 교수를 기술지주 사장에 임용하다	2013	p.67
의대 문·이과 교차 지원 시행을 보류하다: 번복 비판 무릅쓰고 여론 고려한 '회귀'	2013	p.74
선의와 대의를 결합한 문화 가치 창조: 버들골 풍산마당	2013	p.156
학생식당의 1700원 식단 가격 동결: 포퓰리즘 오해를 감수하다	2013	p.203
초대 서울대 상근감사의 추천: 친정 마다하고 외부 수혈을 택하다	2012	p.37
통일평화연구원장을 4번 연임하다: 예외 아닌 모범 사례	2012	p.63
기금 교수의 전임 교수 전환: 상위 목표의 공감대를 형성하고 부수적 과제를 협의하다	2012	p.84
학(원)장 임용 방식의 정비 : 실질적 자율과 통합의 상징성 고려한 결정	2012	p.93
삼성R&D센터, 난관 극복한 출발: 거시적 안목에서 결단하다	2012	p.137
글로벌 가치의 공유: 아웅 산 수치 여사의 명예박사 수여를 결정하다	2012	p.275
법인 전환 후 총장 보수 결정: 이전과 동일 수준으로	2012	p.332
정치권과 무관한 한국연구재단 이사장 선임: 장관의 마음 비운 추천	2011	p.32
총장 나이 제한 존폐에 관한 결정: 보편적 가치를 중시하다	2011	p.89
관정도서관 신축의 기적: 귀인의 결단을 가능하게 한 용기	2011	p.120
서울대병원 강남센터 이전 계획을 보류하다: 보류 주도한 이사장	2011	p.160
대학본부 학생 점거 현장 방문을 결정하다	2011	p.300
국립대학 최초로 여성 부총장을 선임하다	2010	p.28
서울대 법인 설립 최고 의결 기구에 김용 총장 위촉: 정성을 다하면 길이 있다	2010	p.42
서울대병원장 임용 관련 자문 의견: 정중함을 유지하며 대학의 권위를 존중받다	2010	p.52
직접 주도한 등록금 동결 결정: 사회적 가치를 중시하다	2010	p.198

평교수 시절: 정책 결정 참여자 또는 관찰자로서 겪은 경험	연도	해당 본문
인사권자가 자문 결과 반영해 주중한국대사 민간 출신 기용 구상을 철회하다	2008	p.47
추천을 통한 의견 수렴: 주목받을 총장 선임 사례	2008	p.59
공기업 개혁의 빛과 그림자: 통합과 환원, 무의사 결정	2008	p.222
자신의 인사 구도에 반(反)한 자문 조언 수용한 기획예산처 장관	2007	p.55
'공공기관 운영에 관한 법률'이 극적으로 통과(2007)되다: 정치권 책임자의 협조	2007	p.233
방폐장 입지 선정: 주민 투표 통한 경쟁의 역발상으로 갈등을 극복하다	2005	p.294
일본 우정 민영화 성공의 동력원	2003	p.249
국회예산정책처가 태동하다: 국회의장의 소수 의견 수용이 만들어낸 뜻밖의 결론	2002	p.99
광업진흥공사 사장을 해임하다: 장관의 파격적 결정	2001	p.240
위암 수술 직후 공적 책무 헌신한 한예종 총장: 본질 공유하는 설득	1997	p.189
ASEM 개최지 선정(2000): 과열 경쟁을 완화하기 위한 민간위원회의 역할	1996	p.286
경영평가단의 자율성을 존중한 심사평가국: 2년 연속 1위 한 한국전력	1994	p.244
평교수 시절: 대학 행정 참여자로서 겪은 경험	**연도**	**해당 본문**
융합기술연구원의 좌초 위기 극복: 선임자의 결정 존중한 김 지사	2006	p.307
동료 교수들의 질타 받은 '도서관 1억 원 기증' 결정: 행정대학원장 임기를 마치며	2004	p.212
아슬아슬한 분당서울대병원 개원: 정치적 리더십이 선보인 특단의 배려와 난관 극복	2002	p.146
행정대학원과 국제지역 통합(안)이 좌절되다: 공통 이익 실현의 어려움	2001	p.111
공감대 형성에 실패한 병원장 연임: 책임자와 부속 기관장의 불일치	2001	p.322
'국제대학원'이 아닌 '국제지역원'을 설립하다: 절반의 결실	1997	p.105
책임자 시절: 울산대 총장으로서 겪은 경험	**연도**	**해당 본문**
울산산학융합지구 최종 참여 결정: 혼돈 끝에 우선하는 가치를 선택하다	2015	p.174
공간 사정으로 난색 표했던 '창조경제혁신센터'를 울산대에 유치하다	2015	p.184
보직 수당 인상 백지화 결정: 보직 교수의 진정한 권위를 유지하다	2015	p.207
총장 공관 신축 계획의 백지화를 스스로 주도하다	2015	p.338
울산대 총장 제안 응낙: 시선 의식하지 않은 결정	2014~2015	p.328

인간 존재와 삶이 직면하는 선택과 결정

우리는 나날의 생활에서 선택과 마주친다. 누구를 만날 것인지, 점심을 무엇으로 할 것인지, 주말에 시간을 어떻게 보내고, 휴가 때는 어디서 무엇을 할 것인지 등 수많은 선택이 결국 삶의 나날로 이어진다. 선택choose하는 과정은 자연히 결정decision으로 나타난다. 개인뿐 아니라 가정, 기업, 자치단체, 공공단체, 시민단체, 국가 등 모든 조직은 수없이 많은 선택을 거쳐 존재하고 존재를 이어나간다. 한 개인이나 가정이 선택이나 결정을 할 때도 어려운 순간이 수두룩하다. 이를테면 집을 어디에, 어떤 규모로, 어떤 방식으로 구매할 것인가를 선택할 때 다양한 대안이 있을 수밖에 없다. 그러니 어느 것이 가장 바람직한 대안인지를 선택해 구매를 결정할 것이다. 이때 내 선호를 출발점으로 역량 등 제약 조건을 고려해야 한다.

인간은 누구나 합리적 결정을 기대한다. 적어도 결정하는 순간에는 자신이 가장 합리적인 대안을 선택했다고 믿고 싶어 한다. 그러나 결정한 다음 만족스러운 결정이었다는 보장은 없다. 개인의 선택과 결정도 고려해야 할 변수가 다종다양하고 불확실성에 직면해 있는데, 여러 사람이 모여서 공통 목표를 추구하는 기관institution은 하물며 어떻겠는가.

많은 경우 결정이 곧장 어려움으로 이어지기도 한다. 혼자 점심을 먹으러 갈 때는 금세 음식점을 선택할 수 있지만, 둘만 모여도 선호도와 주머니 사정을 고려해야 하니 결정하기 쉽지 않다. 그러니 대규모 조직, 자치단체, 기업, 국가의 의사 결정이 얼마나 복합적 구조를 띨 수밖에 없는지 쉽게 상상할 수 있다.

구성원이 다수여서 의사를 결정할 때를 생각해보자. 개별 구성원의 선호, 숨은 목표, 갖고 있는 정보의 양과 질, 미래에 대한 전망, 부담 역량, 자신에게 귀결되는 이익의 예측 등 수없이 많은 변수가 대립하고 상호작용을 겪으면서 선택과 결정에 이르는 복합적 양상을 띤다. 이러한 결정의 복합적 양상은 어떻게 보면 자연스러운 것이다. 중요한 것은 결정까지 어떻게 핵심 쟁점을 단순화하면서 최소한의 동의나 공감대를 확보해 최종 결정으로 귀결케 하는 것이다. 꼭 최선의 결정이라고 말할 수는 없으며 차선 그리고 차차선의 결정으로 매듭지어야 할 수밖에 없다.

인류 역사는 어떤 측면에서 연속되는 선택과 결정의 결과다. 슬라브인이 우랄 산맥 서쪽에서 우랄 산맥을 넘어 툰드라를 거쳐 동쪽 끝까지, 더 나아가서 알래스카까지 이주했던 것도 삶의 새로운 터전을 마련하기 위한 이주migration 결정의 결과다. 16세기에 신대륙을 발견한 후 미 대륙으로 유럽인들이 대량 이주를 결정한 것은 서반

구의 새로운 문명사를 열었다. 대부분의 선택과 이를 통한 결정의 목적은 인간의 생존survival과 확대expansion, 삶의 질 개선, 이를 위한 자원 배분의 경쟁과 힘의 축적이다. 다른 측면에서 희망의 선택일 수도 있고 실패와 좌절의 여정일 수도 있지만 긴 안목에서 보면 진보 과정이다. 인간 사회에서 결정의 본질은 존립survive의 토대에서 개선improvement 또는 확대, 경우에 따라서 혼돈으로 집약할 수 있다. 따라서 우리가 결정을 잘하는 방향으로 지혜를 모은다면 나와 공동체의 삶을 개선의 방향으로 나아갈 수 있다는 믿음을 실천해야한다. 역사적 교훈을 지켜볼 때 개인 또는 집단의 왜곡된 결정이 인간 삶의 기본을 송두리째 혼돈으로 치닫게 했던 예가 결코 과거의 것만이 아닌 현재, 더 나아가 미래에 도래할 수 있는 일일 수 있다는 점을 잊어서는 안 된다.

정책 결정은 왜 예술인가

베토벤이 작곡한 바이올린 협주곡은 하나다. 곡은 하나지만 그 곡을 누가 지휘하는지, 어느 관현악단과 협연하는지, 어느 시점에 하느냐에 따라 음의 컬러와 감동의 정도는 사뭇 다르다. 곡의 객관적 내용은 같은 데도 우리가 다르게 느끼며 아름다운 상상의 날개를 펼칠 수 있다. 물론 관객이 누구냐에 따라 감성과 영감의 진폭도 달라진다.

의사 결정, 더 나아가서 공적 의사 결정(정책 결정)도 예술적 차원의 선택이다. 정책 결정은 고정된 것이 없고 끊임없이 변화하는 동태적dynamics 속성이 있다. 1970년대 정부가 주도한 수출 정책은 당시에는 금과옥조이나, 2010년대에는 수출에 정책이라는 말을 붙이기가 어색할 정도로 민간의 창조적 역량이 중시되고 오히려 정부가 민간의 역량을 조용히 지켜보는 것이 수출 증대에 유리한 상황으로 변했다. 이러한 정책 결정의 동태성은 다양한 변수에 의해서 지배받을 수밖에 없다. 획일적 기준으로는 복잡다단한 21세기 정책 결정의 내용과 과정을 이해할 수 없다.

그렇다면 정책 결정의 동태적 성격과 다양성은 어떤 요인으로 설명할 수 있을까?

환경 변수를 들 수 있다. 어떤 정책이든 변화하는 대내외적 요인에 의해 결정이 좌우된다. 대내적 변수의 경우 정부 정책은 구성원인 국민에 의해서, 기업은 자기 제품의 소비자와 주주와 직원들에 의해서, 대학은 학생·교수·직원에 의해서 결정이 자연스럽게 영향을 받는다. 대외적 변수도 정책 결정에 영향을 끼친다. 정부는 정치권과의 관계에서, 국제 관계에 의해서, 이웃 나라나 인접한 적성 국가에 의해서 기업은 경쟁 기업과 세계 시장으로부터 변화와 도전에 영향을 받는다.

이처럼 환경 변수에 의해 끊임없이 영향받는 정책 결정은 주체에 따라 누가 책임을 지느냐에 따라 과정과 결과가 달라진다. 결정 주체 간의 실질적 권력 관계에 따라서도 그 양상이 달라진다. 민주주의 사회에서 결정을 누가 하느냐의 문제는 그렇게 간단하지 않다. 선거와 투표(주주 총회 포함)에 의한 결정부터 법령과 규칙에 의거한 결정, 시민 사회가 주도하는 결정 등 다양한 양태가 존재하기 때문이다.

정책 결정은 자연스럽게 최종 결정에 이르는 과정을 거치면서 내용이 수정될 수도 있고 여건에 따라 촉진될 수도, 후퇴할 수도 있다. 정책 결정 과정은 모색→제안→논의→소통→합의→집행이라는 표준화된 단계를 거친다. 이 과정에서 어떠한 유형의 참여 방식을 통해 최종 결정을 하느냐에 따라 결정의 내용과 연속성, 공감 범위가 달라진다. 쉽게 말해서 위로부터의 하향식과 아래로부터의 상향식, 책임자의 직관 등 엘리트 주도와 다수로부터의 최대공약수 도출 등 다양한 유형이 존재한다. 시대정신의 변화, 기관의 조직 문화, 책임자 그룹의 과정에 대한 인식, 결정 내용과 갈등의 본질, 공감대 범위 등에 따라 그 유형이 천차만별일 수밖에 없다. 그렇기에 21세기 정책 결정의 성패는 결정의 내용 못지않게 과정상의 정당성과 구심력 확보에 달려 있다고 말하기도 한다.

정책 결정은 동일한 과정과 참여 구조를 지녔다 해도 어느 시점에 선택이 이뤄지느냐에 따라 그 반응과 효과가 달라진다. 따라서 바람직한 의사 결정은 적절한 타이밍timing 선택의 조건을 갖추어야 한다.

정책 결정의 동태적 성격, 과정의 다양성, 선택 시점의 중요성을 고려할 때 리더십 역할이 더없이 중요할 수밖에 없다. 다양한 악기로 구성되는 오케스트라를 지휘할 때 예술적 경지만큼 리더십은 고정된 유형으로 단순화하기 어렵고 여건과 시점에 따라 다양한 역할을 모색해야 한다.

단일의 리더십 유형은 리더십 개념 자체를 부인하는 것이나 다름없다. 변화하는 여건 속에서 의사 결정 참여자들의 구심점 형성을 통해 최대공약수를 도출해 포지션position을 정립하고 미래에 대처하는 역량을 쌓아가면서 공감대를 확산해 나아가는 일련의 예술적 활동이 참된 리더십이라고 정의하고 싶다.

이 책을 집필한 이유

대학교수, 대학 책임자를 지내면서 다양한 정책 결정 또는 특정 부문의 의사 결정 양태를 목격했다. 직접 주도하거나 참여할 기회가 있었고 간접적으로 관찰하기도 했다. 이러한 직간접 경험을 통해 얻은 의사 결정의 실상을 기록으로 남기고 싶었다. 30년 이상을 공공 부문 교육, 연구에 매진한 학도로서 지적 호기심의 결과이기도 하지만 책임이라고도 생각한다. 참여와 관찰을 거쳐 얻은 교훈은 주관적 시각이더라도 공론화 가치가 있다고 믿는다.

평교수 시절에는 주요 정책의 참여자와 관찰자로서, 총장으로 재직하던 시기에는 주요 사안의 의사 결정 책임자로서 마주쳤던 다양한 사례들을 정책 결정의 구도에서 설명하려고 노력했다. 직접 겪은 경험 사례를 서술하면서 결정의 양상과 과정이 다양하고 가변적이며 복합적이라는 것을 느꼈다. 대부분의 결정은 더 나은 미래를 향한 긍정의 다짐으로 출발하지만, 어디까지나 불확실성 속의 위험을 감수하는 것이라고 보았다.

51개 사례를 진단하면서 정책 결정 또는 의사 결정 핵심은 제약점constraints을 찾고 이에 대응하는 노력, 결정 과정에서 야기되는 이익의 충돌이 가져오는 갈등의 극복이라고 진단했다. 결정의 최초 내용은 그렇게 어렵지 않게 만들 수 있을지 몰라도, 최종 선택과 결정까지의 과정에서 발생하는 제약 요소와 갈등을 어떻게 치유하느냐에 따라 그 결정의 미래가 좌우됨을 확인했다.

이 사례들이 일련의 과정을 거치면서 최종 결정에 이르게 한 핵심 동력이 무엇인지를 찾아내는 데 주력했다. 선택할 때 참여자들의 역할을 어떻게 배분했는지, 어떤 가치를 중시했는지, 내용이 중도에 왜 바뀌었는지 등에 관심을 두었다. 51개 사례는 주관적 차원에서 열거한 것이지만, 함께 토론하고 공감할 수 있는 시사점을 제시하고자 노력했다.

이 책의 전반부에서는 결정의 선행 변수인 인사人事를 결정할 때 반면교사가 될 수 있는 메시지를 서술했다. 뒤이어 서울대학교 교수와 총장 재직 중 경험했던 제도 변화 사례를 정리했다. 하드웨어 중심의 신규 사업 사례를 통해 추진 과정에서 핵심 참여자의 역할도 집중 조명했다. 아울러 공기업 부문을 별도로 구분해, 필자가 학자로서 개혁과 경영 평가 작업에 참여하면서 관찰했던 공기업 정책 결정의 특성을 서술했다. 후반부에는 기관을 둘러싼 환경과의 상호작용이 매우 중요함을 몇 영역으로 나눠 설명했으며 정책 결정 과정에서 야기되는 갈등의 문제를 어떻게 사전·사후에 다뤘나를 살펴보았다. 마지막에는 나 자신과 관련된 문제에 직면해 취했던 가치 선택 기준을 소개했다.

I
인사 부문
의사 결정

01 국립대학 최초로 여성 부총장을 선임하다

02 정치권과 무관한 한국연구재단 이사장 선임: 장관의 마음 비운 추천

03 초대 서울대 상근감사의 추천: 친정 마다하고 외부 수혈을 택하다

04 서울대 법인 설립 최고 의결 기구에 김용 총장 위촉: 정성을 다하면 길이 있다

05 인사권자가 자문 결과 반영해 주중한국대사 민간 출신 기용 구상을 철회하다

06 서울대병원장 임용 관련 자문 의견: 정중함을 유지하며 대학의 권위를 존중받다

07 자신의 인사 구도에 반(反)한 자문 조언 수용한 기획예산처 장관

08 추천을 통한 의견 수렴: 주목받을 총장 선임 사례

09 통일평화연구원장을 4번 연임하다: 예외 아닌 모범 사례

10 투병 중인 교수를 기술지주 사장에 임용하다

인사가 정책이다

책임자가 일을 시작할 때 제도를 가동하게 하는 사람을 배치하는 일은 매우 중요하다. 새 제도를 형성했을 때는 제도를 이끌어나갈 사람이 더욱 중요하다. '인사'라고 칭해지는 인적자원을 적재적소에 배치하는 것만큼 중요한 결정은 없다. 어떤 제도를 불문하고 그것을 움직이는 것은 제도에 채워진 사람들이다. 여기에 그치지 않고 기존 제도를 고치고 없애며 새 제도를 만드는 일도 거기에 관여하는 사람들의 몫이다. 그러니 인사는 정책 결정의 선행 변수다.

최고 책임자는 주어진 목표를 달성하기 위해 목표를 이룰 수 있는 사람을 그 직책에 앉혀야 하고 만일 그 사람이 목표를 추구하는 데 미진하다면 주어진 목표에 매진할 새 사람으로 채워야 한다. 공적 정책을 결정하는 영역에서 '인사가 정책'이라고 말할 수 있을 만큼 핵심 요소다. 정책 결정의 상위 단계일수록 인사가 차지하는 비중은 크고 정책 결정의 성격을 좌우한다.

어떤 정책을 결정하는 이사회가 있다 치자. 이사회의 존재와 규칙은 하나의 시스템에 불과하다. 이 시스템을 움직이는 주체는 이사회를 구성하는 이사장과 이사들이고 이들이 결정 주체다. 결정 주체가 어떤 가치관으로 의제를 만들고, 어떤 문제 해결 역량으로 의제를 풀어나가며, 어떤 방식으로 결론에 도달하느냐에 따라 정책의 방향과 내용과 공감대 형성이 좌우된다. 그러하기에 '인사가 정책'이라는 명제가 가능하다.

인사권자의 인사 행위는 기관이 어떤 가치를 지향할 것인지를 간접적으로 표현하는 수단이다. '가치 지향형 인사'를 통해 구성원들에게 추구해야 할 목표와 수단을 전하는 포괄적 메시지일 수 있다. 책임자가 뚜렷한 인사관이 결여된 채 인사권을 행사하면 기관의 총체적 역량을 결집하는 데 장애 요인으로 작용할 수 있다는 점을 과소평가해서는 안 된다.

I부에서는 임용·추천·위촉·자문 등 일련의 인사 관련 행위에 관련된 경험 사례를 들면서 인사권자가 지녀야 할 착안점을 제시하고자 노력했다. 인사권자로서 어떤 가치를 중시할 것인지, 기관의 역할을 어떤 방향으로 유도할 것인지, 인사 결정을 할 때 조언자의 의견을 어떻게 수용할 것인지, 인사 결과에 대한 구성원들의 반응을 어느 정도 고려할 것인지 경험적 교훈을 제시했다.

국립대학 최초로
여성 부총장을 선임하다

> 1 총장 취임 직전에 부총장을 선임하다
> 2 부총장 선임 기준: 총장 선출의 정치적 중립, 기초 학문, 공적 경험
> 3 새로운 기준을 만들다: '여성' 교수

1 총장 취임 직전에 부총장을 선임하다

2010년 7월 20일, 서울대 총장 취임을 앞두고 부총장 인선이 촉박했다. 학칙상 대학인사위원회를 거쳐야 하는 기간을 고려할 때 임기 전에 임용을 결심해야만 취임 후 신속히 인사 절차를 진행할 수 있었다.

직선제 총장이 행하는 최초의 인사 결정이라서 학내 구성원들이 주목하기도 했다. 어떤 부총장을 임용하느냐에 따라 새 총장의 컬러를 읽을 수 있기 때문이다. 이미 여러 경로를 통해 추천 의견을 접했지만 아무런 언급을 하지 않았다. 총장 선출 과정에서 노력을 꽤 기울인 교수들의 기대에 부응하지 못하는 것이 못내 아쉬웠다.

2 부총장 선임 기준:
총장 선출의 정치적 중립, 기초 학문, 공적 경험

총장을 직접선거로 선임했으니 교육과 학생을 총괄하는 선임 부총장은 총장의 정치적 선임과 무관하면서 대학의 지속적 권위를 상징하는 자리라고 생각했다. 이런 관점에서 부총장 선임 기준을 설정했다.

첫째, 총장 선출 과정에서 중립을 지켰어야 한다. 일부 교수들은 새로 뽑힌 총장이 자신과 가까운 교수를 임용하는 것으로 예견하면서 "어차피 자기 사람을 자리에 앉혀 편하게 일하려는 것 아니냐"고 내심 불만을 토로하기도 했다. 교수 2000여 명이 재직하는 서울대에서 누가 총장에 선출되든 대학의 존재 가치를 유지하고 확장시키는 데 기여할 팀을 구성해야 한다고 믿었다.

둘째, 총장이 교수 정원 20명 내외의 소수 교육 단위 출신이니 큰 규모의 대학 소속 교수를 임용해야 한다. 행정대학원처럼 학부가 없으면서 응용 학문 분야의 교육 단위에서 총장에 선출된 것은 개교 이래 처음 있는 일이다. 태생적 취약점을 극복하고 대표성을 보강하기 위한 노력의 한 부분으로 '중심권' 대학에서 부총장을 배출해야 한다고 생각했다.

셋째, 공적 결정의 경험을 선임 기준의 하나로 세운다. 부총장을 총장이 임명하는 대학 간부의 한 사람으로 생각하지 않고 총장단 구성원으로서 상호 역할을 분담하는 대학의 대표라고 간주했다. 대학본부의 일은 일반인들이 생각하는 것보다 훨씬 복잡하고 다양해 공적 의사를 결정해본 경험이 없으면 임기 내에 역할을 수행하기가 쉽지 않다는 점을 고려했다.

3 새로운 기준을 만들다: '여성' 교수

총장 선출과 무관하면서 기초 학문 분야 소속이고 공적 경험이 풍부한 교수를 선임 기준이라고 생각하면서 또 다른 기준 하나를 새롭게 추가했다. 남성이 다수인 서울대 성별 분포에서 여성 교수를 선임하면 서울대가 여성의 등가等價 참여를 선도할 수 있다는 상징적 메시지를 전달할 수 있다고 믿었다.

언급한 3가지 기준에 충족하는 여성 교수를 선임하기로 결심하고 나니 적임자를 물색하는 데 그리 오랜 시간이 걸리지 않았다. 사회과학대학(사회대) 언론정보학과 박명진 교수가 최적의 대안이라고 쉽게 결론에 도달했기 때문이다. 박 교수는 불어불문학과 출신으로 대학원(파리)에서 언론학을 전공한 원로 교수로서 얼마 전 '방송통신심의위원장'(장관급)직을 수행한 바 있는 선임 교수다.

박명진 부총장 선임이 알려지자 언론 매체들은 이 사실을 대대적으로 보도했다. 물론 긍정적 언급을 주로 했다. 보수적인 서울대에서 국립대학 최초로 여성 부총장을 임명했으니 사회적 주목을 받을 만했다. 박 부총장의 전공이 언론학인 만큼 언론이 부총장의 취임을 환영하는 분위기가 역력했다. 부총장 취임 초 언론 인터뷰에 응하느라 분망했는데 내 집무실로 찾아와 "총장보다 인터뷰를 자주 해서 송구스럽다"고 했다. 오히려 "나 대신 좋은 일로 서울대를 국민에게 알려주니 고맙다"고 했다.

　그 뒤 박명진 부총장은 도서관장으로 박지향 교수(서양사학과)를 추천함으로써 서울대의 새 명소인 관정도서관을 건립하는 데 기여했다. 박 부총장은 2012년 5월, 우리나라 대학 최초로 신설된 서울대 인권센터의 초대 센터장에 정진성(사회학과, UN 인권소위원회 의원) 교수를 추천했다. 정 교수는 학생을 포함한 대학 구성원들의 보편적 인권 가치를 한 단계 격상시키는 데 공헌했다. 이 센터가 다른 대학의 새 제도를 설계하는 데 벤치마킹이 되도록 기관을 운영하는 데 헌신적인 노력을 했다. 한 번의 인사 결정이 또 다른 인사 결정으로 이어지면서 얻게 된 성과를 지켜보면서 '인사가 중요하다'는 평범한 사실을 재차 확인했다.

02

정치권과 무관한
한국연구재단 이사장 선임
: 장관의 마음 비운 추천

1 이주호 장관의 한국연구재단 이사장 후보 추천 요청
2 이승종 부총장의 한국연구재단 이사장 임용 과정
3 임용 추천 권한을 폭넓게 활용한 장관의 결단
4 '대통령 임기가 끝나면 미련 없이 자리를 떠나라'는 고언

1 이주호 장관의 한국연구재단 이사장 후보 추천 요청

서울대 총장 재직 중인 2011년 12월, 이주호 교육과학기술부 장관으로부터 한국연구재단 이사장 후보를 추천해달라는 요청을 받았다. 이 장관은 이공계 교수 중에서 역량과 경험이 풍부한 분이면 좋겠다고 했다.

인사 추천 요청은 평소 신뢰 관계가 없으면 이야기를 꺼내지조차 않는 것이 일반적이다. 아마도 이주호 장관이 KDI 연구위원과 국회의원 시절부터 잘 아는 사이어서 그런 제안을 했을 것이다. 그럼에도 중요한 직책이라면 의중에 있는 사람을 임용권자에 추천하면 되

는데, 공적 권한을 활용하는 것을 마다하고 서울대에 추천을 의뢰했다는 사실이 참 고마웠다.

장관의 요청을 받은 후 며칠간 곰곰이 생각했다. 장관의 기대에 부응하는 인사를 추천할 책임을 생각하니 마음이 가볍지 않았다. 장고 끝에 연구부총장으로 함께 일하는 이승종 부총장을 추천하기로 했다. 공과대학 화학생명공학부 소속인 이 부총장이 한국연구재단의 기초연구본부장을 맡은 경험이 있고 화공학 분야에서 존경받는 학자라는 점, 업무 추진을 할 때 불편부당하고 겸손한 자세를 잃지 않는 원만한 대학 행정가라는 점도 고려했다.

이주호 장관에게 이 부총장의 경험과 신망을 근거로 추천 의견을 밝혔다. 이 부총장이 정권 또는 정부로부터 정치적 지지 배경이 없다는 점을 솔직히 지적했다. 이런 면에서 임명권자인 대통령의 최종 결정 단계에서 다른 경쟁자에 비해 불리할 수 있다는 점을 언급했다.

이승종 부총장을 추천했지만 선임될 확률은 그리 높지 않았다. 내가 보아온 많은 주요 직책 인선에서 정부와 여당의 정치적 지지나 특별한 선호가 없으면 여러 명의 후보 중 하나로 그치고 마는 수가 대부분이기 때문이다. 불확실성을 예견하며 이 부총장에게 사전에 추천 동의를 받지도 않았다. 가능성도 낮은데 공연히 공직을 열심히 수행하는 동료의 마음을 교란시키고 싶지 않았기 때문이다.

2 이승종 부총장의 한국연구재단 이사장 임용 과정

기대하지 않고 추천한 이승종 부총장의 한국연구재단 이사장 선임이 현실로 다가왔다. 당시 대통령실(현재 대통령 비서실) 비서관이 직접 전화를 걸어 이 부총장의 장단점에 대해 상세히 물어왔다. 유관 정보 부서에서도 이 부총장의 과거 활동을 확인하는 것으로 보아 이주호 장관이 이승종 부총장을 유력 후보로 추천했음을 분명히 알게 되었다.

비서관에게 "이승종 부총장이 정권 창출에 기여한 적도 없고 정부 유력 인사와 교분이 없는 것이 중요 직책 선임 과정에서 약점일 수도 있으나, 이 점을 오히려 장점이라고 생각한다"고 했다. "한국연구재단처럼 많은 교수가 연구비 확보를 위해 관심을 쏟는 기관일수록 정치적 거리를 둔 사람이 오히려 직무 수행을 원만히 객관적으로 할 수 있다"는 말로 추천 의사를 밝혔다. "앞으로 2년이 채 못 되어 새 정부가 들어서는데, 2년 남짓 임기에 국한할 수 있는 자리에 학계의 중립 인사를 임용하는 것이 합리적인 인사"라고 강조했다.

이 과정을 거치면서 이승종 부총장에게 장관의 추천 부탁을 설명했다. "학계를 대표해 한국연구재단에서 소임을 다하는 것은 다른 차원의 소중한 공적 책무이니 연락이 오면 수용하시라"고 했다. 이 부총장은 기꺼이 수용하겠다고 했다.

얼마 후 이승종 부총장은 자신도 몰랐던 집안일까지 엄중한 조사를 진행한다고 우려를 표해왔다. "이제 진짜 임용 절차를 진행하는가 싶어" 반가워하면서 "주요 공직을 맡으려면 그 정도의 과정은 기본"이라며 이 부총장의 우려를 달랬다. 며칠이 지나자 이주호 장관이 이 부총장의 한국연구재단 이사장 임용을 알려주었다.

3 임용 추천 권한을 폭넓게 활용한 장관의 결단

이승종 한국연구재단 이사장이 임용되는 과정을 지켜보면서 국가 주요 기관장을 선임할 때 흔치 않은 사례라고 느꼈다. 이명박 정부가 들어서면서 교육부와 과학기술부가 통합되고 두 기관 소속의 학술진흥재단과 과학재단이 통합된 '한국연구재단'은 예산 규모가 2016년 기준으로 4조 5000억 원에 이르는 거대 공공기관이다. 이 기관은 과학기술 분야와 인문사회 분야를 통틀어 연구비를 지원하고 두 정부 부처의 사업을 위임받아 집행하는 학문·과학기술 진흥 국가 기관이다. 이 기관의 영향력만큼이나 이사장 선임은 어려울 것이다. 많은 이공계 교수들이 경쟁할 것이고 대통령 선거 과정에 참여했던 학계 인사들도 당연히 관심을 쏟을 것이다.

이 경쟁 분위기 속에서 서울대 총장인 내게 추천을 의뢰할 때는 처음부터 이주호 장관이 자신의 추천권을 접고 진정성을 가지고 적임자를 물색했으리라. 이 장관이 복수 후보를 임용권자에게 추천했더라도 지속적으로 이승종 부총장이 적임자임을 최종 임용권자 라인에 투입했을 가능성이 농후하다. 대개 인사 추천은 복수로 이뤄지니 최종 단계에서 장관의 우선순위 확인을 통해 적임자를 선택하는 것이다.

이주호 장관이 KDI 연구위원, 국회의원(교육상임위원회 소속), 수석비서관, 차관을 거치면서 과학기술계열 교수들을 직접 파악했을 것이라는 점을 고려할 때 이 장관의 추천 요청은 파격이다.

대부분의 공기업과 정부 산하 기관장의 선임이 정무적 요인에 의해 이루어지는 것이 일반적인 인사 관행임에 비추어 한국연구재단 이사장 인사는 신선한 사례다. 정무적 판단이 아닌 소속 뿌리 집단에서 축적된 역량과 평가를 통해 기관장의 선임이 이루어지는 사례가 많을수록 '낙하산 인사'라는 오해는 불식될 수 있을 것이다.

4 '대통령 임기가 끝나면 미련 없이 자리를 떠나라'는 고언

이승종 교수가 새 자리에 임용을 받아 부총장직을 이임하는 자리에서 당부의 말을 전했다. "이사장직을 오래 할 생각을 마십시오. 다음 대통령이 취임하는 2013년 2월 전에 깨끗이 물러날 생각을 하고 취임하십시오." 이런 충고를 한 이유는 정권 교체기마다 많은 기관장이 임기 문제와 관련해 어려움을 겪는 것을 자주 목격했기 때문이다.

이승종 교수는 "임기가 3년인데 임기는 채워야 하는 것 아니냐"고 반문했다. "그것은 법상 임기고 임명장을 준 대통령이 퇴임하면 피임용자도 퇴임하는 것이 대통령이 임명한 고위 공직자의 책무"라고 강조했다. 임기를 시작하는 이 이사장에게 내키지 않는 쓴 말을 한 것이다. 이유는 결단의 시기가 곧 다가올 것이고 그럴 때 자신만이 정무적 임용의 예외라고 생각하는 자기 편의적 해석을 할 수가 있기 때문이다. 새 정부가 출범한 후 이승종 이사장은 학기가 시작되는 2013년 9월, 임기를 1년 4개월 남겨두고 서울대로 복귀했다.

03

초대 서울대
상근감사의 추천
: 친정 마다하고 외부 수혈을 택하다

---

1 서울대 법인 출범과 상근감사제 신설
2 상근감사 임용 과정: 교육부 간부들의 기대에 부응하지 못하다
3 인사 조언 기회를 통해 취약 분야를 외부에서 수혈하다

---

1 서울대 법인 출범과 상근감사제 신설

2012년 1월 1일, 서울대는 국립대학법인으로 전환되었다. '국립서울대학교 법인 전환에 관한 법률'에 따라 상근감사직을 신설하도록 규정했다.

서울대 상근감사직 신설은 법인 전환이라는 제도적 변화를 떠나 만시지탄이었다. 2010년 7월, 총장으로 부임해보니 대학본부에 내부 감사를 전담할 직제가 없음은 물론이고 사무국에도 감사를 담당할 전담 직원이 없었다. 교수 2000여 명, 교육행정직 1000명 이상, 예산 규모 1조 원(연구비 포함)을 넘는 국가 조직에 감사 전담 요원이 없다는 사실 자체를 이해하기 어려웠다.

취임한 직후, 감사 담당 실무 부서 직제를 신설할 때까지 잠정적으로 사무국에 감사 기능을 수행할 수 있는 임시 조직을 가동해야 한다고 강조했다. 당시 서울대에 내부 감사 기능이 부재했던 것은 교육과학기술부(현재 교육부) 소속 기관이어서 교육과학기술부가 최소한도의 감사 기능을 수행하고, 3~4년에 1번씩 감사원 감사가 나와서 서울대 자체 감사가 매우 중요한 것이 아니라는 것이다. 그러나 이 해석은 감사를 외부 감사 측면만으로 이해한 결과다. 감사는 기관 밖으로부터의 외부 감사뿐 아니라 내부 감사가 함께 기능해야 소기의 목표를 이룰 수 있다. 오히려 거대 기관 스스로 내부 감사를 거쳐 자정 기능을 확립하면서 미진한 부분을 외부 감사로 보강하는 것이 적절한 감사 기능의 배분이다. 특히 대학 같은 교육 연구 기관은 사업 부서와 달리 스스로 회계 업무를 확인하고 직무 점검을 자율적으로 이행하는 것이 학문 공동체 성격에 비추어 바람직하다. 이 시점에 서울대는 법인 체제로 전환했고 대통령이 임명하는 임기 3년의 상근감사 직제를 신설했다.

2 상근감사 임용 과정: 교육부 간부들의 기대에 부응하지 못하다

2012년 1월, 법인 출범 한 달 전부터 교육과학기술부 간부가 서울대 상근감사로 온다는 소문이 돌았다. 교육과학기술부 간부들은 그동안 서울대와 정기적인 인사 교류를 해왔다. 법인 전환 후에도 관장 부서이니 서울대 상근감사직은 교육과학기술부 간부들이 오는 것으로 생각하는 경향이 있었다. 몇몇 간부들은 정작 추천권자가 교육과학기술부 장관임을 알면서도 내게 적극 추천을 요청하기도 했다. 대상자를 생각해본 적이 없었기에 임용 절차를 지켜만 보았다.

그러던 중 대통령실 인사 담당자로부터 상근감사로 두 후보자를 최종 집약했다면서 의중을 물어왔다. 한 사람은 교육과학기술부 소속이고 다른 한 사람은 감사원 소속이다. 두 분의 이력을 유선상으로 듣고 다음 날 서울대 입장을 밝히겠다고 했다. 서울대의 선택을 꼭 반영하는 것은 아닐지라도 상근감사가 일할 곳인 서울대 의중을 물었다는 사실에 감사했다.

감사한 마음과 더불어 선택의 고민이 생겼다. 서울대 입장에서 복수 대안 중 하나를 선택해야 하기 때문이다. 교육부와 국립대학과의 관계는 국립대학법인으로 전환되었다 해도 정서적·전통적 맥락을 간과할 수 없고 많은 영역에서 교육부의 협력을 적극 받아야 했다. 해당 교육부 간부가 서울대 초대 상근감사로 부임할 것이라 생각하며 임용을 기다릴 것을 상상하니 고민이 더욱 커졌다.

상근감사가 해야 하는 역할이 무엇인지, 그 역할을 수행하는 데 필요한 역량은 무엇인지, 누가 그 역량을 갖추었는지를 판단해 의견을 내기로 했다. 서울대 내부에 감사 시스템이 거의 존재하지 않았으니 신임 상근감사는 부임한 즉시 내부 감사 시스템을 구축한 뒤 구성원들에게 감사의 순기능을 이해시켜 공조직이 지켜야 할 최소한의 회계 책임과 합법적 직무 수행을 감독해야 할 책무를 지게 될 것이다. 이 점을 고려할 때 전문 감사 역량을 축적한 사람이 서울대의 새 시스템을 형성하는 데 구체적으로 기여할 수 있다고 판단했다. 반면, 교육부 출신이라면 서울대의 각종 업무에 보편적으로 친숙한 장점은 있지만, 감사 역량을 별도로 축적한 경험이 없다는 어려움이 따랐다. 최초의 상근감사라는 상징성도 아울러 고려해 감사원 소속의 고위공무원을 선호한다는 뜻을 전했다.

2012년 1월 초, 서울대 초대 감사로 부임한 감사원 출신의 김진해 감사는 법인 초기 어려운 시기에 내부 감사의 틀을 견고히 마련해 주었다. 3년이 지나 김 감사의 임기가 만료된 후에는 감사원 사무차장을 역임한 문호승 감사가 부임해 서울대 내부 감사 체계의 쇄신을 도모하고 있다.

3 인사 조언 기회를 통해 취약 분야를 외부에서 수혈하다

서울대 상근감사 제도가 원만하게 정착된 것은 감사원에서 역량을 축적한 인사가 서울대로 올 수 있게 된 데서 원인을 찾을 수 있다. 인사에서 일반 역량과 전문 역량을 고루 갖추면 금상첨화겠으나, 이 기대는 현실적으로 쉽지 않다. 초기 제도화 단계에서는 해당 업무의 정착을 위해 전문 역량을 중시해야 한다. 특히 감사 같은 특수 영역에서 새로운 제도화는 전문성에 기초하여 기관 형성을 위한 노력을 쏟아야 성과를 거둘 수 있다.

몇몇 간부들이 "우리를 이해하는 교육부 간부를 왜 천거하지 않았느냐"고 의문을 표했다. 서울대와 교육부 관료제는 초록이 동색인 것처럼 같은 뿌리이니 우리는 이종교배를 해야 한다고 했다. 서울대에 상근감사를 임용한다는 것은 '취약 분야에 대한 제도적 외부 수혈'이라고 해석했다. 우리가 모든 것을 다 할 수 있다고 생각하는 것은 오만이다. 우리 기관이 취약한 분야를 외부 기관으로부터 수혈받아 동반자로 수용함으로써 역량을 극대화하는 것이 기관 책임자의 공적 책무라고 여겼다. 일부 구성원들은 외부 수혈이 우리의 자리를 차지한다고 저항하기도 했으나, 긴 안목에서 우리의 진정한 역량을 키우는 길이라는 점을 강조했다.

외부 수혈이 가능했던 것은 인사권자가 서울대의 참조 의견을 반영했기 때문이다. 이는 분명 흔한 일이 아니다. 법적 절차를 밟아야 하는 데 절차에 없는 수요 기관의 뜻을 귀담아듣는 노력은 유연하고 개방적인 지도력을 발휘할 때 가능하다. 특히 같은 기관의 이인자 또는 기관 책임자를 보좌할 직책을 임용할 때는 이러한 노력을 투입해야 조직 운영의 일체감을 형성하는 데 도움이 된다. 같은 조직 내에 최고 책임자와 가치 성향이 다른 인사를 임용한다면 직책 간 갈등이 생길 수 있다. 그러면 갈등을 조정하기 위한 새로운 노력을 다시 투입해야 한다. 이 점에서 임용권자는 기관의 이인자나 삼인자를 임용할 때 일인자의 의중을 묻는 과정이 중요할 수 있다. 일인자의 독주를 견제하기 위한 이인자의 임용이 아닌 한 말이다.

04

서울대 법인 설립 최고 의결 기구에 김용 총장 위촉

: 정성을 다하면 길이 있다

1 법인화법 통과에 따른 법인설립준비위원회 구성
2 시대정신 반영한 대표성과 전문성 고려한 선임
3 김용 총장을 위촉하다

1 법인화법 통과에 따른 법인설립준비위원회 구성

2010년 12월, '국립대학법인 서울대학교 설립·운영에 관한 법률'
이 국회의장의 직권 상정으로 통과되었다. 서울대 집행부는 다음
해 초 법인 설립을 하기 위한 준비 작업에 돌입했다. 한번도 겪어본
적이 없는 새로운 체제 전환을 그것도 야당과 일부 학생, 교수, 시
민단체 반대 속에서 진행하는 데 따른 어려움은 꽤 컸다. 개교 이래
최초의, 최대의 체제 전환을 제대로 다룰 시스템을 갖추지 못한 것
이다. 서울대가 제안한 법률안을 일부 수정해 국회에 제출한 교육
과학기술부를 제외하고는 정부의 관련 부처도 적극적으로 서울대
를 도울 수 있는 준비를 하지 않은 것이다.

서울대는 '법'에 따라 법인 설립을 총괄할 '법인설립준비위원회'를 구성해야 했다. 이 위원회는 법인을 출범하기 직전까지 관련 법령 정비, 정관 제정, 학칙 개정 등 법인을 설립하는 데 필요한 모든 법적·제도적 노력을 총괄해 최종 결론을 내는 법적 구속력을 띤 기구다. 총장을 위원장으로 하고 부총장 2인을 포함해 총 15명으로 구성했다.

2 시대정신 반영한 대표성과 전문성 고려한 선임

법인설립준비위원회 책무를 수행할 외부 인사를 위촉해야 했다. 서울대 본부 팀은 긴 논의 끝에 법인 전환이라는 '자율적 시대정신'을 상징하고 준비를 하는 데 구체적 역할을 할 수 있는 전문 인사를 영입하기로 의견을 모았다. 대외적 상징성과 대표성, 전문성을 고려하는 것이다. 전문성을 기준으로 법령을 정비하는 데 기여할 수 있는 분, 법인으로 전환하는 과정에서 재정상 문제를 조언할 분을 모시기로 한 것이다. 대표성 관점에서 사립대학의 입장을 개진해줄 분이면서 여성을 모시는 데 공감했다.

법인설립준비위원회의 정신적 중심 역할을 할 분으로 이홍구 전 총리를 모셨다. 이 전 총리는 서울대에서 20여 년간 교수 생활을 했으며 장관을 거쳐 주미대사 등을 역임해 대학과 정부와 언론의 입장을 두루 이해하고 있어 위원회를 이끌어줄 적임이었다. 법적 문제를 다룰 위원으로 검찰총장을 역임한 송광수 변호사를 삼고초려 끝에 위촉했다. 새로 출범한 법인의 재정 안정 방향을 조언해줄 안

병우 전 예산청장의 참여를 요청했다. 기업계를 대표해 대한상공회의소 소장을 역임한 손경식 CJ그룹 회장과 변대규 휴맥스 대표이사를 초빙했다. 사립대학의 경험을 반영해줄 위원으로는 서정돈 성균관대 이사장과 고려대 서지문 교수(영문학과)를 모셨다.

3 김용 총장을 위촉하다

본부는 법인설립준비위원회 위상을 높이고 대학 자율화에 대한 글로벌 메시지를 언론과 정치권에 전할 수 있는 세계 수준의 학자를 위촉하려고 고민했다. 그 역할에 적임자로 김용 다트머스 대학 총장을 제안했다. 한국계 미국인으로서 우리나라 사정을 잘 알고, 미국 명문 사립대 총장을 지내며 대학과 정부와의 관계를 통해 대학 자율의 가치를 체험했을 것이라고 여겼다. 김용 총장이 위원회에 합류해준다면 금상첨화겠지만, 문제는 김용 총장과 어떻게 연락할 것이며 우리의 위촉을 수락할지 여부였다. 법인설립준비위원회 실무작업을 맡은 남익현 기획처장(현재 경영대 학장)이 "김용 총장 부친이 서울대 출신이며 그가 존경하는 외삼촌이 서울에 계시다"고 알려주니 귀가 번뜩 띄었다. 자신감에 부풀어 김용 총장 외삼촌께 연락해서 우리 뜻을 전하도록 했다. 몇 주 후 김용 총장이 응낙했다는 뜻을 전해왔다.

김용 총장이 수락했다는 소식을 접하면서 처음부터 마지막까지 정성을 다하는 노력이 중요하다는 평범한 사실을 새삼 확인했다. 막연하게 어려울 것이라고 상상해 시도도 하지 않았다면 후회했으

2013년 4월 24일, 미국 워싱턴 세계은행에서 김용 세계은행 총재(오른쪽)와 서울대·세계은행 간 협력 촉진을 위한 합의 각서에 서명하는 모습

리라.

김용 총장은 법인설립준비위원회에 큰 힘을 실어주었다. 대학이 발전하려면 "관료적 지배에서 벗어나는 일이 시급하다"고 강조하면서 "서울대 법인화가 그런 정신을 품었으니 자신이 위원회에 자부심을 갖고 참여하겠다"고 격려했다.

김용 총장은 "신자유주의적 접근 방식으로 대학의 문제를 풀어나가서는 안 된다"며, "서울대 법인 전환은 대학의 자율성이 중심 가치가 되어야 하며 신자유주의적 발상은 배격해야 한다"고 강조했다. 김용 총장의 언급은 서울대 법인화 취지를 명확히 설명해주는 메시지였다. 우리는 김 총장의 발언을 국회와 언론 기관 등에 전달했다. 나를 비롯해 간부들이 일관되게 대학의 자율성을 외쳐도 귀를 기울여주지 않았는데, 김 총장의 언급에는 많은 사람이 고개를 끄덕이는 것을 보면서 위원회 인선이 정말 중요하다는 것을 다시 한번 깨달았다.

법인설립준비위원회는 10개월 가까이 노력한 끝에 서울대를 국립대학법인으로 출범시키는 최고 의사 결정 기구로서 그 소임을 다했다. 그 소임의 뿌리는 다름 아닌 법인설립준비위원회에 참여한 분들의 무한 책임 정신에 있다.

05

인사권자가 자문 결과 반영해
주중한국대사
민간 출신 기용 구상을 철회하다

1 민간 출신 대사 후보 추천을 요청받다
2 민간 출신 대사 후보자에 대한 탐색: 추천 없음의 추천 의견
3 소신을 철회할 수 있는 용기: 조언자의 역할을 중시하는 리더십
  1) 언로 개방의 용기
  2) 철회의 용기

1 민간 출신 대사 후보 추천을 요청받다

이명박 대통령이 취임한 2008년 4월경, 평소 알고 지내던 대통령
실 인사 담당 비서관이 전화를 걸어왔다. 중국 주재 한국대사를 직
업 외교관이 아닌 민간 출신에서 발굴을 검토한다면서 민간에서 활
약하는 중국 전문가를 추천해달라는 것이다. 대학교수인 내게 그런
추천을 요청하는 것이 적절하지도 않고 중국 전문가도 아니라서 그
쪽 인적 네트워크에 대해 자신이 없다고 했다. 그러나 비서관은 성
의껏 노력해달라는 당부를 했다. 그 비서관이 자료를 수집하는 단
계에서 복수의 사람들에게 요청한 것으로 추측하고 머릿속에만 넣

어두었을 뿐 더 나아가지 않았다. 이틀 후 다시 연락이 와 진행 상황을 묻는 것이다. "함부로 국가 주요 직위에 인재를 추천한다는 사실 자체가 직분에 맞지 않을뿐더러 공연히 오해를 받을 여지가 있다. 내게 추천을 요청하는 것이 공식적인 일인지 아니면 개인 차원인지" 물으면서 "내가 공적인 추천 요청을 받았다고 말하면서 후보자를 탐색해도 되겠느냐"고 되물었다. 비서관은 지침을 받고 연락한 것이니 "그렇게 해도 좋다"고 했다.

2 민간 출신 대사 후보자에 대한 탐색: 추천 없음의 추천 의견

그 비서관의 요청이 공신력 있다고 판단한 나머지 일주일 동안 중국을 잘 아는 인사들과 두루 접촉했다. 접촉할수록 주중한국대사를 민간(특히 기업) 출신으로 임용하는 일이 어렵다는 사실을 알게 되었다. 이유는 다음과 같다.

첫째, 중국 정부는 자국에 오는 대사로 외교관 출신이나 정부 인사 또는 정치권 인사를 선호한다는 사실이다. 중국 정부는 기업인 등 민간 출신을 공직자로 임용하는 전통이 없어 자국에 오는 대사를 기업인 출신으로 임용하면 자칫 격에 맞지 않다고 오해할 수 있다는 지적을 접했다. 어떤 중국 전문가는 차라리 국립대학 교수는 학문하는 사람이라 그런대로 인정할 수 있지만, 중국에 진출한 우리나라 기업의 현지 대표를 역임한 중국 통은 그분이 훌륭하더라도 그 권위를 인정받기 어렵다는 것이다.

둘째, 우리나라가 중국에 넓게 진출했더라도 복잡미묘한 한·중 외교를 다룰 수 있는 기본 역량과 정무 경험을 갖춘 사람을 찾기 어렵다는 것이다. "중국에 밝은 기업인은 다수 있다. 대부분 소속 그룹과 회장에게 헌신한 경륜이 있을지 몰라도 복잡미묘한 국가 간 관계를 다루려면 민간의 인적 역량을 향상해야 한다"고 중국 근무 경력이 있는 기업인이 귀띔했다. 그러면서 "기업인을 활용하면 한·중 간의 경제 관계를 잘 풀어낼 수 있다고 생각하는 것은 오해"며 "재무 관리를 전공한 교수들이 주식 부자가 되었느냐"고 반문했다.

여러 사람과 면담하고 전화 통화를 하면서 주중한국대사의 민간인(특히 기업인 출신) 기용이 현실적으로 쉽지 않은 과제라고 판단했다. 보고서를 한 페이지 분량으로 작성해 의견을 해당 비서관에게 전했다.

첫째, 중국 정부의 자국 주재 대사에 대한 전통적 기대에 비추어 민간(특히 기업인) 출신 대사를 기용하는 일은 국가적 이익에 부합하지 않는다.

둘째, 중국 근무 경험이 있거나 기업가 정신으로 무장한 기업인 중에서 복잡한 한·중 관계를 국가적 차원에서 원만히 수행할 사람을 찾는 일은 쉽지 않다.

셋째, 대사를 기용할 때 양국의 경제협력 활성화나 수출 촉진 등 기업가 정신의 측면을 지나치게 중시해서는 안 된다.

"이런 상황을 종합할 때 중국에서 근무한 경험이 있는 직업 외교관을 발탁하는 것이 현시점에서 최소한의 요건을 충족할 수 있는 대안"이라는 의견서를 전했다. 담당 비서관은 의견을 받고 성의 있는 응답을 주어서 고맙다는 인사를 잊지 않았다.

얼마 후 언론을 통해 주중한국대사에 주중공사 출신의 직업 외무 공무원이 임용되었다는 보도를 접했다. 그 순간 "중국에서 근무한 경력이 있는 직업 외교관이 임용되어 다행이구나" 싶었다. 자문 소견이 신임 대사를 임용하는 데 어느 정도 영향을 주었는지는 모르지만, 그 보도를 읽는 순간 일주일간 고민했던 시간에 보람을 느꼈다.

3 소신을 철회할 수 있는 용기: 조언자의 역할을 중시하는 리더십

일반적인 인사, 특히 외교와 관련된 인사에서 과정상의 파격성은 자리 잡기 어렵다. 그러기에 이 사례는 인사권자의 주요 공직 임용에 참고할 수 있는 부분이다. 더 나아가서 이 사례를 통한 경험은 개인 차원의 조언에 국한하지 않고 공공 정책 전반에 토대가 되는 인사권의 유연한 활용과 유관하다고 믿었다.

1) 언로 개방의 용기

경제인 중에서 대사를 기용하겠다는 구상은 아마도 한·중 경제 외교의 중요성에 대한 인사권자의 평소 신념에서 비롯된 것이리라. 기존의 현상 유지적 관계를 뛰어넘는 발상의 전환을 도모해보겠다는 의지에 기인한 것으로 추정했다. 그런데 주요국 대사를 임용할 때 인사 시스템 바깥에 있는 평교수에게 추천을 요청했다는 사실은 평범한 일이 아니다. 정부가 새로 들어서면 고위직 외무공무원들

사이에서 주요국 대사 자리를 둘러싸고 치열한 경쟁이 있기 마련이다. 여기에 그치지 않고 외교를 안다는 정치권과 학계 인사들이 줄을 서서 기다리고 있음은 미루어 짐작할 수 있다. 정권 창출에 기여했다고 주장하는 인사들이 대사의 직무 수행이 어렵다는 것을 모른 채 겉보기에 화려한 대사 자리를 희망할 수도 있을 것이다. 이러한 과잉 인사 수요 상황에서 외부 의견을 물었다는 것 자체가 평범한 일은 아니다. 그렇다고 내가 중국 전문가도 인사 전문가도 아닌 재정 전공의 교수일 뿐인데 말이다.

2) 철회의 용기

구체적인 임용 과정은 모르지만, 주중대사에 직업 외교관을 임용했다는 사실은 인사권자가 자신의 의지를 접었음을 말해주는 것이다. 인사권자로서 자신의 의지를 접는 일은 쉬운 일이 아니다. 만일 자신의 주장을 관철해야 한다고 생각하는 인사권자라면 어떠한 다른 의견이 나오더라도 자신의 주장을 관철하려는 유혹에서 벗어나기 어려울 것이다. 관철하고 싶지만 관철에 따른 부작용이 국가 이익을 손상할 수 있다고 판단할 때 자신의 주장을 철회하는 것도 인사권자가 실천하기 어려운 의사 결정의 하나다. 마음만 먹으면 임용할 수 있는데 평범한 자문 의견을 참고해 그런 결과가 나온 것이라면 결코 평범한 인사 결정이라고 말할 수 없다.

06

서울대병원장 임용 관련 자문 의견

: 정중함을 유지하며 대학의 권위를 존중받다

1 총장 내정자 시절, 대통령 비서실로부터 받은 연락
2 대학의 입장을 밝히다
3 인사 결정 조언자의 역할: 신뢰를 확립하고 대학 입장을 견지하다

1 총장 내정자 시절, 대통령 비서실로부터 받은 연락

2010년 5월, 서울대 총장 당선자 시절에 대통령 비서실 주요 인사로부터 전화를 받았다. 6월부터 임기가 시작되는 서울대병원장 임용과 관련해 내 견해를 듣고 싶어 했다. '서울대학교병원 설치법 시행령'에 의하면 서울대병원장은 9인으로 구성된 병원 이사회에서 후보자 2명을 선임, 대통령이 후보자 중 1명을 임용하도록 규정해 놓았다.

2010년 5월, 서울대병원 이사회는 A교수와 B교수, 후보자 2명을 선임했다. 대통령 비서실 주요 인사는 이사회에서 A후보는 5표, B후보는 4표를 얻었는데 인사권자가 앞으로 같이 일할 총장 내정자

의 의견을 구해보라는 지침을 받은 것이다. 그분과 대화를 나누면서 상당히 곤혹스러웠다. 서울대 직선제 선거에서 1차 투표에 과반수를 득표한 후보자에 불과했고 정식 임용을 받지 않았기 때문이다. 아직 의견을 말할 위치에 있지 않다고도 했다. 그럼에도 비서실 인사는 의견을 끈질기게 요청했다. 하루 정도 말미를 주면 생각을 정리해서 의견을 말하겠다고 했다.

2 대학의 입장을 밝히다

그동안 이사회에서 다수 이사들의 지지를 받은 후보자를 대통령이 임용하는 전통이 유지되어왔다. 그러나 엄밀히 말해 법적 측면에서는 후보자 두 사람 중 대통령이 적임자라고 판단하면 득표 우위를 고려하지 않고 임용할 수 있다.

다음날 비서실 인사에게 내 입장을 2가지로 집약해 표명했다.

첫째, 병원장 임용은 전적으로 대통령의 인사 재량 사안이므로 이사회 추천 과정에서 얻은 득표수에 기속받지 않고 임용하는 것이 기본 원칙이다.

둘째, 결격 사유가 없는 한 다수 득표자를 임용하는 것이 국가 교육 기관인 서울대와 서울대병원의 권위를 존중하는 것이다.

내 의견은 임용권자의 권위를 존중하면서 서울대의 선택을 존중받고 싶어 하는 2가지 함의를 담았다. 이렇게 응답하니 그분은 잘 알겠다고 했다. 몇 시간 후 두 원칙 중 어느 것이 우선이냐고 다시 물어왔다. 처음과 같은 원칙을 고수했다. 궁극적으로 임용권자의 판단 사안이고 다수 득표자를 임용하면 서울대의 권위와 전통을 존중하는 관행이 확립될 것이라고 답변했다.

며칠 후 주요 인사는 이사회에서 다수표를 얻은 A후보를 임용할 것이라고 통지해주면서 서울대의 의견을 존중한다고 부연 설명해주었다. A후보는 5월 31일 서울대병원장에 취임했다. 나는 병원이사장으로서 3년간 원장과 함께 공직을 수행했다.

3 인사 결정 조언자의 역할:
신뢰를 확립하고 대학 입장을 견지하다

여러 형태의 의사 결정 중 인사에 관한 결정만큼 중요하고 어려운 것이 없다고 해도 과언이 아니다. 그런 만큼 인사 결정에 관한 조언은 신뢰를 유지하며 원칙을 지켜야 한다. 그래서 '인사'를 선행적 의사 결정이라고 표현한다.

인사권자의 고유 권한에 대한 존중은 최소한 지켜야 할 예의고 이 노력이 신뢰를 확립하는 조건이다. 이 신뢰가 형성되면 인사 조언자가 제시한 원칙이 존중될 수 있다. 인사권자로부터의 신뢰 영역이 넓을수록 기관의 권위와 전통을 유지할 수 있는 제안이 수용될 가능성이 높아진다고 보기 때문이다. 인사 갈등의 원인은 신뢰가 부족한 데에 기인한다. 서로에 대한 신뢰가 결여되면 각기 자신의 입장에서 판단하는 인사 기준이 평행선을 달릴 수 있어 기관의 보편적 목표 실현을 제약하게 되는 것이다.

{ 07 }

자신의 인사 구도에 반反한
자문 조언 수용한
기획예산처 장관

1 기획예산처 출범과 개방형 인사 시스템
2 개방형 인사위원회의 심사: 장관의 인사 구도와 다른 결정
3 사례 찾기 어려운 너그러운 수용: 신임 국장을 선임하다

1 기획예산처 출범과 개방형 인사 시스템

기획예산처는 김대중 정부 출발 1년 후 기획예산위원회가 확대·개편된 것이다. 노무현 정부까지 9년간 예산을 편성하고 정부 개혁을 관장하는 핵심 정부 부처로 기능해왔다. 현재의 기획재정부는 2008년 이명박 정부가 출범하면서 재정경제원과 기획예산처를 통합해 발족했다.

김대중 정부 들어서 도입된 주요 공직에 대한 개방형 인사는 노무현 정부 출범 후 시행 강도가 떨어지기는 했으나, 법령에 의거해 여전히 공모로 주요 정부 직책을 충원했다. 개방형 채용은 공직의 민간 개방이 주된 목표지만, 주요 공직에 부합하는 자격을 갖춘 민간

지원자가 많지 않아 상당 직책은 공직 사회 내부의 경쟁으로 개방형 직위를 채웠다.

2 개방형 인사위원회의 심사: 장관의 인사 구도와 다른 결정

2006년, 기획예산처 인사위원장으로 위촉되어 개방형 인사를 조율하고 자문하는 역할을 맡았다. 기획예산처는 혁신 주무 부서인 만큼 개혁 정책의 일환으로 시행하는 개방형 인사 시스템을 운영하는 데도 솔선수범해야 하는 책무를 안고 있었다. 기획예산처 핵심 부서의 하나인 '공공혁신본부 경영지원단장'직에 대해 개방형 채용을 진행했다. 우리나라 공기업 전체를 관장하면서 공공 부문 개혁을 주도하는 경영지원단장(후일 공공정책국장으로 직명이 바뀌었음) 자리는 그 위상이 일반 국장과 사뭇 달랐다. 공기업 부문의 개혁을 주도하는 자리인 만큼 공기업 부문과 공기업을 관장하는 주요 행정 부처에 미치는 영향이 지대했다.

2007년 3월, 인사위원장으로서 경영지원단장 개방형 인사 절차를 주관했다. 인사위원회가 이 직책에 지원한 3명에 대한 서류 심사와 개별 면접을 진행했는데 자연스럽게 어떤 후보가 적임자인지 판명되었다. 산업자원부 소속 부이사관과 총리실 소속 이사관이 추천 가능한 후보였다. 그동안 쌓은 공직 수행 역량과 새 자리에 임하는 비전, 공기업 쇄신 방향에 대한 포지션을 분명히 제시한 산업자원부 소속 공무원이 제1순위자라는 데 공감대가 형성되었다. 그러나 그 공무원은 직급이 부이사관이라는 점, 산업자원부가 다수 공기업에 대한 주무 부처이기에 산업 정책적 측면에 경도될 가능성이 있다는 점 등이 제약 요소로 지적되었다. 반면 총리실 소속 공무원은 오랜 공직 경험으로 중후함이 장점이나, 공기업 개혁을 지휘할 경험과 동력원이 제한적이라는 평가를 받았다. 위원들은 집중 토론 끝에 산업자원부 소속 공무원을 1순위로 추천하는 데 의견을 모았다.

위원들이 논의를 진행하는데 인사위원회를 실무 지원하는 과장이 잠시 회의장 밖에서 대화를 나누자고 제안했다. 과장은 "장관의 인사 구도가 있는 것으로 짐작되니 최종 결론을 내리기 전에 장관과 상의해보라"는 것이다. 건의였지만 의미 있는 업무상 조언이다. 인사위원회가 의결 기구가 아닌 자문 기구인 만큼 "장관과 협의하겠다"고 했다. 장병완 장관에게 인사위원회가 잠정적으로 내린 결론을 설명하니 장관은 곤혹스러운 표정이 역력했다. 잠시 시간 여유를 주면 심사숙고하겠다고 했다. 이미 부처 교류의 일환으로 총리실과 기획예산처가 상당 수준 합의에 도달했다는 것이다. 개방형 인사 시스템이 기존 인사 관행에서 탈피해 적임자를 고르는 혁신 구상이라는 점을 거듭 강조했다. 장병완 장관은 1시간 후 인사위원회 의견에 지지를 표명해왔다.

3 사례 찾기 어려운 너그러운 수용: 신임 국장을 선임하다

장병완 장관의 결심에 경의를 표했다. 장관 자문 기구가 장관의 뜻과 배치되는 결론을 내리는 일도 별로 없지만, 자신의 뜻과 배치되는 제안을 흔쾌히 수용하는 것도 쉬운 일은 아니다. 다른 문제도 아니고 인사 문제는 더욱 그렇다. 기획예산처만의 문제는 아니다. 교류 협의 대상 기관과의 문제도 결부되어 있기 때문이다.

인사와 관련해 최고 책임자가 마음을 비우는 일은 참 어렵다. 마음을 비우기 싫어서가 아니라 마음을 비울 수 없는 여러 가지 정치적·지역적·정서적 요소를 함께 고려해야 하기 때문이다. 그렇기에 장관이 마음을 비우는 것으로 부하들에게 인식되면 참모들은 적임자를 추천하는 재량(?)을 활용할 수 있는 용기를 얻는다. 부하들이 이러한 용기를 얻지 않으면 항상 최고 책임자의 의중을 살피고 그 뜻에 맞추려는 인위적 노력을 기울이게 된다. 이 상황이 계속되면 인재를 발탁하는 일이 어렵게 됨은 물론이고 경우에 따라서 인사하는 데 혼선을 빚을 수도 있다. 더 나아가서 인사 참사(?)가 발생할 수도 있다. 장관이 인사와 관련해 주위 의견을 참조하거나 경청하면서 사적 선입견을 배제하려는 자세는 책임자가 갖춰야 할 진정한 용기다.

산업자원부 출신으로 기획예산처 간부가 된 이 공무원은 1년 동안 기획예산처 근무를 마치고 대통령실장 보좌관, 산업정책실장, 에너지자원실장을 거쳐 현재 산업통상자원부 제1차관에 봉직하는 이관섭 차관이다. 면접 위원들이 이구동성으로 신언서판을 갖춘 공직자라고 평했다. 이 차관이 지금껏 공직자로 소임을 다하고 있다는 사실은 당시 개방형 인사위원회가 내린 결정이 최소한도의 책무를 이행한 것이었음을 반증하는 것이라고 해석하면 지나친 언급일까? 인사위원회가 내린 결정보다 더 중요한 것은 인사권자인 장관이 인사위원회의 의견을 수용한 포용력이다.

{ 08 }

추천을 통한 의견 수렴
: 주목받을 총장 선임 사례

---

1 대통령실장으로 임용되면서 후임 총장 후보 추천을 요청하다
2 마음을 비우고 추천 중시하는 인사 결정

---

1 대통령실장으로 임용되면서 후임 총장 후보 추천을 요청하다

2008년 6월, 울산대학교 정정길 총장이 긴박한 목소리로 전화를 걸어왔다. 바로 전날 언론 보도를 통해 대통령실장으로 임용된 것을 아는 상황에서 "실장 부임을 축하합니다"라는 말이 떨어지기가 무섭게 "울산대 후임 총장을 내일까지 추천해달라"고 요청했다.

대통령을 지근거리에서 보필하는 자리로 옮긴 직후라서 무척 분망할 것 같아 자세한 이야기를 묻지는 않았다. 곰곰이 생각해보니 어떤 사람을 원하는지 알지도 못하는데 함부로 사람을 추천할 수도 없는 노릇이었다. 한편, 서울대에서 25년 이상을 선배 교수로 모신

편한 사이라서 "내게 허물없이 총장 후보 추천을 당부하시는구나. 나뿐만이 아니라 다른 분에게도 추천을 의뢰했겠지"라고 생각했다.

최소한 책무를 이행하는 것이 도리라고 여겼다. 문득 얼마 전까지 교육과학기술부 장관을 역임한 공과대학 김도연 교수(현재 포스텍 총장)가 떠올랐다. 울산대는 개교할 때 공과대학(공대)으로부터 출발해 자연히 공대의 비중이 클 테니 공대 교수와 학장을 지낸 김 교수가 적절한 후보라고 생각했다. 게다가 장관을 지냈으니 총장 후보자로서 경륜을 갖춘 것이다. 김 교수는 중·고교·대학 시절부터 줄곧 같이 성장했고 서울대에서 25년 가까이 동료 교수로 근무하면서 성실성과 기품을 익히 알고 있었다.

김도연 교수에게 의견을 타진했다. "만일 울산대 총장으로 천거되면 수용할 생각이 있느냐"고 단도직입적으로 물었다. 김 교수는 하루 정도 말미를 달라고 했다. "이런 중요한 문제는 오래 끌면 안 되니 몇 시간 내로 결정하라"고 재촉했다. 몇 시간 후 "선임되면 수용하겠다"고 응답했다.

정정길 실장에게 전화를 걸어, "제 기준에는 김도연 전 교육과학기술부 장관이 적임 후보의 한 사람"이며 김 교수가 추천에 동의했다고 덧붙였다. 정 실장의 요청에 답을 주었으니 내 임무는 끝나 홀가분했다. 아마도 여러 사람한테 추천을 부탁했을 테니 김 교수가 선임될 확률은 50% 수준이라고 추정했다. 정 실장에게 고마운 것은 본인의 후임 자리에 앉을 사람을 내게 추천 의뢰했다는 것이다. 인사 추천 요청은 다른 일과 달리 평소 신뢰하지 않으면 입도 뻥끗하지 않는 일인데 내게 깊은 이야기를 허물없이 했다니 말이다.

김도연 교수를 추천한 지 이틀 만에 정정길 실장으로부터 김 교수에게 신속히 연락이 닿도록 해달라는 요청을 받았다. 이렇게 신속하게 인사 결정이 날지는 전혀 예측하지 못했다. 나중에 알고 보니 정 실장이 울산대 정몽준 이사장에게 김 교수를 총장 후보로 추천했고, 이사장이 받아들여 이사들과 조율을 거쳤다는 것이다. 갑자기 연락을 받고 무심코 한 추천이 이렇게 빨리 결론이 날지 몰랐다. 내 추천이 확률적 의미밖에 없는 줄로 알고 있었을 뿐이다. 김도연 교수는 일주일 후 울산대 제8대 총장에 취임했다.

2 마음을 비우고 추천 중시하는 인사 결정

사립대학 총장은 예전부터 이사회 중심으로 선임되는 경우가 흔하다. 대학마다 사정이 다르겠지만, 상당수 대학은 재단이사장이 주도적 위치에서 총장을 선출하는 과정을 밟는다. 경우에 따라서는 이사장이나 주도권을 쥔 이사들의 시각에서 후보자를 판단해 선임한다. 그 판단이 적임자 선출로 귀결될 여지도 있지만 그렇지 않을 확률도 있다.

중요 직책을 임용하는 과정에서 책임자가 직접 후보를 물색하고 자신의 선호에 부합하는 후보자를 선택하는 것은 자연스러운 과정이다. 이런 점에서 임용권을 주도할 수 있는 재단이사장이 이임하는 총장에게 후임 총장 후보를 추천하라는 요청은 흔치 않은 것이다. 전임 총장에게 이 요청을 할 수 있는 것은 그 사람에 대한 신뢰가 높아 가능한 것이기도 하지만 이사장이 주요 인사를 결정할 때

마음을 비웠다는 사실이라는 점에 주목해야 한다. 이사장이나 이사회가 기속적ascriptive 기준이나 주관적 선호에서 벗어나 객관적 잣대로 후보자를 평가하고 이에 기초해 선임한다면 후보자의 '적임성'을 충족할 수 있고 그 기관의 역량을 높일 수 있다.

우리나라의 상당수 사립대학은 설립자와 설립자 2세가 주축이 된 재단 이사회가 지나치게 자기중심적으로 대학을 운영하는 편이다. 대학은 국립이나 사립을 막론하고, 설립하고 나면 공적 목표와 공적 가치를 실현하는 공적 존재라는 점을 결코 간과해서는 안 된다. 설립자의 정신을 살리는 것도 중요하지만 이에 못지않게 대학을 운영할 때 공적 가치를 존중하는 의사 결정을 하는 전통을 확립하는 것도 매우 중요하다.

통일평화연구원장을
4번 연임하다
: 예외 아닌 모범 사례

1 4번 연임을 통해 연구원 위상을 제고하다
2 4번 연임이 모범 선례를 남기다
3 국책연구원장 단임의 한계는 시정해야 한다

1 4번 연임을 통해 연구원 위상을 제고하다

2012년 3월, 서울대 김홍종 교무처장(수학과)으로부터 통일평화연구원장의 임기가 종료되었으니 후임자를 추천해달라는 요청을 받았다. 김 교무처장은 원장이 이미 연임했으니 신임 원장을 물색해야 한다는 의견도 덧붙였다. 교무처장은 2번의 임기(4년)를 마치면 새 원장을 임용하는 대학의 일반적인 인사 관행을 고려한 듯했다.

정운찬 총장 시절, 통일평화연구원은 대학본부의 재정 지원을 받아 2006년 본부 직할 연구원으로 출범했다. 이 연구원은 한반도 통일과 동북아 평화 연구 부문에서 짧은 기간 내에 괄목할 만한 성과를 냈다. 박명규 교수(사회학과)는 원장으로서 통일평화연구원이 초기에 정착하는 과정에서 혼신의 노력을 쏟았다. 이제 통일평화연구원 활동에 대한 학내외의 긍정적 평가가 본궤도에 오른 시점이었다. 이 시점에 박 교수의 두 번째 임기가 종료된 것이다.

연구원이 제대로 자리를 잡아가고 있으니 박명규 교수가 계속 원장직을 맡아달라고 요청했다. 세 번째 임기를 시작한 박 원장은 제한된 대학본부의 재정 지원 틀 속에서도 연구원의 활동 영역을 국내외로 확장하고, 통일 연구의 사회과학적 기반을 심화시키는 노력에 매진했다. 연구원을 국내 대학 최고의 평화 통일 연구 기구로 그 위상을 높이려는 박 원장의 비전과 의욕을 대학본부가 제대로 뒷바라지해주지 못하는 것이 늘 아쉬웠다.

어느덧 2년이 흘러 새로 부임한 홍기현 교무처장(현재 사회대 학장)이 통일평화연구원장 임기가 종료되었다고 보고했다. 연구원 특성상 박명규 교수가 계속 원장직을 맡아야 연구원을 반석 위로 올려놓을 수 있다고 판단해 네 번째 연임을 결정했다. 아마도 4번 임용받은 보직자는 거의 없을 것이다. 박 교수에게 직접 중책을 맡아달라고 간청했고, 통일 연구에 남다른 애착이 있던 박 교수는 끈질긴 요청을 거절하지 못하고 원장직을 이어갔다.

2 4번 연임이 모범 선례를 남기다

서울대 통일평화연구원장 자리를 4번 연임한 것은 일반 인사 관행에 비추어 분명 예외적인 임용이다. 대학의 보직은 총장을 제외하고는 국립과 사립을 막론하고 2년 임기다. 2년 임기는 업무를 파악하고 소임을 제대로 수행할 수 있는 기간으로는 짧다. 짧다는 말보다는 차라리 '자리에 앉았다 가는 것'이라고 말하는 편이 나을 수도 있다. 업무를 파악하는 데도 수개월, 자신이 구상한 사업의 예산이 반영될 수 있는 기간은 최소한 1년 반 이상이다. 퇴임을 앞두고 몇 개월간은 마무리하는 기간이므로 2년 임기로는 "무슨 비전을 세우고, 새로운 사업을 구상하며, 기관의 핵심 역량을 배양한다"는 것이 허언에 그칠 가능성이 높다. 누구나 지적하는 '2년 임기'의 한계는 인사 운영 과정에서 연임을 통해 제한적이나마 극복할 수 있다.

따라서 대학의 보직은 본인의 개인 사정이 없는 한, 운영상 특별한 문제가 없는 한, 연임을 통한 4년 임기가 보장되는 것이 바람직하다. 물론 이 가설이 유효하려면 최초의 선임이 적절해야 한다.

대학 연구소는 2년 임기 시스템이 불러일으키는 문제가 극명하게 드러난다. 특히 신설 연구소는 더욱 그렇다. 일반 학사 행정은 반복 업무가 비중이 많다 보니 대학의 관료제가 원활히 가동하는 한 책임자를 교체해도 영향을 크게 받지 않을 수 있다. 그러나 창의적 주제를 발굴하는 일이나 미래를 예측하는 연구 구도를 설정하는 작업은 다르다. 연구원장이 집중적으로 노력하고 지속적으로 탐색할 때 의미 있는 성과를 도출할 수 있다. 출범한 지 얼마 되지 않은 연구소는 원장이 상당 기간 헌신적 노력을 쏟아부을 때 설립 목표에 근접하는 제도를 형성할 수 있다.

통일평화연구원장은 최초의 선임이 바람직한 것으로 판명되면 10년 정도의 임기를 채우는 것이 적절하다.

3 국책연구원장 단임의 한계는 시정해야 한다

임기 4년의 대학 총장 역시 임기 1년 내에 새로운 사업을 구상하거나 핵심 역량을 구축하는 작업에 착수해야 한다. 그렇지 않으면 준비→기획안 마련→예산 확보→예산 집행→사업 착수→효과 확인 등 최소 2년 이상 소요되는 사이클을 임기 내에 소화할 수 없다.

이 현실을 고려해 총장 취임 초, 전직 총장들이 임기 초반 관행적으로 만들어온 '장기 발전 계획' 수립을 마다하고, 기존의 장기 계획 중 우리 팀이 4년 임기 내에 수행할 수 있는 의제를 취합해 '실행 계획'이라는 이름으로 임기 내의 사업 계획을 정리했다. 어떤 교수는 왜 비전을 새롭게 제시하지 않느냐고 물어왔다. 서울대의 비전은 총장이 바뀌었다고 새롭게 만드는 것이 아니라 이미 국민으로부터 위임받은 불변의 '공동체에 기여할 수 있는 참된 인재 양성'과 '국가 발전, 인류 문명에 기여할 수 있는 참된 선도 연구'라고 답했던 기억이 잊히지 않는다.

우리나라 국책연구원장의 임기는 대부분 3년이다. 그 임기도 정부 교체기를 맞으면 보장되지 않는 것이 현실이다. 국민이 낸 세금으로 운영하는 연구원이 새로운 국가적 가치 창조의 공적 임무를 수행토록 하기 위해서는 임기를 연장해야 한다. 더 나아가서 임기를 보장할 수 있는 인사 시스템을 개혁하는 일이 필요한 시점이다.

─────{ **10** }─────

투병 중인 교수를
기술지주 사장에 임용하다

1 기술지주 사장을 자천한 교수
2 홍국선 사장의 역동적인 활동과 와병 소식
3 와병 중에도 사장직 연임을 희망하다

1 기술지주 사장을 자천한 교수

서울대 발전기금재단 소속의 '기술지주회사'는 교수들의 연구 결과를 선별해 특허 출연을 독려하고 창업 및 기술 이전 등을 통해 지식재산권을 상용화하기 위해 2008년에 설립한 상법상의 주식회사다. 설립 3년을 거치면서 전액 자본 잠식 상태(현금 자본 30억 원)를 면치 못하는 전형적인 구조 조정 대상 기관이었다. 그러나 서울대 이공계열의 괄목할 만한 연구 성과의 상용화 필요성을 고려할 때 새 역할을 정립해야 할 시점이었다.

이 시점(2010)에 공과대학 홍국선 교수(재료공학부)가 찾아와 기술지주회사 사장직을 맡겠다는 뜻을 표명했다. 홍 교수가 평소 산학협

서울대 기술지주회사 사장을 3년간 역임한 후 순직한 홍국선 교수의 살아생전 모습

력 및 지식재산 사업화에 남다른 집념을 가진 것을 알았지만, 열악한 재정 구조를 혁신하고 새로운 사업 모델을 개척해야 하는 힘든 자리를 스스로 맡겠다는 충정에 감동하지 않을 수 없었다. 즉석에서 그 포부에 공감했다. 몇 주 후 홍 교수를 제2대 기술지주회사 사장에 임용했다. 총장 임기 4년 중 자천에 의한 유일한 임용이다.

2 홍국선 사장의 역동적인 활동과 와병 소식

홍국선 교수는 임기 초부터 조직을 개편하고 우수 인재를 확보하기 위해 심혈을 기울였다. 홍 교수 재임 시 기술지주회사에 합류한 변리사들과 미국 특허변호사들은 이구동성으로 "홍 사장을 만나면서 합류 제안과 회사 비전에서 빠져나올 수가 없다"고 했다. 홍 사장의 활달하고 설득력 있는 리더십은 유력 법무법인과 특허법인에 근무하는 우수 인재를 보수가 낮은 서울대 기술지주회사로 끌어들이는 원동력이다. 지주회사의 전문 요원들이 대학 연구실을 찾아다니며 연구 결과의 특허 출연을 독려하고 법률 자문을 아끼지 않았다.

홍 사장이 부임한 후, 기술지주회사가 자리를 잡아가는 시점에 "홍 교수가 대장암 수술을 받고 투병 중"이라는 소식을 접하고 충격을 금치 못했다. 즉각 홍 교수에게 공무를 접고 치료에 전념하라 권했다. 그러나 정색하면서 끝까지 소임을 다하겠다며 도리어 나를 설득했다. "제가 꼭 완수해야 할 일을 하는 것이 최선의 치료"라고 할 때는 눈시울이 뜨거워졌다. 홍 교수는 자신의 건강 상태는 아랑곳하지 않은 채 지주회사의 제도적 정착을 위해 전력투구했다.

3 와병 중에도 사장직 연임을 희망하다

어느덧 2년이 흘러 홍국선 교수의 임기가 종료되어 후임자를 임용해야 했다. 불편한 몸을 이끌고 사장직을 헌신적으로 수행한 것에 대해 미안한 마음을 이루 형언할 수가 없었다. 이제 자신의 건강을 챙기고 가족을 돌보는 시간을 갖는 것이 마땅했다. 홍 교수의 건강을 돌봐주는 의과대학 방영주 교수(내과)에게 홍 교수의 상태를 물었다. 방 교수는 "지금 상태로 보아서 홍 교수가 주변을 정리해야 할 시점"이라고 했다. 즉각 홍 교수를 불러 모든 일을 중단하고 휴식을 취하라 당부했다. 그러나 홍 교수는 병의 위중함을 어느 정도 느끼는 듯하면서도 일에 대한 집착을 감추지 않았다. 자신이 헌신해오던 일에 매진하는 것이 생명에 대한 불안감을 이겨낼 수 있다면서 사장직을 계속 맡겨달라고 했다. 순간 홍 교수가 마지막 순간까지 자신이 전념하던 일을 계속하는 것이 생에 대한 마지막 희망을 잃지 않는 길이라고 판단했다.

기술지주회사 간부들에게 홍국선 사장을 특별히 돌볼 것을 지시한 다음 사장직에 다시 임용하는 용단을 내렸다. 홍 교수는 연임 결정을 직접 들으면서 "제가 일이라도 열심히 해야 삶의 존재 가치를 확인할 수 있습니다. 모든 것을 잊고 열심히 일하면 더 살 수 있을 것"이라고 했다. 그 말을 듣는 순간, 눈물을 감출 수가 없었다. "인간의 생명은 누구나 유한하고 하늘에 달린 것이니 마지막까지 희망을 잃지 말자. 우리가 세상을 떠난 뒤에도 그 희망은 이어져야 한다"고 서로 위로했다.

홍국선 교수는 다가오는 미래를 직감하면서도 투혼을 불살랐다. 삶과 죽음 간 극한의 경계 속에서 마지막까지 노력을 쏟아부어 죽음의 공포를 이겨내고 삶의 존재를 증명하고자 했다.

홍국선 교수는 재임용된 지 8개월 만에 순직했다. 홍 교수는 순직 마지막 순간까지도 기술지주회사의 미래를 당부했다. 생사의 갈림길에서도 자신이 추구했던 공적 가치를 안고 간 홍 교수의 영전에 거듭 조의와 경의를 표한다.

II

새로운 제도 형성에
관한 결정

01 의대 문·이과 교차 지원 시행을 보류하다: 번복 비판 무릅쓰고 여론 고려한 '회귀'

02 기금 교수의 전임 교수 전환: 상위 목표의 공감대를 형성하고 부수적 과제를 협의하다

03 총장 나이 제한 존폐에 관한 결정: 보편적 가치를 중시하다

04 학(원)장 임용 방식의 정비 : 실질적 자율과 통합의 상징성 고려한 결정

05 국회예산정책처가 태동하다: 국회의장의 소수 의견 수용이 만들어낸 뜻밖의 결론

06 '국제대학원'이 아닌 '국제지역원'을 설립하다: 절반의 결실

07 행정대학원과 국제지역원 통합(안)이 좌절되다: 공통 이익 실현의 어려움

제약점을 극복하고 공감대를 형성한다

　새로운 제도를 만들어내는 데 핵심 과업은 도입에 따른 제약을 찾아내고 이를 어떻게 극복하느냐이다. 새로운 제도의 내용은 순수하게 새로운 것이라기보다는 기존에 논의되었고, 논의되고 있는 주장을 담는 경우가 흔하다. 그것이 '제도화'라는 공식 과정으로 전환되면서 정태적static 논의의 대상에서 벗어나 동태적dynamics 결정 단계로 활성화됨을 의미한다.

　평소 논의 단계 수준에서는 그 사안이 가지고 있는 긍정적인 면을 부각하기 쉽지만, 결정 단계로 진입하면 제반 제약 요소가 부각될 수밖에 없다. 쉽게 말해 막연한 논의 단계에서는 의견이 모이는 듯하지만 결정 단계에 가면 이해득실에 따라 찬반양론이 공존하게 된다. 논리적 모순을 드러낼 수도 있고 현실적 제약의 벽에 부딪혀 결정까지 혼돈의 양상을 띨 수 있다. 그렇기에 새로운 제도를 형성하는 데 핵심은 어떤 가치를 우선순위로 둘 것인지, 그 가치 실현에 따른 비용이 발생했을 때 어떻게 대응할 것인지, 가치 실현을 할 수 있는 인적·물적·상징적 자원의 확보를 판단하는 것이다.

　이 같은 결정 내용의 복합적 성격과 이해관계의 내적 충돌이 자연스러운 과정인 만큼 결정 과정에서 공감대를 형성하는 일이 최종 결정의 성패를 좌우하는 요소다. 나아가고자 하는 입장position에 반대하거나 유보를 표명하는 사람들을 최소한 이해시키는 작업이 새 제도 형성을 주도하는 사람들에게는 힘들지만 매우 중요한 책무일 수밖에 없다. 공감대를 형성하는 일이 기본적으로 어려운 과제일 수밖에 없는 것은 결정하고자 하는 제도의 내용이 제약점이 있고 갈등 요소가 있기 때문이다.

반대자들의 반대 논리와 숨은hidden 동기를 파악하고 반대자들 주장의 기본 가치를 경청하는 노력을 기울이면서 기관이 나가야 할 방향의 상대적 우선순위에 대한 최소한도의 이해를 구하는 상호 공존 자세를 취할수록 공감대 폭은 넓어지고 새로운 제도를 가시화할 가능성이 높다.

II부에서는 서울대에서 이룬 제도 변화와 기관 형성 사례를 다루었다. 필자가 자문으로 참여한 국회예산정책처가 태동하는 과정도 소개했다. 이 사례를 통해 최종 결정에 이르게 한 동력원이 무엇인지, 결정이 보류되거나 백지화된 요인을 탐색하고자 했다.

{ 01 }

의대 문·이과 교차 지원 시행을 보류하다

: 번복 비판 무릅쓰고 여론 고려한 '회귀'

1 갑작스런 교육부 장관의 우려
2 총장 중심으로 의사 결정 과정을 격상하다
3 입학본부의 입장을 유지할 것인지, 선회할 것인지, 끝장 토론하다
  1) 의과대학의 문제: 논쟁이 과열되다
  2) 결정을 위한 기준을 정하다
  3) 양분된 간부들의 의견: 총장의 입장 표명을 유보하다
  4) 입학본부의 최종 입장 정리: 교차 지원 허용(안)을 보류하다
4 최종 결정에서 얻은 교훈: 비용을 치르더라도 가치를 선택하다
  1) 어떤 가치를 중시할 것인가
  2) 대학의 총의를 수렴해 결정하다
  3) 입학본부의 주도적 역할을 기다리다
  4) 조언자 그룹의 의견을 경청하다

1 갑작스런 교육부 장관의 우려

2013년 겨울, 서울대 입학본부는 2015년도 대학입학 전형 방식의 변경 내용을 마지막으로 확인하는 작업을 준비하고 있었다. 입학 전형 방식을 변경한다는 것은 기술적 미비점을 보완하는 일이 대부분이지만, 서울대 입시 전형은 조그만 변화도 중등 교육 전반, 수험생

74

과 학부형들에게 파급 효과가 커 항상 신중을 기한다.

2013년 12월 초, 서남수 당시 교육부 장관으로부터 전화가 왔다. "서울대가 의과대학의 문·이과 교차 지원을 2015년부터 실시한다는데, 특목고의 문과 학생만 유리한 것 아닙니까? 일반고 이과 학생들의 의과대학 진학 기회가 줄어들면 사회적 논란이 될 텐데요. 총장은 어떻게 생각하십니까?"라며 긴박한 목소리였다. "현재도 일부에서는 교차 지원을 하는데 교차 지원을 체계화하는 의제를 입학본부에서 검토하는 것으로 안다. 이 문제는 대학이 종합적으로 판단해 처리할 것"이라고 덧붙였다. 그렇게 중요한 사안이라고는 간주하지 않고 2년 후의 대학입학 전형 방식 최종안을 신중히 점검해야 하겠다고만 생각했다.

다음날 주요 일간지와 방송사에서 서울대 의과대학이 문·이과 교차 지원을 전면적으로 시행한다는 보도가 쏟아져 나왔다. 2015년 입시부터 국어B, 수학A, 사회탐구를 선택한 문과 학생들이 의과대학에 지원하는 것을 허용한다는 내용이다. 강대희 의과대 학장과 박재현 입학본부장에게 어떻게 된 일이냐고 물었다. 강 학장은 지금도 교차 지원을 하는데 좀 더 체계화하는 것일 뿐 새로운 것은 없다고 했다. 입학본부장은 의과대 학장에 비해 비교적 강도 높은 답변을 해왔다. 의과대학 소속 교수인 입학본부장은 교차 지원을 확대해 의과대학 교육의 다양성과 질적 개선을 도모해야 한다면서 이 구상은 의과대 학장과 협의 중이며 추후 보고하겠다고 했다.

입학본부장의 의견을 접하면서 언론 보도가 근거 있는 기사라는 것을 알았다. 입학본부장이 입학 전형(안)을 준비하며 교육부와 대학교육협의회(대교협) 팀들과 상의하면서 의과대학 문·이과 교차 지원 허용을 포함한 입학 전형안이 최종(안)인 것처럼 알려진 것이다. 언론사 기자뿐 아니라 국회교육위원회 의원들도 전화를 걸어와 서울대의 입장을 확인하면서 교차 지원안은 공교육 정상화에 역행한다는 의견을 투입하기도 했다. 서울대가 최종 입장을 정한 것은 아니며 사회의 다양한 의견을 듣고 적절한 절차를 거쳐 신중하게 최종 시안을 마련할 것이라고 응답했다.

2 총장 중심으로 의사 결정 과정을 격상하다

의과대학 문·이과 교차 지원 허용 문제가 이미 언론을 통해 서울대 입장으로 알려졌다는 사실에 주목했다. 아직 서울대의 최종 입장을 결정하지 않았음에도 학부형과 관련 당사자들이 그렇게 믿기에 최종 입장 표명이 보도 내용과 차이가 있어도 '번복'으로 해석될 수 있다는 점이 마음에 걸렸다.

이 문제는 입시 제도에 임하는 서울대의 신뢰에 영향을 주는 것이다. 즉각 부총장, 교무처장 등과 상의하니 그분들도 진행 상황을 정확히 파악하지 못한 상태였다. 다만 입학 전형을 주도하는 입학본부장이 의대 문·이과 교차 지원을 확대하는 안을 들고 학내의 입학고시관리위원회 등에서 심의를 거쳤다는 것을 확인했다.

통상적인 입학 전형의 변화라면 그런 절차와 학장회의 등을 거쳐 확인하면 무난히 종결되지만, 이같이 여론의 비판에 직면할 사안이라면 당연히 총장이 주축이 되어 최종안을 결정해야 한다. 간부들에게 "이번 입시 전형안은 직접 관장하겠다"고 했다. 보통 입학본부장 선에서 결정하고 부총장과 총장에게 보고하면 최종 의사 결정을 하는데 이번에는 의사 결정을 격상한 것이다.

입학 전형을 구성하는 내용은 전년도 것에 부분적·기술적 수정을 가하는 것이어서 특별한 사정이 없는 한 입학본부장 선에서 최종 마무리하는 것이 일반적이다. 모집 요강과 지원 절차, 평가 방식 등 아주 세부적인 내용을 담고 있어 학장회의나 간부회의에서도 그해에 새로 바뀐 내용만 입학본부장의 의견을 들으면서 해당 단과대학의 관련 사안 중심으로 질의·응답을 하곤 했다. 그러나 의과대학 교차 지원 허용과 관련해서 입학본부의 이니셔티브가 진행되었다. 이미 언론에 공개된 이상 서울대 위상에 걸맞은 균형감 있는 최종 의사 결정을 해야 하는 것이다.

3 입학본부의 입장을 유지할 것인지, 선회할 것인지, 끝장 토론하다

1) 의과대학의 문제: 논쟁이 과열되다

문·이과 교차 지원 이슈가 뜨거운 이슈가 된 것은 다름 아닌 의과대학이라서 문제가 된 것이다. 의과대학 입시는 고등학교에 다니는 최우수 학생들의 관심사이며 학부형들이 전형 방식 변화에 민감하게 반응하는 편이다. 문·이과 교차 지원을 허용해 혜택을 받는 학생이 극소수일지라도 과열된 경쟁 시스템 아래에서 격렬한 이의 제기가 펼쳐졌다.

이 과정에서 전형 방식의 변화가 목표로 했던 가치가 평가절하되고 변화로 생기는 문제점이 과장되기도 했다. 의과대학 교차 지원 허용 사태는 이러한 문제 야기의 전형 사례다. 의예과 정시 정원 30명 중 이 허용안의 혜택을 받을 수 있는 학생이 몇 명 안 되는 상황인데도, 사교육업계는 외고外高가 급부상할 것이라고 과장하면서 외고 입시 과열을 부채질했다.

2) 결정을 위한 기준을 정하다

의과대학 문·이과 교차 지원에 관한 이슈는 입학본부가 진행하는 교차 지원 허용안을 그대로 최종 입장으로 확인할 것인지 아니면 기존 방식을 그대로 유지할 것인지 선택의 문제로 집약되었다. 기존의 제한적 교차 지원만 유지할 것인지 아니면 적극적 교차 지원을 허용할 것인지 양자택일의 문제다.

이 문제의 결론을 유도하면서 다음과 같은 기준을 정했다.

첫째, 의대 교차 지원 허용이 불러일으키는 고교 교육 정상화에 미치는 파급 효과. 둘째, 입시 전형 변화로 학부형과 수험생 등이 겪을 불안정성의 정도. 셋째, 입시 제도를 바르게 선도해야 할 서울대의 책임. 넷째, 입시 전형 방식 의사 결정을 할 때 서울대의 자율적 기조 유지와 외부 간섭의 배제 등이다.

저녁 식사 후 본부 전 간부를 총장 공관으로 소집해 집중 토론 자리를 마련했다. 참가한 모든 간부가 이 이슈에 대해 입장을 제시하도록 했다. 나는 발언하지 않고 간부들을 일일이 호명하며 의견을 물었다.

3) 양분된 간부들의 의견: 총장의 입장 표명을 유보하다

간부들의 의견은 양분되었다. 하나는 의과대학 교차 지원 허용이 다양한 인재를 선발하는 데 기여함은 물론이고 이미 보도가 나갔으므로 일관되게 밀고 나가야 한다는 입장이다. 혹시라도 이번 사태가 서울대의 입장 번복으로 비추어지는 것을 우려한 것이다. 다른 하나는 교차 지원의 취지는 이해할 수 있으나, 일부 학부모들이나 반대 여론을 고려할 때 없던 일로 하는 것이 바람직하다는 것이다. 20여 간부가 토론에 참여했는데 반반으로 양분되었다. 입학본부장은 교차 지원 허용안을 밀고 나가겠다고 강경한 어조로 발언했다. 발언의 강도에 비추어 교차 지원 허용안이 채택되지 않으면 본부장직을 물러나겠다는 의지가 묻어났다.

토의하는데 대교협 사무총장으로부터 전화가 걸려왔다. 대교협이 2015년도 대입 요강 최종안을 곧 마감하니 즉시 제출해달라는 요청이다. 서울대의 의사 결정이 확정되지 않아 며칠 후 제출할 테니 이해해달라고 간곡히 당부했다.

입장을 드러내지 않은 채 회의만 주재했다. 입장을 드러내 몇몇 간부들이 내 의견에 동조할 경우 토론 참여자의 등가성이 훼손되기 때문이다. 그날에 벌였던 집중 토론을 종결하고 며칠 후 다시 모여 최종 입장을 정하자며 해산했다. 다음날 입학본부장을 면담해보니 입장 변화를 느낄 수 없었다. 오히려 총장의 결단을 기다리는 듯했다.

4) 입학본부의 최종 입장 정리: 교차 지원 허용(안)을 보류하다

이틀 후 다시 전체 간부회의를 소집했다. 총장 공관에서 늦은 저녁 시간까지 끝장 토론을 벌였다. 그날 분위기는 지난번 회의와 달리 입학본부가 입장을 수정해야 한다는 의견이 약간 우세했다. 최종 결론을 유보한 채 입학본부가 최종 입장을 정할 때까지 여유를 갖고 기다리자며 회의를 마쳤다.

며칠 후 입학본부장이 나를 찾아와 교차 지원 허용(안)을 일단 유보하는 것이 좋겠다는 의견을 표했다. 입학본부장이 최종 결심을 할 때까지 기다렸는데 기다린 보람이 있었다.

다음날 학장회의에서 최종 논의를 하고 교차 지원 허용안을 보류할 것을 심의했다. 학장회의에서 문제가 된 것은 이미 보도를 통해 알려진 내용을 번복하는 것이 대학의 신뢰를 손상할 수 있다는 것이다.

"우리가 신뢰를 유지해야 한다는 명분에 사로잡혀 교차 지원 허용안을 고집해 여론과 학부모들에게 파장을 불러일으키는 것이 더 근원적인 신뢰를 상실하는 일"이라며 참석자들에게 호소했다. 그날 열린 회의는 교차 지원(안)을 보류하기로 심의하고 의결했다. 서울대는 곧 보도 자료로 의과대학 교차 지원 시행을 보류한다는 것을 출입 기자단에 밝혔다. 다음날 언론은 대대적으로 이 사실을 보도했다.

4 최종 결정에서 얻은 교훈: 비용을 치르더라도 가치를 선택하다

1) 어떤 가치를 중시할 것인가
복수의 목표가 있지만 어떤 가치를 더욱 중시할 것이냐를 판단하는 것이 최종 결론을 도출할 때 핵심 과업이라고 여겼다. 교차 지원 이슈에서 가장 중요한 것은 서울대 입시 전형 변화로 공교육 시스템의 사기가 저하되고 특목고에 대한 혜택이라는 오해를 불식하는 것이 의과대학 신입생들의 다양성을 확보하는 목표보다 우선순위가 높다고 봤다.

이번 사태로 서울대에 대한 신뢰가 손상되리라는 것을 예견했지만, 서울대에 대한 신뢰 손상보다 더 중요한 것은 고교 교육 정상화를 선도해야 할 서울대의 책무에 있다. 대학이 받을 신뢰 손상을 우려해 바람직한 결정을 회피하는 것이 오히려 본질적인 신뢰를 손상하는 일이라고 믿었다. '서울대가 흔들렸다'는 비판을 두려워할 필요가 없는 것이다. 그 비판을 달게 수용하는 자세가 옳다고 판단했다. 더 나아가서 입학본부의 자율적 권위를 훼손하지 않으려면 입학본부가 스스로 일부 학부형들의 우려를 고려해 최종 입시 전형안을 조율해야 한다고 믿었다.

2) 대학의 총의를 수렴해 결정하다

해당 부서의 소관 사항이더라도 기관 전체나 수요자들과 관련해 민감한 사안이라면 기관의 총의를 수렴해 결정하는 것이 바람직하다. 대부분의 일은 해당 기관이 위임받아 수행하지만, 환경으로부터 요구와 기대가 뚜렷한 사안에 대해서는 총체적으로 의사를 결정해야 한다. 해당 부서는 부서의 전통과 수행 방식에 따라 새로운 안을 만드니 경우에 따라서 전체에서 보는 시각이 결여될 수도 있다. 기술적 합리성 면에서는 바람직할지라도 정치적 합리성이나 전반적 시각을 고려하지 않을 수 있다. 이런 여건에서는 기관의 상위 책임자가 기관 전체 입장에서 의견을 수렴하고 조율해야 한다. 의과대학 교차 지원 허용(안)의 채택 여부를 결정하는 일도 입학본부라는 책임 운영 부서를 뛰어넘어 서울대 전체의 이익과 목표 차원에서 다루었기에 '유보' 결론에 도달할 수 있었다.

3) 입학본부의 주도적 역할을 기다리다

해당 부서의 자율적 권위를 존중하는 일은 중요하다. 책임자가 생각하는 대로 부서를 지휘한다면 해당 부서의 존재 가치는 반감될 수 있다. 의대 교차 지원 허용 문제도 입학본부가 추진 주체라는 점을 분명히 인식했다. 입학본부가 입장을 바꾸려면 주도적 역할을 할 수 있는 분위기를 만들어야 입학본부의 권위가 유지될 뿐 아니라 앞으로 본연의 임무를 잘 수행할 수 있을 것이라고 믿었다. 그러려면 책임자들이 인내해야 한다. 책임자가 결론을 내라고 재촉하면 기관 스스로 책임감을 갖고 영기준zero-base에서 검토할 여유가 없기 때문이다.

4) 조언자 그룹의 의견을 경청하다

기관의 주요 정책을 결정할 때는 많은 참여자가 중지를 모으고 상대적 우위를 확인하는 작업을 거쳐야 한다. 어떤 일은 해당 부서로부터 일정한 거리가 있을 때 새로운 현안을 멀리 볼 수 있고 꿰뚫어볼 수 있다는 점을 간과해서는 안 된다. 자신이 계속하던 일에는 자연히 선입견과 집착이 있기 마련인데, 거리를 두고 지켜본 사람들은 그 오류에서 벗어나 멀리 깊게 관찰하고 의견을 제시할 수 있는 여지가 존재하기 때문이다.

정책을 결정할 때 흔히 외부 인사를 참고 조언자 그룹reference group으로 활용한다면 기관의 위험도를 줄이고 목표에 근접할 수 있다는 가능성도 열어두어야 한다. 의사 결정 과정에 참여한 조언자 그룹은 설령 그들이 반대 의견을 표명하더라도 토론을 진지하게 이끌고 의견을 개진해 최종 결론에 대한 공감의 범위를 넓히고 결속력을 증대시킬 수 있다.

기금 교수의 전임 교수 전환
: 상위 목표의 공감대를 형성하고
부수적 과제를 협의하다

1 서울대 법인화와 기금 교수의 신분 전환
2 전임 교수로 전환하는 과정의 논점
3 법인 교수로의 전환 당위성, 부수적 과제는 타협

1 서울대 법인화와 기금 교수의 신분 전환

2012년, 서울대가 국립대학법인으로 위상이 변하면서 제기된 여러 난제 중 하나가 기금 교수의 신분 전환 문제였다. 2011년 말 기준, 법인으로 전환하기 직전 서울대 기금 교수는 235명이었다. '기금 교수'는 정부로부터 교육공무원 정원을 확보하기가 어려운 상황에서 서울대가 독자적으로 교수를 임용하되, 보수는 국가 예산이 아닌 서울대 자체 기금에서 지급하는 과도적 교수 채용 시스템이다. 기금 교수는 의과대학 소속으로 서울대병원에 근무하는 교수가 대부분이다. 서울대병원이 빠르게 발전하면서 교수 배정을 적절히 할 수 없는 상황에 이르자 병원 비용으로 보수를 지급하되 서울대 총장이 임명하는 임시방편의 충원 시스템인 것이다.

총장에 취임하기 이전부터 의과대학 기금 교수 문제를 상세히 파악한 상태였다. 언젠가는 위상이 불안정한 기금 교수를 일반 교수로 전환하는 것이 바람직하다고 여겼다. 마침 서울대가 법인으로 전환하면서 기금 교수를 법인 교수로 전환할 기회가 앞당겨진 것이다.

2 전임 교수로 전환하는 과정의 논점

의과대학 기금 교수들은 곧 '기금' 자를 떼 낸다고 기대에 부풀어 있었다. 그럴 수밖에 없는 것이 기금 교수에 머물러 있는 한 공무원 연금 대상에 포함되지 않는다. 국민연금을 불입해야 할 뿐 아니라 항상 기금 교수가 정식(?) 교수가 아니라는 외부의 시선에 내면적 신분상의 불안감을 떨치기 어려웠을 것이다. 법인으로 전환하기 이전에도 기금 교수 문제를 풀어야 한다고 생각했다. 의대 김용진, 이은봉 교수 등을 만날 기회가 있어 기금 교수들의 애환과 기대를 잘 파악할 수 있었다. 그런데 기금 교수를 법인 교수로 전환하는 의제가 수면에 떠오르자 학내 여론은 순탄치 않았고 예기치 않은 쟁점이 부각되었다.

첫째, 의대 기금 교수 200명을 법인 교수로 전환하면 의대 교수 정원이 500명(기존 300명+전환되는 교수 200명)이 되는데 서울대 교수 2000여 명 중 25%가 되는 거대 교수 집단이 태동하는 데에 대한 우려다. 그동안 공과대학 교수가 320명 수준인데 기금 교수가 법인 교수로 전환되면 거대 교수 집단이 재직하는 의과대학이 초대형 대학이 된다는 것이다. 이럴 경우 총장을 선출하거나 평의원회를 구성하는 등 학내의 의사 결정 과정에서 의과대학(병원 포함)의 영향력이 커진다는 우려를 표명하는 교수들도 있었다. 상당수 관악캠퍼스 교수들이 연건캠퍼스에서 근무하는 의대 교수들과 지리적·정서적 거리를 느꼈다. 어떤 교수는 "서울대병원이 필요에 따라 기금 교수를 뽑아놓고 이제 와 정식 교수로 전환해달라고 요구하는데 이해할 수 없다"고 지적했다.

둘째, 200명에 가까운 교수들의 보수 문제다. 이 교수들이 법인 교수로 전환되면 서울대의 한정된 재원 내에서 인건비를 충당해야 하니 자연히 재정의 경직성이 높아지고, 기존의 지출 구조가 변할 수 있다는 우려가 떠올랐다. 서울대 교수들의 인건비는 국고로 충당한다. 법인화 이후에는 총액 예산 개념으로 국가 예산을 배분하니 이 우려는 근거가 있는 것이다.

셋째, 의과대학 내부 문제다. 기금 교수를 일괄해서 법인 교수로 전환하면 옥석 구분 없이 법인 교수로의 전환이 이루어질 수 있다는 우려다. 의과대학은 법인 교수로 전환하는 일이 숙원 사업이지만 의과대학과 병원의 판단에 따라 순차적으로 법인 교수로 전환하는 것이 바람직하다는 입장을 밝혔다.

3 법인 교수로의 전환 당위성, 부수적 과제는 타협

서울대 법인이 출범한 2012년, 연초부터 기금 교수를 법인 교수로 전환하는 일이 주요 의제로 떠올랐다. 다양한 논의를 진행하면서 법인 교수로의 일괄 전환에 대한 비판적인 시각도 드러났다. 특히 총론에 대해서는 긍정적인 분위기가 뚜렷했으나, 전환에 따른 부수적 문제가 법인 교수 전환의 당위성을 희석시키는 논의로 전개되기도 했다. 각론이 총론의 방향을 지배하는 양상이 된 것이다.

총론적 결론과 각론적 수준의 문제점을 분리해 논의하는 것이 바람직하다는 입장을 고수했다. 우선 기존 기금 교수의 법인 교수 전환은 서울대 기존 기금 교수의 자부심과 신분상의 안정을 고양시킴으로써 교육·연구·진료의 질을 향상시킬 수 있다는 점을 강조했다. 이 점에 대해 이의를 제기하는 보직 교수나 학내 교수들은 많지 않았다. 이렇게 총론적 입장에서 법인 교수로의 전환이 갖는 당위성을 함께 공유하는 노력을 기울였다.

법인 교수로 전환되는 기금 교수 인건비를 포함한 재원 문제는 기존 서울대 지출 구조의 안정성을 유지하기 위해 기금 교수가 대부분 소속된 서울대병원이 부담하라고 요청했다. 서울대병원 지도부는 '지금도 기금 교수의 인건비를 부담하고 있으니 그 인건비 몫을 서울대 본부로 이전하고, 서울대가 전환된 교수들의 인건비를 책임지는 구도'로 인건비 관련 재정 시스템을 구축하기로 합의했다. 당시 정희원 병원장이 유연한 자세로 대학본부의 요청에 응해 이 문제는 순조롭게 일단락되었다.

법인 교수로 전환을 확정지으면서 기금 교수들의 법인 교수 전환은 의과대학이 대학·병원 개별 과·교실의 여건에 따라 시차를 두고 전환하고 의과대학의 자율적 판단을 중시하도록 했다. 전환 단계와 시기 문제는 의과대학과 병원이 건실한 인력 구조를 보강하는 데 도움이 되어야 했기 때문이다.

　이런 과정을 거쳐 의과대학의 기존 기금 교수 155명이 2016년 현재 법인 교수로 전환되었다. 이 과정을 통해 상위 목표에 대한 확실한 공감대를 형성한 후 여기에서 발생하는 부수적 과제를 시차별로 조율하며 풀어나가는 것이 새로운 정책의 원만한 정착에 기여하는 것임을 확인했다.

─────────{ 03 }─────────

총장 나이 제한 존폐에
관한 결정
: 보편적 가치를 중시하다

> 1 법인화 앞두고 총장 나이 제한 존폐 결정에 직면
> 2 법인설립실행위원회에서 논의하다: 두 입장의 대치
> 3 나이 제한 철폐를 결정하다: 원칙론을 채택

1 법인화 앞두고 총장 나이 제한 존폐 결정에 직면

2012년, 법인화 출범을 앞두고 정관과 학칙 개정 작업이 막바지에 다다랐다. 2011년 9월경, 전반적인 정관과 학칙 개정을 마무리하는 작업에서 학내 구성원들이 관심을 두는 의안 중 하나가 총장 나이 제한 존폐 여부였다. 다른 사안에 비해 평의원회와 교수협의회 등 학내 단체가 민감한 관심을 둔 것은 후임 총장 선출과 직결된 문제이기 때문이다. 특히 차기 총장을 기대하는 학내의 유력 교수들이 나이 제한 존폐에 따라 자신의 출마 가능 여부가 결정된다고 보았다.

법인으로 전환하기 이전까지는 교육공무원법, 서울대설치령 등에

서 총장의 나이를 교수들과 마찬가지로 65세로 제한해놓았다. 법인 전환을 맞으면서 총장 선출 방식과 결부되어 총장 나이 제한을 지금처럼 그대로 존치할 것인지, 아니면 나이 제한을 철폐할 것인지가 주요 쟁점의 하나로 떠오른 것이다.

2 법인설립실행위원회에서 논의하다: 두 입장의 대치

법인설립실행위원회는 자연스럽게 2가지 안을 준비했다. 하나는 현행 방식대로 65세 나이 제한을 고수하는 안이다. 다른 하나는 나이 제한을 철폐하는 안이다. 법인설립실행위원회의 분위기는 3대 2 정도로 나이 제한 폐지 쪽이 우세했다. 2가지 안이 각기 장단점이 있을 수밖에 없었다. 나이 제한을 고수하자는 위원들은 서울대가 국립대학법인으로 전환된다고 해도 국립대학의 지위를 유지하는 한 다른 국립대학과 동일하게 나이 제한을 두는 것이 바람직하다는 것이다. 자율성이 있는 국립대학법인이지만 엄연히 국립대학이라는 점을 확인하기 위해서라도 총장 나이를 제한해 다른 국립대학과 동일하게 유지해야 한다는 것이다. 더불어 나이 제한을 풀면 명예퇴직한 유력 교수들까지도 총장 후보에 나서게 되어 총장을 선출하는 과정이 과열될 수도 있다는 우려도 한몫했다.

반면 나이 제한을 폐지해야 한다는 위원들은 자율화라는 법인 전환 취지에 비추어 서울대만이라도 나이 제한을 풀어야 한다는 것이다. 나아가서 교수 정년 65세도 재검토해야 할 시점인데 대학의 최고 책임자 임기를 65세로 묶는 것은 현실에 맞지 않는다고 주장했다. 특히 서울대 총장의 임기 종료를 65세로 고정하는 것은 총장 후보 인재 풀을 현저히 줄이게 되는 결과라고 강조했다.

법인설립실행위원회는 법학전문대학원에 자문 의견을 요청했지만, 뾰족한 결론을 얻을 수가 없었다. 개인적으로 나이 제한 쪽이 서울대의 현실에 맞는다고 본다. 고령화 사회로 가고 있지만 총장의 나이는 60세 전후가 적격이라는 지론이다. 총장이 맡은 과중한 업무를 무리 없이 수행하려면 체력상으로도 70에 가까우면 힘들 것이다. 사회의 변화하는 역동성을 수용하려면 젊을수록 좋고 60대를 한참 넘기면 시대정신에 뒤떨어질 수 있다는 우려도 떨치기 어렵다.

그런데 학내에 총장 나이 제한 문제와 관련한 이상한 소문이 돌았다. 다름 아닌 현직 총장이 연임을 시도하려고 나이 제한을 풀려고 애쓴다는 것이다. 어느 교수가 "오연천 총장이 법인 전환을 계기로 그 여세를 몰아 연임을 시도한다"는 나름의 전망을 했다는 소식을 접하기도 했다. 서울대라는 현실에서 연임을 시도하는 것 자체가 웃음거리가 되는 일이다. 그래서 취임 초부터 4년만 임무를 수행하겠다고 결심했다.

법인설립실행위원회 위원들과 보직 교수들에게 내 경험에 비추어 나이 제한 규정을 그대로 존치하는 것이 바람직하다는 의견을 피력했다. 일부 위원들이 공감을 표명했으나 역시 상당수 위원은 이 기회에 나이 제한을 풀자고 강력히 주장했다. 결국, 법인설립실행위원회는 법인 설립에 관한 최고 의결 기관인 법인설립준비위원회에 2가지 대안을 상정해 최종 의결하는 절차를 밟게 되었다.

3 나이 제한 철폐를 결정하다: 원칙론을 채택

　법인 설립을 위한 최고 의결 기구인 '법인설립준비위원회'는 양론이 나뉜 법인설립실행위원회와 마찬가지로 의견이 양분되었지만, 나이 제한 철폐 쪽 입장이 우세했다. 검찰총장을 역임한 송광수 위원은 "서울대 총장을 역량 있는 분으로 선출하려면 나이를 고려해서는 안 된다"고 주장하면서 법적 측면에서도 "나이 제한은 옳지 않다"고 역설했다. 총장의 의견을 묻기에 "현실적으로 나이 제한을 유지하는 것이 바람직하지만, 위원님들의 다수 의견에 동의할 준비가 되어 있다"고 답했다. 토론을 전개했지만, 나이 제한 철폐 쪽으로 의견이 점점 기울어졌다. 법인설립준비위원장을 맡은 나는 '나이 제한 철폐안'을 표결로 의결했다.

　'총장 나이 제한 폐지 여부' 토론 과정을 지켜보면서 원칙론과 현실론이 대립할 때 원칙론이 다수 의견을 점하게 됨을 느꼈다. 헌법적 측면이나 규범적 측면 또는 사회 통념상 불필요한 제한을 가하는 것은 기본권을 제약할 수 있다는 원칙론이 더욱 넓은 공감대를 형성할 수 있음을 알았다. 반대로, 실제 책임자를 선출하는 과정에서 구성원들이 선호하는 행동 패턴과 경험적 결과를 고려한 현실론적 대안은 상대적으로 입지가 좁음을 목격했다. 2년 후인 2014년, 제26대 총장을 선출하는 과정에서 나이 제한을 철폐한 결과 초기에 상대적으로 많은 후보가 경쟁에 나섰다.

{04}

학(원)장 임용 방식의 정비
: 실질적 자율과 통합의 상징성 고려한 결정

1 명문화되지 않은 학(원)장 임용 관행
2 학(원)장 임용 기준: '자율과 분권', '통합과 집권'
3 중간의 선택: 추천은 자율, 총장의 임용 권위 유지
4 자율성과 다양성을 팀워크로 유도해야 할 책무

1 명문화되지 않은 학(원)장 임용 관행

2012년 서울대 법인 출범을 앞두고 단과대학 학장과 전문대학원장 임용 방식을 새롭게 정립해야 하는 과제에 직면했다. 2012년 당시 법령에는 총장이 학(원)장을 제한 없이 임용하도록 규정해놓았지만 실제로는 단과대학마다 사정이 달랐다. 복수 후보를 무순위로 추천하는 대학, 단수 후보로 추천하는 대학, 선임권을 총장에게 위임하는 대학 등 선임 방식이 다기화된 상태가 이어져왔다. 이 임용 관행으로 인해 임용 절차를 둘러싸고 논란과 개선 요구가 그치지 않았다. 때마침 교육과학기술부는 국립대학 학(원)장의 직선을 규제

하는 법령을 마련했다. 새 법령은 서울대가 웬만한 국립대학 전체 교원수를 능가하는 초대형 단과대학(300명 이상을 소속 교수로 둔)을 여럿 포함하고 있다는 점을 간과한 듯했다. 서울대는 법인 출범과 법령 개정을 계기로 학(원)장 선임에 대한 명시적 규정을 정비하기로 했다.

2 학(원)장 임용 기준: '자율과 분권', '통합과 집권'

학(원)장 임용 방식은 총장 임용과 달리 법령을 통해 명쾌하게 정립하기 어렵다. 대학 외부 사람들은 "총장이 임용하면 간단히 정리될 일인데 무슨 논란이 될 수 있느냐"고 쉽게 이야기할 수도 있다. 정부와 기업에 종사해 수직적 질서에 익숙한 사람들은 대학 수장이 교수들의 의견을 물어 직접 임용하는 것이 대학의 목표 달성과 일체감 형성에 바람직한 것이라는 생각을 했다. 특히 대학 개혁을 기대하는 정부, 기업, 일부 언론은 시대정신의 변화를 수용하고 개혁을 실천할 수 있도록 총장을 중심으로 한 집행부가 앞장서야 한다는 시각이다.

그러나 이 입장은 대학 구성의 본질과 속성을 간과한 데서 비롯된 것이다. 학문 탐구 기관인 대학은 교수→과→단과대학→본부로 연계되는 상향적 체계로 형성되니 개별 학과와 개별 대학이 대학 공동체 구성의 근간을 이루는 것이다. 대학본부는 각 교육 연구 단위의 과업을 조율·조정·통제·쇄신하는 역할을 수행한다. 개별 학문 단위가 기관 형성의 논리적 출발점이라는 점을 감안할 때, 본부가 해당 학(원)장 선임을 주도하는 데는 암묵적 한계가 존재할 수밖에 없다.

바로 이러한 대학 구성의 본질과 대학 변화에 대한 기대가 서로 상반되는 영역의 하나가 총장과 학장 선출 방식이다. 대학의 다수 구성원들은 교수들이 직접 투표해 장을 선출해야 한다는 입장이다. 그러나 대학의 변화를 기대하는 외부 환경은 총장의 비전에 맞는 학(원)장 임용을 보장함으로써 대학이 일체감을 갖고 발전을 주도해야 한다는 시각을 감추지 않는다. 결국 학(원)장 선출 방식은 일방적 선택의 문제라기보다는 '자율과 분권', '통합과 집권' 중 어느 가치 기준을 중시하느냐에 달린 문제다. 그 시대가 요구하는 대학의 역할과 비전에 따라 상대적 우위가 판별될 문제인 것이다.

3 중간의 선택: 추천은 자율, 총장의 임용 권위 유지

대학본부는 김홍종 교무처장(수학과) 중심으로 학(원)장 선임 방식을 예측 가능하도록 규정을 정비하기로 했다. 정비 과정에서 벌어진 논점은 총장 중심의 임용이냐, 단과대학 중심의 선임이냐로 집약되었다. 전자는 법인 전환과 발맞추어 학(원)장들이 대학본부와 일체감을 이루어 권한과 책임을 함께 나누는 것이 바람직하다는 것이다. 후자는 단과대학 교수들의 직접 선출에 입각한 임용이 기존의 임용 전통과 교수들의 선택권을 중시하는 다수 교수들의 입장이다. 여기에 변수 하나를 더 추가한다면 학(원)장 직선을 규제하는 임용 규정에 대한 제정이다.

대학본부는 집중적인 논의 끝에 교육과학기술부 규정에 배치되지 않으면서 다수 교수들의 입장을 중시하되, 대학 통합을 위한 권위를 유지하는 방안으로 선임 규정을 만들기로 했다.

첫째, 각 대학(원)은 자율적 기조 아래 학(원)장 후보를 복수로 추천한다. 총장은 후보자 중 한 사람을 임용함으로써 추천과 임용을 명확히 구분한다.

둘째, 개별 대학(원)은 독자적으로 학(원)장 후보자 추천 규정을 만든다. 후보자 선정 방식은 투표, 호선, 정책 평가, 선호도 조사를 불문하고 개별 대학(원)이 스스로 정해 대학본부가 추천 과정에 일체의 관여를 배제한다.

이 두 원칙은 교수들의 학(원)장 선임권을 내용상으로 존중하면서도 총장의 법적 임용권을 명시하는 중간의 선택이라고 해석할 수 있다. 중간의 선택이지만 교수들의 최대공약수를 반영하는 분권적 임용에 가까운 형태다. 다만 규정상으로는 해당 대학(원)은 추천권만 있을 뿐이고 총장이 선택할 수 있는 장치를 갖춤으로써 총장의 임용권을 확립한 셈이다. 우리 팀의 임기 중 대학(원)에서 추천한 우선순위자가 임용에 탈락한 적은 한번도 없었다.

4 자율성과 다양성을 팀워크로 유도해야 할 책무

학(원)장 임용 규정을 정비하는 과정에서 고려한 일관된 기준은 해당 교육 단위의 '자율성'이다. 교수들이 '스스로 선택할 수 있다'고 믿음을 갖는 것이 교수 자부심의 뿌리다. 그 자부심이 건재할수록 자신의 영역에서 학문적 가치 창출에 매진할 수 있는 필요조건의 일부가 충족된다. 혹자는 학자들의 이 자부심을 이기심, 폐쇄성, 구심력의 결여로 폄하할 수 있다. 역설적으로 말해 이 속성이 존재하니 좌고우면하지 않고 자신의 학문 영역에 매진할 수 있는 것이라고 너그럽게 이해해야 한다.

임용 규정안을 정비하는 과정에서 주위의 많은 분이 총장의 권한을 적절한 수준으로 행사하기 위해서는 학(원)장 임용권을 손에 쥐어야 한다고 조언하면서 '법인 전환'이라는 변혁기가 그 시스템 정립의 호기라고 지적했다.

그분들의 생각과는 다른 입장이다. 인사권을 행사해 임용하면 자연스럽게 일관된 팀워크가 만들어진다는 가설에 동의하지 않는다. 자신이 누구를 임용했다고 해서 반드시 원만한 팀워크가 지속된다는 보장이 없는 것처럼 자신과 거리감이 있는 교수가 선임되었다 하더라도 공통의 목표를 향해 함께 나아갈 수 있다는 점을 간과해서는 안 된다고 믿는다. 자신과 생각이 다른 사람을 공동 팀워크로 유도하는 것이 책임자의 진정한 역할인 것이다. 학문적 다양성과 사고의 개방성이 대학의 본질인만큼 인적 네트워크를 형성할 때도 다양성과 개방성이 용해될 수 있는 의사 결정 체계가 상대적 우위를 지니고 있다. 평소 친분 있는 사람들이 끼리끼리 모인다고 해서 팀워크가 완성되는 것은 아니다. 가치관과 배경이 다른 사람들이 모여 서로를 이해하고 설득하면서 일부의 반대 입장에도 생명력을 불어넣는 것이 진정한 팀워크다.

대학 총장이 학(원)장의 임용에 직접 관여하는 것은 이점보다는 부작용이 따른다. 공무로 분망한 총장이 개별 단과대학의 사정을 상세히 파악할 수 없는 상태에서 자신 있게 적임자를 고를 수도 없다. 적임자로 생각해 특정인을 학(원)장으로 지명하면 불필요한 오해와 뒷말만 무성할 뿐 실익이 없다. 총장이 학(원)장의 인사에 쏟을 시간이 있으면 대학 전체의 현안에 매진하는 모습이 구성원의 신뢰에 보답하는 최소한의 응답이다.

국회예산정책처가 태동하다
: 국회의장의 소수 의견 수용이 만들어낸 뜻밖의 결론

> 1 박관용 국회의장 취임과 국회정책연구원 신설 의지
> 2 연구원 신설 구상을 철회하고 '국회예산정책처' 신설(안)이 떠오르다
> 3 국회예산정책처 태동의 뿌리: 의장의 순응하는 리더십

1 박관용 국회의장 취임과 국회정책연구원 신설 의지

2002년 7월, 박관용 국회의장이 취임했다. 박관용 의장은 오랜 기간에 걸친 의정 활동 경험이 풍부하고, 대통령 비서실장을 역임했다. 취임 초부터 국회의 정책 연구 기능이 취약하다고 지적하면서 국회의 법률안과 예산안 심사를 이론적·정책론적으로 뒷받침할 두뇌 기능think tank이 매우 중요하다는 의견을 피력했다. 박관용 의장은 몇몇 학자들을 초빙해 국회의 정책 역량을 보좌할 종합적인 정책 연구 기구를 설치할 구상을 제안하면서 자문을 의뢰했다. 보건복지부 장관을 역임한 외국어대 최광 교수와 서울대 박세일 교수도 이 자문회의에 참석했다.

이 자문회의는 몇 차례 모임을 거치면서 여러 가능성을 논의했다. 주된 의견은 정부 소속 모든 국책 연구 기관과의 네트워크를 구축해 국정 연구를 총괄할 연구 기관을 국회 소속으로 신설함으로써 해당 분야별로 국회의 정책 개발을 돕는다는 것이다. 국책 연구 기관 모두를 총괄하는 상부 연구 기관을 만들어 국회의 정책 형성과 평가 기능을 한 단계 격상시켜야 한다는 것이다. 외환위기를 극복한 후 세계화 시책의 일환으로 국회의 정책 산출 역량을 글로벌 수준으로 향상시켜야 한다는 함의가 있었다.

이 구상에 의문을 제기했다. 모든 국책 연구 기관을 총괄해 그 연구 결과를 취합하고 의정 활동에 투입하는 것이 논리적으로는 그럴듯해 보이지만 실현성이 높지 않다고 지적했다. 모든 연구 기관의 연구 결과를 총괄한다는 우산식 접근 방법umbrella type으로는 복합적인 정책 내용을 다루는 국회의 역량을 향상시킬 가능성이 높지 않고 자칫 정책 자료 취합 수준에 머무를 수 있다고 봤다. 국회의 취약한 정책 역량 분야를 골라 그 분야에 연구 노력을 집중하는 것이 바람직하다는 소수 의견을 표명한 것이다. 그러면서 국회의 예산 심의를 실질적으로 보좌할 수 있도록 예산 부문의 연구와 분석을 다룰 기구를 신설하는 것이 좋겠다는 의견을 덧붙였다. 그러나 이 자문 모임은 '종합적인 형태의 국가 정책 연구원' 설립을 의장에게 건의하기로 의견을 모았다.

2 연구원 신설 구상을 철회하고 '국회예산정책처' 신설(안)이 떠오르다

박관용 의장은 자문 그룹의 건의대로 국회에 가칭 '국가정책종합 연구원'을 신설하기로 결심한 것 같았다. 그런데 연구원을 신설하는 분위기에 제동이 걸렸다. 다름 아닌 국회사무처 간부들이 연구원을 신설한다는 구상이 비현실적이라는 의견을 드러낸 것이다. 차라리 이 기회에 예산을 다루는 연구원을 신설했으면 좋겠다는 주장이 일부 간부들 사이에서 공론화되어갔다.

내가 의장 자문 그룹에서 예산 관련 연구 부서를 신설하는 것이 필요하다는 의견을 거론한 것을 알게 된 국회사무처 간부가 찾아왔다. 그 간부는 "교수님께서 주장하는 예산 관련 연구 부서 신설 주장을 굽히지 말고 의장님께 건의해주십시오"라고 부탁했다. 이어서 몇몇 사무처 중간 간부가 내게 같은 뜻을 전했다. 갑자기 내가 국회 예산 정책 부서의 주창자로 비추어졌던 것이다.

국회 소속 예산 부서는 미국 의회예산처(CBO: Congressional Budget Office)의 제도적 사례를 통해 알 수 있듯이 국회의 헌법상 권한의 양대 축인 법률 제정과 예산 심의 기능을 활성화하려면 법률 제정 부문의 입법 조사 기능, 예산 심의 부문에서 예산 분석 기능을 정립하는 것이다. 우리나라 국회의 예산 심의 과정에서 헌법상의 심의 기능을 제대로 이행하려면 여야를 불문하고 정부 편성 예산안을 정밀하게 분석하고 평가의 토대 위에서 예산을 심의하는 관행을 정립해야 한다. 다만, 이 기능이 순기능으로 자리 잡으려면 정치적 이해에서 벗어나 국가적·국민 경제적 차원에서 분석하고, 평가하고, 대안을 제시하는 노력이 기획재정부 예산실의 역량에 버금가야 한다.

얼마 뒤, 박관용 의장이 "국회에 예산 정책 연구 부서를 신설하자는 의견이 있는데 어떻게 생각하느냐"고 물어왔다. "그 기능을 담당하는 부서를 신설하는 것은 시의적절하고 국회사史에 의장님의 업적으로 남을 일"이라고 답했다. 몇 달이 지나, '국회예산정책처'라는 이름의 기구 신설(안)을 주제로 한 국회 공청회가 열렸다. 공청회에서 국회 예산 심의 보좌 기능이 매우 중요하다는 평소 의견을 여과 없이 개진했다.

국회예산정책처는 2003년 10월 19일 발족했다. 초대 처장에 종합정책연구원 구상을 강조했던 최광 교수가 부임했다.

3 국회예산정책처 태동의 뿌리: 의장의 순응하는 리더십

국회의장이 생각하던 '국가정책종합연구원' 구상이 결국 '국회예산정책처' 신설로 매듭지어졌음은 참 흥미롭다. 국회의 수장이 국회 내부 기관을 신설하고자 한다면 그 의지를 관철하는 것이 일반적이다. 그런데 첫 구상이 예산정책처 신설로 목표와 내용이 바뀐 것이다. 새 부서를 신설하는 일이 가능했던 것은 '예산 정책 분석을 통한 예산 심의 보좌'라는 구체적인 목표와 실행 가능성이 돋보이는 대안을 제시했기 때문이다.

목표와 내용을 전환할 수 있었던 다른 이유를 박관용 의장의 리

2004년 3월 3일, 국회예산정책처 개처開處 기념식(왼쪽부터 김병일 기획예산처 장관, 이헌재 재정경제부 장관, 박관용 의장, 최광 초대 국회예산정책처장, 김근태 의원, 한승수 의원)

더십 스타일에서 찾고 싶다. 박 의장은 구성원들의 의견을 경청하고 다른 의견도 포용하는 정치인이다. 온건하며 화합을 지향하는 박 의장은 자신의 비전에 맞는 '국가정책종합연구원' 설립을 생각했지만, 자신이 지휘하는 국회사무처 간부들이 낸 의견을 경청하면서 새 제안이 타당성 있다고 판단한 듯하다. 아니, 당초 안보다 더욱 적절한 기관을 신설하는 일이라고 자신의 믿음을 바꾸었을 수도 있다. 책임자의 이 행동 유형을 '순응하는 리더십'으로 정의하고 싶다. 최근 정치권의 여야 갈등뿐 아니라 여여 갈등, 야야 갈등을 지켜보노라면 서로를 이해하고 공통 목표를 찾으려는 '순응하는 리더십'이 더욱 소중함을 깨닫게 된다.

국회사무처 입장에서도 가칭 '국가정책종합연구원'은 실체를 찾기 어려울 뿐만 아니라 이 기관이 설립된다면 외부 대학교수가 책임자로 올 가능성이 높기에 사무처 간부들의 인사 순환이나 사기 진작에 도움이 되지 않는다고 생각했을 수도 있다. 국회의장이 외부 자문 교수 그룹의 의견보다는 국회사무처 간부들의 손을 들어준 것도 예산정책처가 태동하게 된 이유 가운데 하나다. 상당수 신설 조직은 설립 명분이 공감대를 받으면서 구성원들의 미래 이익과 맞아떨어질 때, 조직 신설을 쉽게 할 수 있다는 사실을 국회예산정책처 신설 사례를 통해 확인할 수 있다.

—{ **06** }—

'국제대학원'이 아닌
'국제지역원'을 설립하다
: 절반의 결실

---

1 김영삼 정부의 세계화 구상: 국제 전문인력 양성화 프로그램
2 국제대학원 설립을 논의하는 과정에서 일부 대학이 보인 소극적 태도
3 반대 의견을 수용한 '국제지역원'이 출범하다: 국제대학원의 변형
4 국제대학원으로의 진화
5 부분 이익 추구에 따른 공통 이익의 유실 가능성

---

1 김영삼 정부의 세계화 구상:
국제 전문인력 양성화 프로그램

1993년, 김영삼 대통령이 취임하면서 '세계화'를 국정 운영 중심축의 하나로 설정했다. 선진국 클럽 OECD 가입을 준비하고 경제 주체의 사고와 행동 양식을 글로벌 기준으로 격상시킴으로써 우리나라 경제를 선진국 문턱에 다다르게 하려는 정치적 캠페인이다. 그러한 세계화 바람은 대학도 예외가 아니다.

1997년, 재정경제원(기획재정부 전신)이 중심이 되어 '국제 전문인력 양성화 프로그램'을 의욕적으로 추진했다. 쉽게 말하면 주요 대

학에 '국제대학원'을 신설해 세계화에 필요한 글로벌 인재를 양성한다는 것이다. 주요 대학들은 이 프로그램에 선정되면 대학원 신설에 따른 재원과 혜택을 받을 수 있어 국제대학원 설립을 경쟁적으로 추진했다. 국제대학원 설립을 발 빠르게 진행하는 대학들과는 달리 서울대는 국제대학원 설립에 수동적인 입장이다.

2 국제대학원 설립을 논의하는 과정에서 일부 대학이 보인 소극적 태도

1997년, 선우중호 총장 재임 시절의 일이다. 윤계섭 교무처장이 국제 전문인력 양성의 일환으로 국제대학원을 설립하기 위한 임시위원회를 구성했다. 나도 이 위원회 위원으로 위촉되었다. 교무처장을 위원장으로 법대, 경영대, 인문대, 사회대, 행정대학원을 대표해 5명의 위원이 참여했다. 홍두승 교무부처장(사회학과 교수)이 실무 작업을 진행했다. 윤계섭 교무처장은 정부의 국제화 시책에 발맞추어 서울대가 신속히 대응해야 하는 데 학내 분위기가 여의치 않아 우리의 목표를 제대로 이룰지 걱정된다고 했다.

준비위원회는 국제 전문인력을 양성해야 하는 필요성은 공감했지만 '국제대학원'이라는 독립 대학원을 신설하는 일에는 적극적인 분위기가 아니었다. 이유는 자명하다. 이미 사회과학대학 외교학과가 국제 관계 분야의 교육과 연구를 담당하고 있고 여타 대학에서도 세계 주요 지역 관련 교육과 연구를 진행해온 터라 대학원을 신설하는 것이 서울대 입장에서 중요한 것이냐는 의문이 제기되었다.

몇 차례 회의를 거치면서 사회대 외교학과의 견고한 입장이 암묵적 장애 요인임을 알게 되었다. 이에 그치지 않고 '지역 연구가 중심이 되면서 한국학을 세계에 알리는 것이 진정으로 중요한 세계화'라는 인문대학의 시각이 드러나 독립 대학원 체제의 국제화 인력 양성 계획은 제동이 걸릴 수밖에 없었다. 반면 법대, 경영대, 행정대학원 위원들은 대학이 국제화를 선도하려면 국제대학원을 설립하는 것이 당연하다는 쪽으로 공감하는 분위기였다.

주요 사립대학은 정부가 시책을 발표하면 총장을 중심으로 대학 본부가 새 프로그램의 혜택을 받으려고 신속히 대응하는 것이 일반적이다. 서울대는 사뭇 분위기가 달랐다. 사회대의 소극적 입장, 국제화 인력 양성에 대한 인문대의 고유한 시각에 따라 자연스럽게 국제대학원을 신설(안)하는 것과는 거리가 있는 설립(안) 쪽으로 절충했다.

3 반대 의견을 수용한 '국제지역원'이 출범하다: 국제대학원의 변형

국제대학원을 신설하는 것의 대안으로 기존의 '지역종합연구소'를 '국제지역원'으로 격상시키기로 했다. 인문대, 사회대, 법대, 경영대 등 4개 단과대학과 행정대학원에 위탁해 국제 통상, 국제 협력, 국제 지역, 한국학 등 4개 분야의 협동석사과정을 운영하는 방식으로 최종 정리했다. 명칭도 기존의 '지역종합연구소'에서 '지역'을, 정부의 국제인력 양성 프로그램이 지향하는 국제대학원에서 '국제'

를 따와 '국제지역원'이라는 명칭을 붙였다. 영어 명칭도 'School of International Area Study'다. 대학원임에도 'graduate'라는 단어가 빠졌다. 국제지역원이라는 어색한 명칭 자체가 서울대 의사 결정의 단면을 보여주는 것이다.

이 의사 결정은 국제 전문인력 양성이라는 정책 목표가 국제대학원 설립으로 귀결하는 데 이의가 있는 사회대계열의 입장을 존중하면서, 우리나라 문화와 지역 연구의 중요성을 강조한 인문대학의 입장을 고려해 타협한 결과다. 국제대학원 구상이 '국제지역원'으로 변형되어 출범함으로써 절반의 완성이라고 평가했다. 국제지역원은 서울대가 국제화 인력 양성을 촉진할 때 최선의 대안이라고 볼 수 없기 때문이다. 독립된 교육 단위로써 법인격을 갖지 않은 채 총장 직속 기관으로 출범하면 학사 운영이나 대외 협력에 제약점이 많다. 총장 직속 기관이지만 총장이 직접 챙길 수 없음은 물론이다. 비전 설정과 프로그램 개발, 신규 교수 채용 등 신설 기관으로써 산적한 난제를 처리하는데 효율적인 조직으로 출발하지 못한 것이 아쉽다.

4 국제대학원으로의 진화

초기 기관 형성institution building을 미흡한 형태로 출발했다는 것은 일정 기간이 지나면 체계적 단위 경쟁력을 갖춘 독립 교육 단위로 진화할 것이라는 예측을 가능하게 한다. 국제지역원을 설립한 지 5년이 지난 2003년, 이기준 총장은 국제대학원 설립준비위원회를 구성했다. 아마도 국제지역원이라는 애매한 형태의 기관으로는 국제화 목표를 달성하기에 부족했다고 평가했을 듯싶다. 마침 국제 전문인력 양성 프로그램에 대한 5년 기한의 정부 지원이 종료되면서 때맞추어 국제지역원은 '국제대학원'으로 격상되어 새 출발했다.

5년 전, 처음부터 국제대학원으로 출범했더라면 더 신속히 국제화 프로그램을 진척했을 수 있었을 텐데 말이다. 5년이라는 시간을 허비해 참 아쉽다. 그 뒤 국제대학원은 발전을 거듭하며 서울대 국제화를 주도하는 성공적 제도 형성 사례로 주위의 평가를 받는다.

국제대학원이 최근 10년간 우리나라 국제화에 미친 효과는 소속 교수들의 활발한 정책 참여를 통해서도 부분적으로 확인할 수 있다. 국제지역원 시절, 서울대에 합류한 박태호 교수는 3년간 통상교섭본부장을 맡으며 자유무역협정(FTA: Free Trade Agreement) 후속 협상 등 국제 경제 협력의 제도적 기반을 다지는 데 이바지했다. 국제법을 전공한 백진현 교수는 '국제해양법재판소ITLOS'의 우리나라 대표 재판관으로서 세계 해양법 질서를 형성하는 데 우리나라의 몫을 괄목할 만하게 투입하고 있다. 중국 전문가 정영록 교수는 수년간 주중대사관 경제공사로서 한·중 경제협력 증진에 고유의 역할을 수행했다. 서울대 국제협력본부장을 역임한 정종호 교수는 한·중 민간 외교에 유례없는 기여를 했고, 본부장으로 재직하던 중 시진핑習近平 국가주석을 서울대로 초청하는 데 혁혁한 공적을 남겼다. 문우식 교수는 금융통화위원회 위원으로 참여하면서 우리나라 금융 정책을 글로벌 시각에서 형성하는 데 소중한 역할을 했다. 현재 서울대 국제협력본부장을 맡은 신성호 교수는 서울대 학생들의 글로벌 역량을 높이기 위해 SNU-워싱턴 동계 강좌 프로그램, SNU-

모스크바 하계 강좌, SNU-베이징 서머스쿨 등을 신설해 국제화 인력 양성에 매진하고 있다.

5 부분 이익 추구에 따른 공통 이익의 유실 가능성

국제지역원을 설립하는 과정에 참여하면서 서울대의 의사 결정 양상을 곰곰이 생각했다. 상당수 의사 결정은 개별 학과와 개별 대학의 의사 결정이 출발점이다. 이해관계가 상충될 경우 의사 결정을 하지 않거나 '목표를 연합coalition하는' 형태로 결정하는 전통이 강하다. 이와 대조적으로 대학본부의 상위 정책 목표에 따라 개별 교육 단위가 협력하고 순응하는 하향식 의사 결정은 서울대에서 흔치 않다. 상향식 의사 결정은 대학과 학과의 이익을 수렴하고 반영한다는 측면에서는 장점이지만, 외부 환경 변화에 능동적으로 대응하는 데는 미흡할 수 있다. 경우에 따라서는 부분 이익의 표출이 강한 나머지 전체의 공통 이익을 훼손할 수도 있다. 이 사례는 부분 이익과 전체 이익을 조화함으로써 기관의 성과를 최대한 올릴 수 있는 역량이 기관의 시스템 경쟁력의 대표 지표라는 사실을 일깨워준다.

행정대학원과 국제지역원 통합(안)이 좌절되다

: 공통 이익 실현의 어려움

1 총장이 통합을 제안하다
2 행정대학원 교수회의에서 한 집중 토론: 기득권의 함정
3 백지화를 결정한 원인
  1) 이질적 기관을 통합하는 일은 근원적으로 쉽지 않다
  2) 기존 이익을 뛰어넘지 않으면 가치 창조는 힘들다

1 총장이 통합을 제안하다

국제지역원을 설립한 지 3년이 지난 2001년 초여름이다. 이기준 총장이 행정대학원장 직책을 맡은 나를 긴급 호출했다. 이 총장은 민상기 대학원장(경영학과) 배석 아래 단도직입적으로 "오연천 원장이 중심이 되어 행정대학원과 국제지역원을 통합해 서울대에 대형 '국가정책대학원'을 발전적으로 신설해보라"는 직무 명령 형태의 제안을 해왔다. 이 총장은 "두 기관을 통합하면 교수 충원을 파격적으로 할 것이며 재정 지원을 고려하겠다"고 다짐했다. 총장이 한 제안에 놀라지 않을 수 없었다. 서울대 내에서 두 교육 단위를 통합한

다는 것이 전례 없는 일인 데다 만장일치에 가까운 구성원들의 동의
가 없다면 성사되기 어렵기 때문이다.

그러나 이기준 총장의 정책 목표는 분명했다. 현재 법적 지위가
불완전한 국제지역원의 미래를 고민하면서 이 기회에 행정대학원을
국제지역원에 통합해 교수 50명 이상으로 꾸린 대형 국가정책대학
원으로 출범하면 서울대의 공공 정책 분야의 역량이 향상될 수 있
다고 본 것이다.

2 행정대학원 교수회의에서 한 집중 토론: 기득권의 함정

당시 국제지역원은 10명 내외의 교수로 구성된 총장 직할 교육 단
위였다. 이기준 총장이 국제지역원 교수들을 설득하는 데는 자신감
이 있다고 생각했을 듯하다. 만일 행정대학원 교수회의가 이 통합
(안)을 의결하면 대형 정책대학원을 출범할 수 있다고 판단했으리라.

이기준 총장이 해온 제안이 행정대학원의 장기 발전 방향과도 부
합할 수 있는 요소가 있다고 판단해 교수들에게 통합 구상을 찬찬
히 설명했다. 예상외로 교수들의 초기 반응은 우호적이었다. 교수들
이 행정대학원의 비전을 더 광범위한 국가 정책으로 확장하고 공공
정책의 스펙트럼을 세계 수준으로 확산해야 한다는 데 공감하는 것
으로 느꼈다. 당시 교수들은 개발도상국과의 교육, 연구 협력을 통
해 지역적 외연을 넓히는 노력에 관심을 쏟을 때였다.

2001년 8월 초, 통합(안) 관련 첫 교수회의는 행정대학원의 장기
발전 구상과 부합하는 통합 논의에 대해 긍정적인 입장이라는 것을

확인했다. 몇 주 후 열린 두 번째 교수회의에서는 '행정대학원 주도로 통합하되' '행정대학원 명칭을 유지해야 한다'는 단서 조항을 추가하면서 국제지역원 입장보다는 행정대학원의 전통적 입장을 강조하는 토론이 주류를 이루었다.

개인적으로 큰 규모의 대학원이 작은 규모의 신설 대학원 입장을 배려해야만 통합할 때 겪는 장애를 극복할 수 있다는 생각을 했는데, 일부 교수들은 내 입장에 견제 발언을 숨기지 않았다. 통합 관련 주도권을 쥔 대학본부는 행정대학원의 제안이 국제지역원의 입장을 간과하는 것이니, 국제지역원의 자부심을 살리면서 통합 시너지를 거둘 수 있는 방향으로 논의를 전개하리라 기대했다.

세 번째 교수회의에서 지역 연구 전공 교수들 수용 여부가 쟁점으로 떠올랐다. 행정대학원 일부 교수들은 지역 연구 교수들을 수용하는 데 반대했다. 이 순간 두 기관을 통합하는 일이 멀어져가고 있다는 것을 감지했다. 작은 규모의 신설 대학원을 통합하는데 전공 영역과 교수들을 선별적으로 수용하는 것은 통합을 반대하는 의견으로밖에 볼 수 없었다.

네 번째 교수회의가 열렸다. 의결 방법을 둘러싸고 '출석 교수 과반수 찬성으로 의결하자는 안'과 '출석 교수의 3분의 2로 의결하자는 안'이 나왔다. 결국 '3분의 2 찬성안'으로 결정되었다. 순간 두 기관 통합은 물 건너갔다고 봤다. 이미 몇 분의 원로 교수는 통합안이 행정대학원의 전통을 훼손하는 일이라고 비판하는데 한두 교수만 합세해도 3분의 2 통과는 불가능했기 때문이다.

다섯 번째 교수회의에서 비밀투표를 했다. 찬성이 과반수를 넘었지만 3분의 2에는 미치지 못했다. 다섯 차례에 걸친 교수회의에서 행정대학원과 국제지역원을 통합하는 일은 무산되었다.

이기준 총장은 통합이 무산된 이후 2003년 어느 시점에 국제지역원을 국제대학원으로 승격시켰다.

3 백지화를 결정한 원인

1) 이질적 기관을 통합하는 일은 근원적으로 쉽지 않다

행정대학원과 국제지역원을 통합하지 못한 것은 통합 구상의 실패라기보다는 이질적인 기관을 통합하는 일이 불가능에 가깝다는 사실을 말해주는 것이다. 국내 부문 정책의 교육과 연구를 주관하는 행정대학원과 국제 통상, 국제 관계, 지역 연구를 다루는 국제지역원의 설립 배경, 전통, 가치 지향, 교수단의 성향 등 여러 요소가 이질적인 상태에서 통합을 이루려면 어떻게 해야 하는가. 상상을 초월한 지도력과 구성원들에 대한 끊임없는 설득 작업을 할 때 그 여지를 생각할 수 있다. 이질적 교육 단위를 통합하는 일은 총장이 부여하는 유인과 혜택보다는 구성원들이 바라보는 비전과 화학적 결합에 대한 자기 확신이 더욱 중요한 것이다.

초기에는 총장이 제시한 유인과 혜택이 평균 수준을 넘는 것을 접하면서 총론적 동의에 다다를 수 있다. 그러나 시간이 흐르면서 본질적 문제를 짚어보고, 교수 개개인의 역할과 미래 위상을 곰곰이 생각하면 자연스럽게 부정적 측면이 부각될 수밖에 없다. 총론은 이해했으나, 각론에 들어가면 유보로 기울어지기 쉬운 것이다.

이 과정에서 소수의 반대하는 사람들은 분명한 명분을 갖고, 찬성과 반대의 중간 지대에 있는 교수들을 설득하면 자신의 이해득실을 쉽게 찾아낼 수 있어 반대 쪽으로 기울기 마련이다. 개별 교수들을 면담할 때는 일부 교수를 제외하고는 통합안에 적극 지지를 표명하는 것을 느낄 수 있다. 막상 토론이 진행되자 찬성 강도가 떨어지고, 궁극적으로 교수회의 표결에서는 반대 의견이 예상외로 많았음을 알게 되었다.

2) 기존 이익을 뛰어넘지 않으면 가치 창조는 힘들다

통합(안)의 목표와 내용이 옳았다면 내가 교수 개인별로 치열한 노력을 지속적으로 기울여야 했으리라. 나아가서 총장을 비롯한 대학본부의 간부들도 통합(안)이 자신의 일이라고 생각해 개별 교수들을 설득했더라면 결과는 달라질 수도 있었으리라.

통합을 논의하는 과정에서 상대적으로 기득권을 쥔 기관이 양보 자세를 취하면서 작은 규모의 기관을 배려하는 자세가 결합될 때, 작은 규모의 기관을 동의 영역으로 끌어들일 수 있다. 이 사례에서는 행정대학원 교수들의 일방적인 자세가 통합을 백지화하는 요소로 작용했다. 어떤 일이든 기존 이익을 줄이거나 버리지 않으면 새로운 가치 창조의 역할은 주어지지 않는다는 역사적 사실을 과소평가해서는 안 된다. 구성원들이 이기심으로 무장하면 해당 조직의 정신적 통합과 목표 달성도 어렵다. 그런데 성격이 이질적인 두 기관을 통합하는 데 구성원들이 자기 목표를 버리지 않는다면 새 제도를 형성하는 일은 불가능하다.

최근 국제대학원이 지속적으로 발전하는 모습을 접하면서 당시 통합안이 무산된 것이 오히려 잘된 일이라고 보았다. 국제지역원이 국제대학원으로 확대되고 개편되어 서울대의 국제화와 우리나라 국제 전문인력 양성의 사명을 이어나가고 있으니 말이다.

III
신규 사업에
관한 결정

01 관정도서관 신축의 기적: 귀인의 결단을 가능하게 한 용기

02 평창 그린바이오 사업을 완성하다: 선도자의 집념과 일관된 정치적 지원

03 삼성R&D센터, 난관 극복한 출발: 거시적 안목에서 결단하다

04 아슬아슬한 분당서울대병원 개원: 정치적 리더십이 선보인 특단의 배려와 난관 극복

05 선의와 대의를 결합한 문화 가치 창조: 버들골 풍산마당

06 서울대병원 강남센터 이전 계획을 보류하다: 보류 주도한 이사장

07 과총 '과학기술인 복지콤플렉스'를 건립하다: 30년 연하 젊은 관리를 설득하는 정성

08 울산산학융합지구 최종 참여 결정: 혼돈 끝에 우선하는 가치를 선택하다

09 공간 사정으로 난색 표했던 '창조경제혁신센터'를 울산대에 유치하다

10 위암 수술 직후 공적 책무 헌신한 한예종 총장: 본질 공유하는 설득

선도자의 끊임없는 설득과 헌신

새로운 제도 형성이 이해관계와 현실적 제약 속에서 공감대를 형성해야 하는 복합적 정책 결정의 성격을 띠는 데 비해, 하드웨어 신규 사업에 대한 결정은 주도하는 선도자들의 시스템 역량과 투혼에 좌우되는 경우가 많다. 충돌하는 이해관계가 상대적으로 적고 사업 내용이 긍정적 성과positive sum를 추구하기 때문이다.

하드웨어 부문의 결정은 사업 계획을 결정하는 일보다 사업을 완성하는 것이 핵심 주제다. 사업 계획은 기관의 비전에 따라 비교적 자유롭게 구상할 수 있지만, 사업 계획을 실현하려면 환경으로부터의 지지와 지원이 결정적이기 때문이다.

신규 사업은 '무無에서 유有를 창조하는' 것인 만큼 갈등의 요인이 적어 공감대를 형성하는 일이 쉽다. 다만 신규 하드웨어 사업은 자원을 어떻게 확보하느냐가 완성에 이르는 과정에서 필수 요소임을 부인할 수 없다. 그런 만큼 자원을 확보하기 위한 선도자들의 헌신적 노력이 성패를 좌우한다.

평균적인 노력을 쏟아부어 신규 사업이 성사될 확률은 아주 낮다. 평균을 뛰어넘는 혼신의 노력을 기울여야 재정 권력(또는 경제 권력)을 설득할 수 있다. 선도자들이 쥔 공식 권위에 사적 자원과 역량 등

감성적 노력을 동반할 때 감동의 전환점을 만들어낼 수 있다. 이런 측면에서 신규 사업을 얼마나 성사시키느냐는 결국 기관 최고 책임자의 몫이다. 그래서 기관 책임자의 재정 동원 역량fiscal capability을 리더십 평가 요소의 하나로 간주하는 것이다.

Ⅲ부에서는 서울대 관정도서관, 평창캠퍼스, 삼성R&D센터, 버들골 풍산마당 등 최근에 이루어진 신규 사업과 분당서울대병원의 성공적 정착 사례를 통해 이면에 자리 잡은 성공 동력 요인을 찾아보고 과총 과학기술인 복지콤플렉스 사업 준공 배경을 살펴보았다. 아울러 울산대가 성사시킨 대형 사업 배경과 과정의 특징을 서술했다.

관정도서관 신축의 기적
: 귀인의 결단을 가능하게 한 용기

1 서울대 제2도서관을 신축하다
2 이종환 회장의 뼛속 깊은 미래 인재 양성
3 인사가 만사: '이단적 제안자'가 변화를 이끌다
4 책임자의 인내심과 무한 책임

1 서울대 제2도서관을 신축하다

관정도서관은 2015년 4월에 개관한 도서관이다. 우리나라 국립대학 역사상 국고 지원 없이 외부 기부에 의해 신축한 최초이자 최대 규모를 자랑하는 도서관이다. 서울대 학생들이 가장 사랑하는 곳이 어디냐고 물으면 '관정도서관'이라는 응답이 가장 많다고 한다.

국립대학 도서관을 정부 예산에 의존하지 않고 외부 기부금으로 짓는다는 발상 자체가 성립하기 어렵다. 그러나 관정도서관은 완성되었고 학생들이 자주 찾는 장소가 되었다. 아마도 다음 세대의 학생들도 이곳에서 탐구하고 교류하며 지식과 지혜를 쌓을 것이다.

2015년 2월 10일 개관한 서울대 관정도서관의 위용

　관정도서관의 기적은 어떻게 가능했는가. 이런 질문에 응답을 시
도하는 것이 관정도서관을 지어준 관정 이종환 회장에 대한 예의라
고 생각한다.

　관정도서관을 지을 수 있었던 기적의 뿌리는 관정의 미래 인재 사
랑에 대한 초인적 확신에서 비롯되었다. 여기에 덧붙여 도서관 신축
을 제안한 도서관 지도부, 서울대 간부들의 무한 책임과 인내심도
도서관 신축에 한몫했다고 본다.

2 이종환 회장의 뼛속 깊은 미래 인재 양성

기적의 주인공이 바로 이종환 회장이라는 것을 다시 한번 언급해야 할까?

이종환 회장의 '대한민국의 미래 인재에 대한 무한한 열정'이 초인적 결심을 품게 했다고 믿는다. 일제 식민치하에서 교육을 받은 이종환 회장은 일본과 만주에서 생활하며 일본의 근대 교육과 선진 기술을 접하면서 '교육이 나라의 미래를 결정한다'는 신념을 아로새겼다고 한다. 그런 신념을 품은 사람이 한둘이 아닐 테고 그런 믿음을 가진 부자가 많을진대, 이종환 회장은 조건 없이 사재 600억 원을 털어 서울대에 기부했다. 이 회장이 본인 보유 주식을 처분할 때 내게 전화를 걸어 오늘 몇 억 원을 마련했다고 말씀하던 기억이 아직도 생생하다. 이 회장은 관정이종환교육재단을 세워 구미 각국에서 박사 과정에 들어가는 유학생들에게 학업을 마칠 때까지 전액 장학금을 지급해준다. 지금도 수십 명의 미래 인재들이 관정이종환교육재단으로부터 지원을 받아 학문에 전념하고 있다.

이종환 회장이 도서관 신축을 결심하는 과정에서 어떠한 조건도 달지 않았다는 점을 다시 한번 밝히고 싶다. 단지 도서관을 21세기에 맞는 첨단 정보화 도서관으로 만들어달라고 주문한 것뿐이다. 일면식도 없는 내가 처음 찾아뵈었는데 30분 만에 손을 잡으며 600억 원 기부를 약속하는 게 아닌가. 이분이 한번 결심하면 전광석화처럼 처리하는 분이라는 것을 느꼈다. 약속하고 난 지 2시간 만에 신축 예정 부지를 돌아보며 측량하는 모습에는 아연실색해 입이

벌어질 지경이었다. "아! 이런 분이 진정한 귀인이구나"라고 감탄할
수 밖에 없었다.

3 인사가 만사: '이단적 제안자'가 변화를 이끌다

아무리 기금을 공여할 가능성이 있는 분이 계시더라도 '구슬이
서 말이라도 꿰어야 보배'라는 말이 있듯이 꿰맬 사람이 있어야 한
다. 역대 중앙도서관장 그 누구도 도서관 신축 이야기를 꺼내지 못
했다. 기존 도서관이 낡고 수용 역량이 부족해도 신축이나 리모델
링 이야기를 꺼낼 수가 없었다. 대학 사정이나 국가 예산 결정을 아
는 사람치고 국고 예산으로 도서관 신축을 해낼 수 있다고 생각하
는 사람은 없기 때문이다.

이 상황에서는 상식을 초월한 이단적 의견을 내는 사람이 경우
에 따라서 변화와 혁신의 주체가 될 수 있다는 사실은 역사책을 통
해 접할 수 있다. 이런 초상식적 교수가 나타났다. 다름 아닌 중앙
도서관장으로 부임한 박지향(서양사학과) 교수다. 박 교수는 영국 총
리 마거릿 대처Margaret Thatcher의 일대기*를 펴낸 강단 있는 교수다.
박 교수가 대처 총리를 연구하면서 자신도 대처를 닮아가는 듯했다.
박지향 관장은 취임한 직후 도서관을 신축해야 한다는 주장을 펼쳤
다. 신중함이 몸에 밴 보직 교수들은 박 교수가 한 언급을 귀담아듣
지 않았다. 나 역시 그런 쪽이었다. 박 관장의 재촉을 피할 수 없어

---

* 박지향, 『대처 스타일-누구에게도 사랑받지 못했지만 모두가 존경했던 철의 여인』, 김영
  사, 2012.

관정 이종환 회장을 만날 기회를 마련했다. 만일 박 관장의 재촉을 회피했더라면 오늘의 관정도서관은 존재하지 않았으리라.

관정과의 만남을 주선한 박지향 관장의 노력에 감사하는 마음을 잊지 않고 있다. 박 관장을 도서관장에 추천한 박명진 부총장의 뛰어난 사람 보는 안목에 아직껏 탄복한다.

관정도서관이 개관한다는 소식을 접하면서 '인사가 만사'라는 사실에 우리 사회의 지도자들이 더욱 귀를 기울여야 할 것 같다는 생각이 들었다.

4 책임자의 인내심과 무한 책임

관정 이종환 회장은 창업에 성공한 기업가인 만큼 성격이 급하다. 성공한 기업가치고 성격이 느긋한 사람은 본 적이 없다. 성격이 느긋하면 치열한 경쟁 속에서 살아남을 수도 없을 뿐 아니라 기업을 성장시키는 일이 어렵다. 이 회장의 성격이 급하니 30분 만에 도서관 건립 기금 출연을 결심한 것이다.

도서관을 신축하는 과정에 이종환 회장은 자주 전화를 걸어왔는데 즉각 받지 않으면 불호령이 떨어지는 일이 있었다. 불호령이 떨어지면 모든 일정을 뒤로 미룬 채 혜화동 자택으로 발걸음을 옮겨야 했다. 이런 일을 여러 번 겪고 나니 이종환 회장은 "내가 만난 젊은 사람 중 오 총장만큼 참을성이 있는 사람은 처음 보았어" 하면서 껄껄 웃었다. 한 번은 관정으로부터 연락받은 후 1시간 만에 혜화동 자택에 당도해 6시부터 저녁을 함께 들기도 했다. 식사 후 와인 3병

2014년 6월 21일, 경상남도 의령군 용덕면 관정 생가에서 열린 이종환 회장 송덕비 제막식

을 비우면서 이 회장의 90년 생애를 경청했다. 그날은 하는 수 없이 밤 12시 넘어 총장 공관에 도착할 수밖에 없었다.

2014년, 관정 가족들의 요청에 따라 그분의 송덕비문을 직접 작성했다. 경상남도 의령의 송덕비 제막식에서 기념사도 했다. 내게는 개인적 영예이며 이종환 회장에 대한 보은의 기회였다.

어려운 일이 닥칠 때마다 관정의 숭고한 뜻을 훼손해서는 안 되며 어려운 일은 내가 원인을 제공한 사람이라는 생각을 했다. 지금껏 관정을 한 달에 1번 정도 혜화동 자택으로 찾아간다. 물론 관정이 기뻐할 이야기도 꼭 준비한다.

도서관장을 포함한 도서관 직원들이 새 도서관을 건립하는 데 보여준 무한 책임 역시 예정된 기일에 완공하는 데 큰 몫을 했다. 도서관을 건설하는 일 못지않게 내부 시설을 완비하기 위한 추가 모금과 하드웨어와 소프트웨어 작업이 상상을 초월하는 수준이었음에도, 추가 인력과 본부로부터의 큰 재원 지원 없이 완벽한 개관을 했다. 공직자의 전범을 있는 그대로 보여준 것이다.

02

평창 그린바이오 사업을
완성하다
: 선도자의 집념과 일관된 정치적 지원

1 리더십 연구 가치가 있는 평창 그린바이오캠퍼스를 준공하다
2 평창 그린바이오 사업 전개 과정
3 농생대 사업에서 서울대 사업으로 격상하다
4 불가능해 보였던 사업의 성공 요인
  1) 필요조건: 서울대와 강원도의 비전 공유
  2) 충분조건: 집약된 역량의 투입과 지속적인 정치적 지원
  3) 3000억 원 규모의 재원을 조달하다
  4) 좌초 위기를 극복하다: 노무현 정부에서 이명박 정부로 승계
5 그린바이오 사업 완성으로 얻은 교훈
  1) 혁신 선도자들의 공헌을 잊지 말자
  2) 계획을 추진할 때 필요한 장기 비전과 일관성

1 리더십 연구 가치가 있는 평창 그린바이오캠퍼스를
준공하다

2014년 6월, 서울대 평창캠퍼스 준공식이 강원도 평창 현지에서
열렸다. 평창캠퍼스 준공은 개교 이래 단위 사업으로는 최대 규모
사업이다. 거대 하드웨어 시설을 완공하는 것에 그치는 것이 아니라

서울대 생명과학계열 대학들의 새로운 비전과 도전의 상징이다. 더 나아가 불가능에 가까웠던 초대형 융합산학연구단지 사업이 몇몇 선도자들의 투혼을 거쳐 10년 만에 완결된 것이어서 리더십을 연구하는 학자들에게 연구 가치가 있다고 생각했다.

2 평창 그린바이오 사업 전개 과정

평창캠퍼스 사업은 2003년부터 몇몇 농업생명과학대학(농생대) 교수들의 아이디어 차원에서 착수했다. 2003년, 농생대 이무하 학장 재임 시절의 일이다. 농생대 기획실장이 당시 행정대학원장직에 있던 나를 찾아오더니 농생대가 평창에 새 캠퍼스를 구상한다면서 예산을 확보하는 일에 도움을 청했다. 그 계획이 서울대 본부가 공인한 사업인지 농생대의 개별 사업인지를 물으니, 농생대 자체 사업이라면서 이 사업의 미래에 대해서 자신이 없다고 했다. 워낙 추상적인 계획이고 거대 사업이어서 구체적으로 도울 방법을 찾지 못한 채 시간이 흘러갔다.

2004년, 평창캠퍼스 사업이 급물살을 탔다. 서울대·강원도·평창군 간 양해 각서를 체결한 것이다. 2005년, 한국개발연구원KDI의 예비 타당성 조사를 거쳐 정부로부터 사업 승인(2006)을 받았다. 2007년, 농생대 학장에 부임한 박은우 교수는 이 사업의 준비 단계부터 치밀한 노력을 쏟아부어 정부로부터 예산을 확보하는 데 성공했다. 사업 승인이 자동으로 예산 항목 신설로 귀결되는 것은 아니다. 농생대 집행부는 치열한 노력으로 계속비 사업 형태로 정부 예

2014년 6월 12일 거행한 서울대 평창캠퍼스 준공식(왼쪽 끝 조성인 그린바이오과학기술원 원장, 왼쪽 네 번째 이광재 전 강원도 지사, 다섯 번째 최문순 강원도 지사, 여섯 번째 필자, 오른쪽 끝 이학래 농생대 학장)

산을 확보한 것이다.

이 과정에서 이광재 전 강원도 지사(전 국회의원)가 지원을 아끼지 않았다. 박은우 교수(전 농생대 학장)의 투혼이 없었다면 정부 사업으로 승인을 받는 일이 쉽지는 않았을 것이다. 국립대학인 서울대 단과대학에 불과한 농업생명대학이 주도하는 역외 사업에 국고 예산 2000억 원 규모가 지원되었다는 것은 재정을 연구하는 학자로서 입이 다물어지지 않는다.

3 농생대 사업에서 서울대 사업으로 격상하다

이 사업은 준공 이전까지 서울대 내에서는 농생대 사업이라는 시각이 강했다. 준공 과정에서는 농생대가 주도적 역할을 한 것이 분명하지만 서울대 사업이라고 생각했다. 그래야만 평창 그린바이오 사업이 성공할 수 있다고 믿었다. 바이오 사업과 이와 관련된 산학협력은 농생대에 국한되는 것이 아니라 의대·치대·약대·수의대 등 의약계와 공대·자연대·생활대 등이 합심해 노력해야 독창적 성과를 낼 수 있는 영역이기 때문이다.

총장에 취임한 후 이 사업이 농생대라는 단일 단과대학 중심에서 벗어나 범서울대 비전을 정립하기 위해 제도적 기반을 마련해야 한다고 봤다. 이런 취지에서 본부 직할로 '그린바이오과학기술원'을 설립(2011)했고, '국제농업기술대학원'이 출범(2014)했다.

농생대 이학래 학장은 임기 4년간 이 대형 사업을 완성하기 위해 수십 차례 평창으로 출퇴근하는 일을 마다하지 않았다. 대형 캠퍼스 사업을 마무리하고 소프트웨어 작업을 차근차근 진행한 것이다. 현지에 머무르던 조성인 그린바이오과학기술원 원장은 산업협력 기반을 다지기 위해 바이오 관련 기업 유치에 심혈을 기울였다.

4 불가능해 보였던 사업의 성공 요인

국고 2000억 원을 포함한 3000억 원 규모의 이 사업이 10년 만에 빛을 보게 된 것을 평균 수준의 노력으로는 결코 설명할 수 없다. 평균을 뛰어넘는 특별한 노력을 쏟아부은 덕분이라고 진단했다. 특별한 노력도 단기간에 한정된 것이 아니라 10년간 지속했다는 점이다. 어떻게 이런 일이 가능한가. 어떤 힘이 이 일을 가능하게 했는가. 누가 이 힘을 불어넣었는가 말이다.

1) 필요조건: 서울대와 강원도의 비전 공유

한마디로 강원도의 지역적 목표와 서울대 농생대의 비전이 맞아 떨어진 덕분에 이 사업은 성공했다. 강원도는 광역자치단체 중 면적이 가장 넓으면서도 인구는 150만 명에 불과하다. 수도권에 인접해 있으면서도 상당한 문화적·경제적 거리감이 있는 강원도가 서울대의 교육·연구 단위를 유치하고자 하는 의욕은 유달리 강했다. 어떠한 공공기관보다도 서울대가 갖는 상징적 가치가 높았을 것이다.

강원도의 거시적 목표를 이해한 서울대 농업생명대학 역시 바이오 부문 R&D와 산학협력을 통해 외연을 확대하면서 핵심 역량에 다가서고자 하는 비전을 달성하기 위해 수도권 인근에 새로운 R&D 산학협력 단지를 구축해야 한다는 것을 인식했을 것이다. 농생대는 방대한 수원캠퍼스에서 관악으로 이전한 후 수원 시절의 현장 실험과 실습 공간에 대한 향수를 떨쳐버리기 어려웠을 것이다.

2) 충분조건: 집약된 역량의 투입과 지속적인 정치적 지원

• 이광재 전 지사가 파격적인 지원을 하다

서울대와 강원도의 비전과 목표가 상호 이익을 공유함으로써 평창 그린바이오 사업 구도가 출발하게 된 것이다. 그러나 이런 형태의 목표와 비전 공유는 필요조건에 지나지 않는다. 대부분의 사업이 초기에는 떠들썩하다가 시들어버리는 것은 충분조건을 충족하는 과정에서 동력원이 고갈된 탓이다. 비전과 목표를 실천할 동력원을 꾸준히 확대하고 재생산하려면 집약된 역량을 지속적으로 투입해야 한다. 대개는 여기까지 이르지 못하고 중도 하차한다. 이 사업이 성공한 것은 바로 집약된 영향력을 갖추고 있으면서 이를 실천할 주체가 분명한 덕분이다.

바로 강원도 출신 이광재 전 의원(전 도지사)이 동력원의 한 축이었다. 노무현 정부 창업 공신 가운데 한 사람인 이광재 의원은 대통령 비서관 시절부터 강원도에 수도권의 유력 대학 캠퍼스를 유치하고자 생각했을 수 있다. 이광재 전 지사의 강원도 발전에 대한 꿈의 한 부분이 서울대 그린바이오캠퍼스 유치를 통해 가시화되었다고 해석할 수 있다.

신규 사업이 국가 예산의 한 꼭지로 들어가도록 하는 것은 경험해 본 사람은 알겠지만 참 어려운 일이다. 100억 단위 사업도 어려운데 하물며 3000억 단위 사업은 오죽하겠는가. 신규 사업이 진입하려면 사업의 객관적 필요성을 입증해야 함은 물론이고 무언의 정치적 지원이 뒷받침해줘야 한다. 정부의 한정된 추가 재원을 둘러싸고 신규 사업에 진입하고자 하는 경쟁은 어느 나라를 막론하고 치열할 수밖에 없으니 특별한 정치적 에너지를 투입해야만 가능한 탓이다. 이광재 전 강원도 지사는 이 과정에서 일관된 노력을 기울였으리라.

• 혼신의 힘을 쏟은 서울대 팀

강원도 측의 이 노력이 일방통행에 그친 것은 아니다. 서울대 농생대 팀의 헌신적 노력이 강원도 측의 정치력 투입과 결합해 평창 그린바이오 사업이 정부의 계속비 사업의 하나로 진입한 것이다. 여러 농생대 교수 중에서도 박은우 교수(전 농생대 학장)가 그 주역이다. 박 교수는 서울대 '농생명과학 공동기기원' 설립 초기부터 새로

평창 그린바이오 사업 재원 구성	
국고(서울대)	2218억 원(71.2%)
강원도	600억 원(19.2%)
평창군	300억 원(9.6%)
합계	3118억 원(100%)

운 기관을 형성하는 것이 자신의 책임이라고 생각하면 상상을 초월한 집념으로 일을 만들어내는 몇 안 되는 '고지 점령형' 투사다. 박교수가 학장이 되면서 기울인 혼신의 노력은 더욱 빛을 보게 되었음을 먼발치에서 목격할 수 있었다.

집약하면 강원도를 중심으로 한 정치적 영향력이 농생대의 비전 제시 역량과 결합됨으로써 대규모 신규 사업을 착수할 수 있었고 계속 진전될 수 있었다. 바로 충분조건을 충족한 것이다.

3) 3000억 원 규모의 재원을 조달하다

이러한 신규 사업의 성공 여부는 다름 아닌 공공 재원 확보에 달렸다. 지역적 이익과 농생대 비전의 합치를 토대로 강원도의 정치적 영향력과 농생대의 역량을 결합하면서 신규 사업의 재원은 종속 변수가 된 셈이다. 계속비 사업은 첫해에만 계산되고, 그 뒤로 지연되거나 규모가 축소되는 경우가 허다하다. 계속비 사업을 당초 계획대로 재원을 배정받으려면 끊임없이 사업의 타당성을 입증하고 사업 진척 수준을 유지해야 한다. 특히 이 사업은 중앙정부·강원도·평창군 등 세 주체가 함께 사업비를 부담해야 하는 구조라 지속적으로 재원을 확보하는 노력을 치밀하게 해야만 진척할 수 있는 사업이

평창 그린바이오 사업		
강원도(평창군)		**서울대(농생대)**

목표	서울대 유치 산학협력	관악캠퍼스 한계 극복 그린바이오 R&D 사업
수단	정치적 영향력	비전 제시 역량
방법	일관된 지원	지속적 헌신
자원	재원(중앙+도+군)	인적 자원(R&D)

다. 일반적으로 계속비 사업을 원만하게 마무리하려면 추진 주체가 지속적 헌신을 5년 이상 유지해야 한다. 이 사업의 최초 선구자들이 영향력 있는 자리에서 떠나더라도 끊임없이 역량을 투입했을 뿐 아니라 농생대는 지속적 헌신을 가능하게 할 인적 역량이 있었고, 이들의 노력을 동력화하는 데 성공한 것이다.

4) 좌초 위기를 극복하다: 노무현 정부에서 이명박 정부로 승계

2007년, 이명박 정부가 들어선 지 얼마 지나지 않아 교육과학기술부와 예산 부서가 평창 그린바이오 사업을 재평가한다는 소식을 접했다. 노무현 정부에서 채택한 계속비 사업이 새 정부의 산적한 신규 정책 수요로 좌초될 수도 있다고 보았다. 새 정부 시각에서 보면 이 사업이 정부 지출의 우선순위를 명백히 유지할 사업은 아니라고 판단할 수 있기 때문이다. 그럼에도 이광재 전 의원을 비롯한 강원도, 평창군, 서울대 농생대 등이 사업의 필요성을 예산 결정 과정에 치열하게 투입한 결과, 좌초 위기를 넘기고 계획대로 계속비 사업을 진척시켜 완성한 것이다. 사업 추진의 정치적 핵심 주체가 야권으로 바뀌었지만 분명한 목표 의식과 진정성을 가지고 설득하면 어려움을 이겨낼 수 있다는 사실을 확인했다. 이는 이 사업의 완성이 보여줄 수 있는 진수다.

5 그린바이오 사업 완성으로 얻은 교훈

1) 혁신 선도자들의 공헌을 잊지 말자

평창 그린바이오 사업이 완성하는 것을 접하면서 새삼 깨닫게 된 것은 선도자들의 비전과 집념이 성공의 열쇠라는 점이다. 비록 몇 사람일지라도 선도자들이 백지상태에서 시작한 구상이 실마리가 되어 일정한 시간이 흐른 후 다수의 학생, 교수, 지역 주민, 입주 기업이 지역과 국가 발전에 기여할 수 있는 토대를 마련한 것이다. 하나의 밀알이 머지않은 미래에 풍요로운 밀밭을 이룰 수 있는 것처럼 말이다.

우리는 선도적 기여자가 기울인 불굴의 노력을 기억하고 감사하는 마음을 잊지 말아야 한다. 우리나라 사회에서는 이 전통이 뿌리 깊지 않은 것이 현실이다. 선도 혁신자들의 뜻을 기리는 것은 바로 그들이 이룩해놓은 성과에서 혜택을 받는 많은 당사자의 자세다. 그래야만 제2, 제3의 혁신 선도자들이 불확실성 속에서 우리의 미래를 개척하는 여정을 결심할 수 있을 것이기 때문이다.

2) 계획을 추진할 때 필요한 장기 비전과 일관성

평창 그린바이오 사업이 정착하게 된 또 다른 이유 중 하나는 강원도가 장기적 비전을 분명히 제시했다는 점이다. 강원도는 바이오 사업과 우수 인재 유치에 대한 집념이 남달랐다. 이를 토대로 지역 발전을 견인하겠다는 비전이 견고하게 있었다는 말이다. 이 비전은 도지사, 국회의원, 군수의 정치적 지향이 달라도 기본 가치를 공유할 수 있게 만드는 요소다.

서울대 역시 21세기 대표 선도 산업인 바이오 부문의 R&D 역량을 축적하고, 이를 통해 우수 인재를 양성하며 산학협력을 심화시켜야 한다는 당위론적 비전을 강원도와 공유함으로써 두 기관의 총량적 에너지가 이 사업을 성공 궤도로 이끌게 된 것이다. 더 나아가서 이 목표들이 단기적 차원에 머물지 않고 불확실성을 안고 가더라도 장기적 비전에 도전한 덕분에 중앙정부, 강원도민, 평창군민의 지속적 지지를 얻어낼 수 있었다고 판단했다.

{ 03 }

삼성R&D센터,
난관 극복한 출발
: 거시적 안목에서 결단하다

1 삼성R&D센터 건립을 결정하다
2 예견할 수 있는 난관: 서울대와 삼성의 입장 차이
　1) 합의 각서의 허와 실
　2) 쟁점의 핵심: 40년 무상 임대 기간
3 직접 나서서 돌파구를 마련하다
4 최지성 부회장을 만나다
5 삼성이 거시적 관점에서 재검토하다
6 건립 협약식: 어려운 상황일수록 책임자가 발 벗고 나서야 한다

1 삼성R&D센터 건립을 결정하다

2009년, 전임 총장 재직 시절에 서울대는 삼성전자와 삼성R&D 센터 건립을 위한 합의 각서를 체결해 최초의 합의를 이루었다. 우리 팀은 전임 팀으로부터 합의 각서에 따른 삼성R&D센터 건립 구상을 인수받아 구체적인 계획으로 진전시켜야 할 책무를 떠안았다. 그러나 임기 전반, 두 기관 간의 합의를 실행하는 과정에서 여러 난관에 부딪히면서 당초 합의했던 건립 구상이 무산될 위기에 처했다.

2012년 12월 5일, 삼성전자 서초사옥에서 거행한 삼성전자 서울대연구소 건립 협약식(왼쪽이 삼성전자 권오현 부회장)

우리 집행부는 문제의 심각성을 인지하고 적극 대응에 나섰다. 삼성 측도 이에 부응하는 심도 있는 논의를 거쳐 합의 각서를 체결한 후 4년 만인 2013년 삼성전자와 서울대 간 삼성R&D센터 건립을 최종 합의했다.

삼성R&D센터가 서울대 후문 인근에 완공되면 아마도 우리나라 산학협력의 기념비적 공간이 되리라. 최종 합의에 이르기까지 두 기관이 한 목표 수정, 상대방에 대한 신뢰에 들인 노력, 최고 의사 결정자의 고뇌에 찬 결단 등을 거쳤다는 점에서 정책 결정의 의미 있는 사례다.

2 예견할 수 있는 난관: 서울대와 삼성의 입장 차이

1) 합의 각서의 허와 실

대개 최초의 합의 각서는 두 기관의 비전을 공유하고 나아갈 방향에 공감한다는 의사 표시의 집약이다. 두 기관이 잘되는 방향으로 새 사업을 구상하는 데 동의하므로 화기애애한 분위기에서 진행한다. 그러나 두 기관이 공통 목표를 향해 새 기관을 형성하는 일은 구체화 과정에서 예기치 않은 암초를 만날 수 있다. 이 난관을 상호 신뢰를 기반으로 원만하게 풀어내지 못하면 합의 각서는 종잇조각으로 전락할 수도 있다.

최초 합의 각서를 체결할 때, 구체적 목표를 이루기 위한 내용을 사전에 충분히 협의하는 것이 바람직하다. 그러나 일단 '합의 각서'에 합의해야 한다는 성급한 분위기로 합의 내용에 대한 정밀한 검토를 거치지 않은 채 그대로 진행하는 일이 허다하다. '웃으면서 최초의 합의에 도달하면 나중에 울게 되고, 처음부터 울면서 합의하면 나중에 웃게 된다'는 격언이 하루 이틀 사이에 만들어진 교훈이 아니라는 것을 깨달았다.

삼성과 서울대 간의 합의 각서도 체결에 앞서 심층 협의를 했으면 좋았을 법했다. 임기 후반의 전임 집행부는 임기 내에 합의를 이끌어내야 한다는 책임감에서 벗어나지 못한 채 세밀한 법적 검토와 구체적 추진 계획을 충분히 점검하지 못했을 수도 있다. 우리 팀은 삼성과의 합의 각서를 점검하고 이행 계획을 수립하는 과정에서 상당한 어려움이 따른다는 사실을 확인했다. 아마도 예견할 수 있는 어려움임에도 합의 각서를 체결할 당시에는 예견하지 않아도 되는 사안이었을 듯싶다.

2) 쟁점의 핵심: 40년 무상 임대 기간

수원에 공장을 둔 삼성은 서울 시내에 우수 인재를 확보하고 양성할 연구 단지를 구축할 구상이 있었다. 그러던 차에 서울대 내에 연구 단지를 구축하면 삼성의 인재 양성 목표에 걸맞고, 산학협력 기반도 보강할 수 있다는 생각을 했을 듯하다. 서울대는 삼성의 이 목표에 발맞추어 글로벌 선도 기업의 연구소를 유치함으로써 산학협력을 한 단계 격상시킬 수 있는 제안으로 받아들였다. 삼성의 필요성needs과 서울대의 기대expectation가 일치한 덕분에 두 기관 간 합의 각서는 순조롭게 체결했다.

남익현 기획처장(현재 경영대 학장)을 중심으로 R&D센터 건립 계획을 진행하다가 첫 난관에 마주쳤다. 서울대 내에 건립할 삼성 R&D센터에 대한 '40년 무상 사용 후 서울대 기부 체납' 조건을 삼성 측이 요구한 사안이다. 이 조건은 전임 팀이 합의 각서를 체결할 때 거론되지 않았던 것이다. 삼성 측은 삼성과 친숙한 서울대 전직 간부 교수 한 분이 40년 무상 임대 조건을 구두로 언약했다고 했다. 당시 서울대로서는 이 조건을 수용할 수 없는 법적 제약이 있었다. 국유재산 관련 법령에 따르면 국유재산 내에 위치한 민간의 건축물 무상 사용 기간은 20년이 최대 기간이다. 삼성 측은 무상 사용 기간 40년을 주장하는 반면, 서울대 기획처 팀은 20년이라는 법적 제약을 준수해야 한다고 했다. 당시 서울대는 법인화되기 이전이라

서울대 부지는 국유재산이고, 국유재산 관련 규제법의 명시적 적용 대상이었다. 공무원 신분인 기획처 직원들은 이 조항을 준수해야 한다고 강조했다. 이 논란은 서울대 실무 팀과 삼성 추진 팀 간의 마찰을 불러일으켰다. 이 마찰을 해결하기 위한 서울대 수뇌부의 적극적 중재 노력이 상대적으로 미진했다. 이 상태에서 삼성 팀의 서울대에 대한 신뢰는 떨어지면서 시간만 흘러갔다.

3 직접 나서서 돌파구를 마련하다

총장에 취임한 후 1년 반이 흐른 시점(2012)에 진행 보고 상황을 접하면서 당황하지 않을 수 없었다. 삼성 측이 서울대 부지에 연구기관을 건립하는 대안으로 서초구 우면산 인근에 새로운 R&D센터를 물색한다는 것이다. 기획처장은 삼성 측이 서울대와 나눈 합의를 재고하는 분위기가 감지된다고 했다. 이 과정에서 서울대가 삼성과 진정성 있는 자세로 심도 있게 협의를 진행하지 못한 것에 자책감을 느꼈다. 쟁점 사안이 있을수록 힘을 쏟고, 실무진들이 풀기 어려운 문제가 생기면 책임자가 거시적 안목에서 문제를 풀어내며, 삼성 측의 이해를 구하려는 '정서적 소통'이 매우 중요했다. 그러나 그 노력이 미진한 채 서울대 실무 팀과 삼성 팀 간의 신뢰 관계에 금이 가고 있었다. 그 순간 "이제 내가 직접 나서서 돌파구를 마련해야겠다"고 다짐했다.

이런 다짐을 하기가 무섭게 언론을 통해 삼성이 서초동에 대규모 삼성연구단지를 건설한다는 보도를 접했다. 순간 "삼성R&D센터의 서울대 유치는 이제 끝이구나" 생각했다. "난관에 부딪혔을 때 내가 팔을 걷어붙이고 앞장서서 해결해야 하는데"라고 실기失期에 대해 한탄했다. 지금이라도 삼성 수뇌부에 그간의 서울대 사정을 설명하고 우리의 태도가 미진했다면 정중히 사과하며 합의 각서 정신을 복원시키려는 노력을 해야겠다는 다짐을 했다. 무슨 일이든 늦었다 싶을 때가 빠른 때일 수 있다는 특유의 긍정 마인드로 대응하기로 했다.

4 최지성 부회장을 만나다

상황을 주도면밀하게 파악한 후 최지성 부회장에게 면담을 요청했다. 기울어진 운동장의 아래에서 위로 올라가는 심정으로 면담을 결심했는데 최 부회장이 흔쾌히 응했다. 아마도 R&D센터 문제로 나를 만나는 것이 마음에 내키지 않았겠지만, 서울대 70학번 동기라는 인간적 유대감에서 반갑게 맞았다. 그룹의 최고 수뇌부가 총장의 요청에 입장을 쉽게 바꾸리라는 기대는 전혀 하지 않았다. 다만 서울대의 입장을 설명하고 합의 각서를 백지화하더라도 삼성과 서울대 간의 원만한 관계를 유지하는 것이 내 책무라고 여겼다.

삼성 부회장실에서 만난 3시간의 저녁은 흡족한 시간이었다. 삼성과 서울대 간의 R&D센터 건립을 백지화하는 분위기를 재고해달라는 요청을 할 생각이었지만 막상 대면하면서는 삼성과의 합의 각서를 실행하자는 제안은 절제했다. 그간 책임자로 최선의 노력을 하지 못했음에 아쉬움을 표했다. 특히 서울대의 법인 전환 과정에서 겪은 어려움을 털어놓으면서 기관의 장 역할을 하기가 어렵다는 토로를 감추지 않았다. 교육 기관도 이렇게 힘든데 글로벌 경쟁에서 선두주자의 위상을 유지해야 하는 기업 수뇌부의 매일매일이 가혹한 시련이 아니겠냐는 격려와 위로의 대화를 주로 나누었다. 최 부회장과의 흐뭇한 저녁 식사를 마치고 나오면서 이제 삼성R&D센터 유치에 대해서는 마음을 비우기로 했다. 앞으로 이런 유사한 중대 사안이 발생하면 이번 일을 교훈으로 삼겠다고 다짐했다.

5 삼성이 거시적 관점에서 재검토하다

이 일을 잠시 잊은 채 서울대 법인 전환 후의 법령 준비 작업에 매진하는 시점에 삼성 측 관계자로부터 연락을 받았다. 삼성은 서초구에 R&D센터를 신설하지만, 서울대에도 R&D센터 건설을 추진하겠다는 입장을 밝혀왔다. 순간 그 사실이 믿어지지 않았다. 아무리 글로벌 거대 기업이라지만 근접 지역에 2개의 R&D 단지를 건립한다는 것이 이해하기 쉽지 않았다.

최지성 부회장이 서울대 R&D센터 건립 문제를 좀 더 거시적 관점에서 모색해보자는 뜻을 실무 팀에게 전했으리라. 삼성 실무진에서는 연구 단지가 서초구와 서울대로 양분됨으로써 야기되는 중복·분산 투자의 어려움을 예견하면서 서초구 연구 단지를 단독으로 유지하는 것이 투자 효율 측면에서 바람직하다는 분석을 내놓았을 것이다. 최 부회장은 실무진의 건의를 재고하면서 서울대와의 산학협력이 삼성전자와 서울대의 공통 이익에 기여하고, R&D 활성화에 미치는 거시적 효과 등을 종합적으로 고려해 최종 의사 결정에 깊이 반영한 것이리라.

아마도 단기적 재무 분석 틀보다는 종합적 의사 결정의 결과라고 믿었다. 무엇보다도 교육·연구 기관인 서울대와의 합의를 존중해야 한다는 사회적 책임이 근저에 자리 잡고 있었을 것이다.

삼성 측의 이러한 방향 전환과 때를 맞춰 논란이 되었던 '무상 사용 기간 40년' 문제도 말끔하게 해결되었다. 서울대가 법인 체제로 전환된 상태라 서울대가 주장했던 국유재산법상의 무상 사용 기간 20년 한도를 풀어낼 여지가 마련된 것이다.

국립대학 시절에는 서울대 부지가 엄격한 국유재산법의 적용을 받을 수밖에 없었지만, 국립대학법인 지위에서는 서울대학교법인 소유 부지로 귀속된다. 그러니 무상 임대 기간을 탄력적으로 적용할 수 있어 삼성 측이 요구한 '40년 무상 임대'를 우여곡절 끝에 수용할 수 있었다.

6 건립 협약식: 어려운 상황일수록 책임자가
발 벗고 나서야 한다

2012년 12월 5일, 대설주의보가 내려 승용차를 움직일 수 없는 날이었다. 오후 5시 지하철에 몸을 싣고 강남역으로 향했다. 삼성전자 본관에서 권오현 부회장과 삼성전자-서울대 연구소 건립 협약서에 서명했다. 이날 한 최종 협약서에서 삼성 측은 서울대 삼성연구소 건립에 대한 반대급부로 발전기금 300억 원, 산학협력기금 150억 원(30억 원씩 5년간 출연)을 서울대에 출연하기로 약정했다. 감개무량

한 날이었다. 전임 총장 때 최초 MOU를 체결한 후 3년여 만에 서울대 삼성R&D센터 건립(안)이 빛을 보게 된 것이다.

서울대와 나눈 합의를 신뢰해준 삼성 측에 깊이 감사했다. 백지화까지 이르렀던 두 기관의 합의가 난관을 극복하고 빛을 보게 된 것이다. 새로운 가치 지향의 연구 기관이 서울대에 건립된다는 사실에 기쁨을 감추기 어려웠다. 이 과정을 겪으면서 어려운 상황일수록 책임자가 직접 발 벗고 나서야 한다는 평범한 사실을 다시 한번 확인했다. 글로벌 기업의 연구소를 대학에 유치할 때 대학은 겸허한 자세로 조그마한 사안이라도 정성을 쏟아야 한다는 것을 마음속에 되새겼다.

무엇보다 백지화될 수 있는 양 기관 간의 합의를 되살리는 데 종합적이고 거시적인 패러다임 속에서 서울대에 깊은 배려를 아끼지 않은 삼성 임원진의 결단이 현재 건설 중인 삼성전자-서울대 연구소의 출발점이라고 확신했다.

아슬아슬한 분당서울대병원 개원

: 정치적 리더십이 선보인 특단의 배려와 난관 극복

---

1 분당서울대병원이 개원하다
2 서울대병원장이 갑작스레 참여를 요청하다
3 장애 요인: 노인 전문 병원 계획을 수정하다
4 예산 부서에 추가 예산 확보를 타진하다: 미동도 하지 않은 예산 당국
5 특단의 노력: 노인 복지 정책 중시한 대통령의 도움을 이끌어내다
6 특별한 헌신을 기울인 병원 팀, 어려운 제안 수용한 정치적 리더십
  1) '특별한 헌신'
  2) 행정 수반의 유연성과 정치적 합리성

---

1 분당서울대병원이 개원하다

경기도 분당은 1990년대 초 노태우 대통령 시절, 단기간 내에 신도시를 건설해 '신도시 건설 성공 사례'로 뽑히는 지역이다. 분당서울대병원이 개원 13년이라는 짧은 역사를 맞이했다는 사실을 아는 사람은 그리 많지 않다. 그럴 수밖에 없는 것이 개원 10년을 약간 넘긴 병원이 병원 소재 지역을 넘어서 글로벌 명성을 지니고 있다는 것을 상상하기 쉽지 않기 때문이다. 개원 13년을 맞은 병원이 국내

분당서울대병원 총공사비 내역			
수입		**지출**	
정부 출연금	1900억	토지	523억
산업은행 재정투융자*	725억	건물	2000억
병원 자체 기금	465억	의료장비 비품	585억
기부금	18억		
합계	3108억	합계	3108억

최고 의료 수준에 도달했고 중동 등의 지역에 의료 수출을 선도한다는 것은 비전이 아닌 현실이 되었다. 분당서울대병원이 2000년대 이후, 우리나라 의료사에서 손꼽히는 성공 사례라고 말하고 싶다.

분당서울대병원의 수준 높은 의료 기술을 이용하는 사람은 많아도 분당서울대병원이 어떤 과정을 거쳐 개원하게 되었는지를 제대로 아는 사람은 의료인이나 서울대 교수 중에서도 많지 않다. 그저 서울대병원이 국가 지원을 받아 손쉽게 개원했을 것이라는 막연한 생각을 하는 것이 고작일 것이다.

2000년대 초 총 3108억 원이 소요된 분당서울대병원 건립 과정에 참여할 기회가 찾아와 개원 과정이 얼마나 험난했는지를 직접 목격했다. 그 어려움을 극복하는 과정에서 누가, 어떤 일을, 어떻게 수행했는지 사례로 소개한다.

---

* 산업은행 재정투융자는 분당서울대병원이 전액 상환했다.

2 서울대병원장이 갑작스레 참여를 요청하다

2002년, 당시 박용현 서울대병원장으로부터 회의에 참석해달라는 요청을 받았다. 일면식도 없지만 '서울대병원장' 직책에 있는 분이 참석을 요청하니 호기심 어린 눈으로 연건캠퍼스로 발걸음을 옮겼다. 회의장에 가보니 관악캠퍼스에서 온 교수는 나밖에 없었으며 전원이 병원 소속 간부 교수들이다.

그날 회의 주제는 '서울대병원 분원을 분당에 건립하는 계획을 추진'하는 것이다. 여러 이야기가 나왔지만, 요지는 하나다. 분당서울대병원 건립을 위해 확보한 정부 예산을 초과하는 추가 예산을 어떻게 새로이 확보할 것인가였다. 추가 예산을 확보하지 않으면 완공이 쉽지 않은 상황이라 참석자들이 대처 방안을 논의했다. 그때 내가 왜 이 자리에 불려 왔는지 알게 되었다. 현직 행정대학원장인 내 전공 영역의 하나가 정부 예산이라 예산 추가 확보에 힘을 보태라는 의미로 추측했다. 서울대병원에 이름이 알려지지 않은 나를 불러준데 감사했다. 평소 국가 최고 국립병원으로서 서울대병원의 중요성을 깊이 인식한 덕분에 이 기회에 새 경험을 얻게 될 수 있다는 긍정적인 생각을 함께했다.

문득 1970년대 초 대학 시절 동숭동캠퍼스에서 「대학신문」 기자로 일할 때가 떠올랐다. 대학신문사(함춘관) 바로 위에 초대형 건물이 오랜 기간 뼈대만 올라간 채 완공이 지연되던 서울대병원 신축 광경을 말이다. 30여 년 만에 그 당시의 미완성 건물에 앉아 있는 것이다. "이제 서울대병원이 분당에 새 병원을 지으려는구나. 그때의 '오랜 미완성'의 흉물스러움이 분당에서 재현되지 않아야 할 텐데"라는 생각에 잠기기도 했다.

3 장애 요인: 노인 전문 병원 계획을 수정하다

분당서울대병원 개원을 위한 준비 회의에 여러 차례 참석하면서 박용현 원장의 열의에 감탄했다. 재벌가 2세 출신으로 성공한 외과 교수를 거쳐 병원장까지 오른 박 원장의 분당서울대병원 신축에 대한 집념은 상상을 초월했다. 박 원장의 헌신과 정열에 감동받아 어떻게든 옆에서 돕거나 돕는 시늉이라도 해야만 최소한의 예의라고 생각될 지경이었다.

몇 차례 회의에 참석해보니 서울대병원 지도부의 집념이 역설적 측면에서 분당서울대병원 완공의 제약 요인으로 작용한다는 것을 알게 되었다. 병원 신축 설계안대로 신축을 진행했다면 기술적 이유(이를테면 공기 지연 등)로 약간의 추가 재원이 필요했을 것이다. 이 경우 예산 당국에 추가 예산을 읍소하면 추가 예산을 배정받을 수도 있었을 것이다.

자세히 알고 보니 분당서울대병원 계획은 노인 전문 병원을 신설하는 것이다. 그럴 만한 이유가 있을 것 같았다. 당시 서울대병원이 기존 병원과 기능이 같은 병원을 신축한다고 하면 예산 당국이 분명 '불요불급한 지출'로 간주해 신규 사업으로 채택할 리가 없었을 것이다. 아마도 고령화 사회에 대비해 증가하는 노령 인구를 돌볼 특화 병원을 공기도 맑은 분당에 신축한다면, 예산 당국은 물론 경기도와 성남시도 설득력 있는 제안이라고 생각했으리라.

그러나 박용현 원장 팀은 서울대병원이 국립대학병원으로서 가지고 있는 역설적 취약점을 극복하려면 오히려 인력·시설·의료 기술이 본원을 능가하는 수준을 갖춘 병원을 신설해야 한다고 굳게 믿고 이를 밀어붙였던 것이다. 이런 비전으로 병원 신축을 진행했으니 몇 년 후 예산이 부족할 수밖에 없었을 것이다. 이는 재정학에서 언급하는 전형적인 '대리인의 도덕적 해이'에 해당하는 사안이다.

4 예산 부서에 추가 예산 확보를 타진하다: 미동도 하지 않은 예산 당국

예산실의 소관 사무관, 과장, 국장을 차례로 만나 분당서울대병원 신축에 대한 추가 예산을 확보하는 일이 시급하다는 것을 설명했다. 평소 교류하던 분들이라 정중히 대해주었지만, 병원 신축과 관련한 예산 배분은 어렵다는 반응이었다.

당시 전윤철 기획예산처 장관과 면담을 했다. 예산 투쟁 시즌이 되면 기획예산처 예산실장 만나기가 하늘의 별 따기만큼 어렵다는 말이 있는 만큼 장관 면담은 우리에게 특별한 배려가 없으면 불가능한 일이었다. 전 장관은 분당서울대병원 예산 이야기를 꺼내자마자 "1원 한 장도 더 줄 수 없다"고 질책하면서 "오연천 교수는 특히 예산을 잘 아는 사람인데 안 되는 이유를 병원 측에 설명해주라"고 했다. 장관의 말을 조용히 경청한 다음 "최선을 다하겠습니다"라 말하고 물러났다.

2003년 6월 25일, 분당서울대병원 개원식(오른쪽부터 권이혁 전 서울대 총장, 김화중 보건복지부 장관, 성상철 초대 분당서울대병원장, 권양숙 대통령 영부인, 박용현 서울대병원장, 서범석 교육부 차관)

이 순간 중요한 것을 깨달았다. 예산 주무 장관이 서울대병원의 분원 신설에 따른 추가 예산 가능성에 대해 이런 반응을 보인다면, 통상적인 예산 과정을 통해서는 불가능하다고 판단했다. 오히려 전 장관의 단호한 태도가 서울대병원을 도와준 격이다. 통상적인 방법으로는 불가능하니 발상의 전환을 해야 한다는 것을 가르쳐준 덕분이다. 발상의 전환이란 다름 아닌 추가 예산을 포기하거나 별도의 노력일 것이다. 박용현 원장에게 이 사실을 설명한 다음 특단의 노력이 없는 한 분당서울대병원 개원을 늦출 수밖에 없다고 했다. 박 원장은 "그렇다면 특단의 조치가 무엇인지 몰라도 특단의 조치를 찾아야 한다"고 했다.

5 특단의 노력: 노인 복지 정책 중시한 대통령의 도움을 이끌어내다

합리적 예산 결정 모형에 따르면 예산 확보를 위한 특단의 노력은 없다. 그러나 예산 결정도 궁극적으로 사람이 하는 일이므로 특단의 결정은 존재할 수 있다. 예산 결정은 기본적으로 정치 과정을 거치므로 정치 과정에서 특별한 힘이 실린다면 가능하다. 예산실 실무진, 간부진, 심지어 장관조차 분당서울대병원 추가 예산에 대해 특별한 고려 사유가 없다고 밝힌 한 특별한 힘은 대통령제 아래에서 대통령밖에 없다. 그러나 대통령은 행정부를 통괄하는 위치에서 대선 공약을 이행하기 위한 노력을 제외하고는 특별한 힘을 예산 결정에 투입하려 하지 않는 것이 일반적이다. 대통령이 예산 편성 과정에 특별한 노력을 자주 활용하면 합리적 예산 편성 체계가 흔들리기 때문이다.

박용현 원장 팀은 특단의 노력에 착안했다. 임기를 1년 남긴 김대중 대통령은 저소득층의 복지를 향상하는 데 야당 총재 시절부터 관심이 깊었다. 소외 계층의 의료 서비스를 확대하는 일에도 재임하는 기간 중 상당한 성과를 거두었다. 영부인 이희호 여사도 노인 복지에 특별한 관심을 아끼지 않았다. 김대중 대통령의 이 정책 컬러는 '노인 병원' 브랜드를 내걸고 출발한 분당서울대병원 신설 비전에 맞아떨어질 수 있었다.

박용현 원장 팀은 이에 착안해 대통령실장(박지원 의원) 라인에 분당서울대병원의 중요성과 개원이 시급하다는 것을 알리는 데 성공했다. 대통령의 병원 신축에 대한 긍정적 반응은 추가 예산 배정을 가능하게 할 수 있는 동력원이다. 박 원장의 구상은 적중했다. 상상할 수 없었던 병원 신축을 위한 추가 예산 400여 억 원을 배정받았다. 정부가 분당서울대병원에 추가 지원을 실행하기로 한 이상 예산실은 이제 분당서울대병원의 '신속한 기간 내 준공'이라는 새 목표를 이루어내야 하는 책무를 안게 되는 '목표 전환'이 이루어진 것이다.

분당서울대병원 신축에 대한 통치권적 차원의 추가 예산 지원 결정은 병원 완공에 속도감을 더해갔다. 분당서울대병원은 착공(1994)한 지 9년 만인 2003년 초 문을 열었다. 서울대병원이 연건캠퍼스에 신축된 지 30년 만에 서울대병원사가 다시 쓰이게 되었다.

분당서울대병원은 그 뒤 우수 인력을 투입하고 첨단 의료 기기를 활용해 신설 병원의 약점을 최소화하는 데 노력을 기울였다. 젊은 의료 인력 구조 등 장점을 극대화함으로써 경기 지역 의료 서비스의 질적 수준을 높이고 서울대병원의 가치 증대에 이바지했다. 역대 원장의 정보화에 대한 집중 투자는 우리나라 의료 시스템의 중동 수출을 선도하는 병원으로 자리매김하게 했다. 분당서울대병원 초창기부터 과장, 부원장, 원장을 거친 정진엽 교수가 2015년 8월 보건복지부 장관으로 발탁된 것도 결코 우연이라고 보기 어려운 일이다.

경북대 의과대학 출신의 전상훈 교수(전 분당서울대병원 기획실장, 외과)가 6월 초 분당서울대병원장에 취임한 사실만 보아도 분당서울대병원이 우수 인재 확보를 위해 얼마나 치열한 노력을 기울였는지를 짐작하게 한다.

6 특별한 헌신을 기울인 병원 팀, 어려운 제안 수용한
　정치적 리더십

처음 계획을 확대하고 수정한 분당서울대병원이 적시에 개원한 것은 보통의 국가 공공 사업에서는 찾기 어려운 일이다. 여기에는 분명 평균을 뛰어넘는 최상의 헌신과 행정 수반의 적극적 이해가 뒤따랐을 것이다.

1) '특별한 헌신'

박용현 원장 팀의 최초 노인 병원 구상이 예산 과정 참여자들을 설득하는 데 성공했고, 뒤이어 정치 과정을 통한 추가 예산 확보가 예상외로 순조롭게 전개된 것이다. 여기서 강조하는 것은 '특별한' 헌신이다. 다수의 사람들이 쉽게 최선의 노력을 이야기하지만 실제로 겉과 속이 같은 특별한 노력은 결코 쉬운 일이 아니다. 대개 특별한 노력을 기울이는 것처럼 보이지만 실제로 특별한 노력을 실행하는 것은 생각처럼 쉽지 않다. 개인 이익은 특별한 노력을 쉽게 할 수 있지만, 공통 이익 또는 보편적 이익을 추구할 때는 그리 흔하지 않다. 모습은 그렇게 비칠지 몰라도 실제 과정에서 본질적 헌신이 어려운 일이기 때문이다.

그런 만큼 '특별한 헌신'을 실행하는 책임자들의 노력을 잊지 않고 감사하며 경의를 표해야 한다. 특별한 노력에는 직책이 부여하는 공식적 자원(상징적·물적) 외에도 개인의 사적 에너지(시간·정성·배려 등)를 투입해야 한다는 점이다. 책임 공직자의 희생이 필요한 이유가 바로 여기에 있다. 내가 가지고 있는 자원의 희생을 마다하지 않을 때 주어진 과업에 대한 헌신도는 높아지고 이는 상대방의 감동을 불러일으키기 마련이다.

2) 행정 수반의 유연성과 정치적 합리성

예산 편성 과정에서 이미 확정된 결정이고 예산 관료들이 추가 증액을 반대하고 있음에도 최종 증액 결정을 마다하지 않은 행정 수반의 정치적 유연성이 분당서울대병원 개원의 핵심 요소로 꼽을 수 있다. 이러한 정치적 유연성 없이 경직적 관료제의 판단에만 의존하면 형식적 합리성은 확보할지 몰라도 높은 미래 가치를 추구하는 노력을 제약할 수 있다. 다소 주관적 판단이 개입될 수 있는 문제지만 정치적 합리성의 추구가 적기에, 적정 목적으로 이루어진다면 경제적 합리성을 능가할 수 있다는 점도 부인할 수 없다. 이것이 바로 정치적 리더십의 백미다. 특히 효과가 더디게 나타나는 장기 사업은 지도자의 장기적 혜안이 중요하다. 경부고속도로 사업, 인천공항 사업, KTX 사업 등이 초기에 경제적 효율성을 이유로 많은 사람이 쟁점화했던 추억을 떠올려보면 더욱 그렇다.

지금이라도 병원 입구에 오늘의 분당서울대병원을 성공적으로 이끈 공헌자들의 기록을 남겨두라고 제안하고 싶다.

{ 05 }

선의와 대의를 결합한
문화 가치 창조
: 버들골 풍산마당

1 관악구민으로부터 사랑받는 '버들골 풍산마당'
2 영문학과 교수들의 의견을 경청한 영문학과 출신 회장
3 풍산 회장의 모교 사랑과 대의 중시한 영문학과 교수

1 관악구민으로부터 사랑받는 '버들골 풍산마당'

서울대 학생은 물론 서울대를 방문한 사람들의 눈에 띄는 공간 중 하나로 버들골을 들 수 있다. 관악산과 대학 건물 사이에 널찍한 녹지가 펼쳐지는 버들골은 우리나라 캠퍼스에서는 보기 드문 자연 친화적 공간이다.

버들골 안쪽 구석에 '원형 경기장'으로 이름 붙여진 흉물스러운 구조물이 오랫동안 방치되어왔다. 가끔 사물놀이 동아리 학생들이 연습하는 시간을 제외하고는 아무도 이용하지 않는 야외 공연장이다. 2015년 9월, 천덕꾸러기 '원형 경기장'이 '버들골 풍산마당'으로 탈바꿈하게 되었다. 관악구민들이 주말에 캠퍼스 내에서 가보고 싶

은 공간의 하나로 변모하게 된 것이다.

2 영문학과 교수들의 의견을 경청한 영문학과 출신 회장

서울대 영어영문학과 출신인 류진(풍산금속) 회장의 동문 사랑은
남다르다. 일본에서 초·중등 교육을 마친 후 서울대에 입학한 문화
적응 과정이 모교에 대한 남다른 자부심의 원천이라고 생각할 수
있다. 류 회장은 영어영문학과 학생들에게 거액의 장학금을 공여하
는 것은 물론이고 교수들과도 돈독한 교류를 해오고 있다.

영어영문학과 소속인 변창구 부총장과 이재영 교수, 안지현 교수
가 류진 회장과 나눈 평소 만남에서 류 회장의 발전기금 공여 의사
를 접했다고 했다. 보통 교수들은 소속 학과와 대학을 위해 친분을
유지하는 기업인들에게 어려운 사정을 토로하는 것이 일반적이다.
그러나 세 교수는 류 회장의 '준비된 기여'의 뜻을 내게 전하면서 기
회가 되면 국고 예산으로는 할 수 없는 의미 있는 일을 류 회장에게
청해보자고 했다. 그 순간 "영어영문학과와 관련된 기여를 요청하는
것이 순리에 맞는 것 아니겠느냐"는 의견을 피력했다. 변창구 부총
장은 서울대의 공통 이익에 이바지할 수 있는 사업을 요청하자고 거
듭 강조했다. 대의를 중시하는 변 부총장의 마음가짐에 마음속으로
경의를 표하지 않을 수 없었다.

본부 간부들은 류진 회장의 뜻에 맞는 사업을 물색했다. 관악캠
퍼스는 건물이 과포화 상태이기에 네이밍naming하는 건물 신축을
대안으로 고려하지 않았다. 대신 학생과 지역 주민이 활용할 수 있

는 문화 공간을 새롭게 마련하는 것이 바람직하다는 데 의견을 모았다. 폐허 상태에 있는 '원형 경기장'을 새로운 자연 친화적 광장형 문화 공간으로 만들어보자고 의견을 정리했다.

2013년 봄, 영문학과 교수들 주선으로 류진 회장과 편안한 만찬 자리를 마련했다. 그 자리에서 류 회장의 의중이 어떤지도 모르는데 우리의 구상을 간결하게 설명했다. 류 회장은 구체적인 내용을 더는 묻지도 않고 즉석에서 우리가 한 제안을 수락했다. 서애 류성룡 선생의 13대손인 류진 회장이 선친 류찬우 회장의 뜻을 이어받아 안동 하회마을의 복원을 포함해 전통문화 계승에 심혈을 기울여왔음에 비추어 본부 팀의 '전통문화 공간 조성' 구상에 내심 만족했으리라.

'버들골 풍산마당'은 순조로운 과정을 거쳐 2014년 6월 13일 기공식을 거행했다. 필자의 임기 종료 한 달 전에 말이다. 2015년 9월, 성낙인 총장과 류진 회장 참석 아래 준공식을 개최해 서울대에 새 명소가 탄생했다.

3 풍산 회장의 모교 사랑과 대의 중시한 영문학과 교수

류진 회장과 영문학과 교수들이 나눈 친분과 교류에서 그 밑알이 심어진 '풍산놀이마당' 사업은 서울대 발전기금 모금 사례에서 유례를 찾기 어려운 일이다. 발전기금을 제공하는 인사가 처음부터 구체적인 목표가 없이 '대학에 이바지하겠다'고 폭넓은 선택을 대학에 부여하는 경우는 흔치 않다.

2015년 9월 2일 개장한 버들골 풍산마당 전경

　류진 회장과 평소 교분을 유지해온 영문학과 교수들의 태도도 보통의 교수들과는 사뭇 달랐다. 자신이 유력 기업인과 동문으로서 친분이 있으면 자신의 목표와 관련해 도움을 청하는 것이 결코 순리에 벗어나는 일이 아님에도 영문과 세 교수는 대학 전체에 이바지할 수 있는 사업을 총장 등 집행부에 백지위임했다. 류진 회장은 이런 과정을 거쳐서 이루어진 제안을 아무런 단서 없이 받아들였다. 다만 새 문화 공간이 서울대의 전통과 문화적 가치에 부합하는 것이 바람직하다는 소견을 밝혔을 뿐이다.

서울대병원 강남센터 이전 계획을 보류하다

: 보류 주도한 이사장

> 1 서울대병원 강남센터 개원과 성공적 정착
> 2 이사회에 강남센터 이전 계획을 상정하다: 이사장이 직접 문제 제기하다
> 3 대형 사업을 추진할 때 이사회의 양보할 수 없는 역할
> 4 이사회의 재론을 거쳐 보류를 결정하다

1 서울대병원 강남센터 개원과 성공적 정착

2002년 12월, 서울대병원 이사회는 강남에 '건강증진센터'를 설립하기로 의결했다. 2003년 10월, '서울대병원 강남센터'를 개원해 오병희 교수(전 서울대병원장)가 초대 원장으로 부임했다. 개원 13년을 맞는 서울대 강남센터는 서울대병원의 명성과 좋은 입지 조건을 토대로 비약적인 발전을 이룩해 주요 외국 방문객들도 내방해 건강검진을 받고 싶어 하는 곳으로 알려질 정도다. 이에 그치지 않고 강남센터는 진료 수익을 통해 서울대병원의 수지 개선에 이바지할 뿐 아니라 우리나라 첨단 검진 문화를 확산하는 데 주도적 역할을 해오고

있다.

강남센터는 테헤란로 역삼역 사거리 강남파이낸스센터에서 3개 층을 임대해 상당액의 임대비를 부담하고 있다. 강남센터 임직원들은 임대비 부담에 대한 압박과 '임대 공간'이라는 개념에서 벗어나 독자적인 건물을 마련하고 싶은 비전이 있었다.

2 이사회에 강남센터 이전 계획을 상정하다: 이사장이 직접 문제 제기하다

2011년 9월 21일, 서울대병원 임시이사회가 열렸다. 그날 안건 중 눈에 띄는 것이 바로 강남센터 이전 계획(안)이다. 서울대병원 이사회는 대부분 병원 집행부가 제안한 원안을 확인한다. 이사들은 안건 중 궁금한 사안에 대해 질의하고 주요 사안은 파생될 문제점을 점검하라는 요청을 한다. 가끔 정부 측 이사인 기획재정부 차관은 비효율적인 예산 항목을 지적한다. 보건복지부 차관은 국가 공공 의료 기관으로서의 공공적 역할을 제약하는 일부 내용을 시정 요구하는 수준에서 이사회를 진행한다. 총장이 겸하는 이사장은 원만한 사회로 최종 의견을 도출하고 의결하며 종종 병원의 경영 개선 노력과 사회적 책임을 당부한다. 이날 이사회에 상정된 강남센터 이전 계획(안)에 대해서 사회자로서 이사들에게 의견을 구했지만, 이사들은 특별한 의견 개진이 없었다.

중요한 사안임에도 이사들의 발언이 없어 평소와 달리 이 안건에 대해 의견을 밝혔다. 강남센터의 현재 임대 공간이 넉넉하지 않은 것은 사실일지라도 독자 건물로 이전하려면 충분한 검토를 거쳐야 한다고 강조했다. 내가 보기에 이전 계획의 구체적 타당성이 애매하고 설득력이 낮아 보였다. 아마도 컨설팅회사의 자문을 받아 이전 계획을 수립한 듯한 느낌을 받았다.

800~1000억 원에 달하는 이전 비용을 감당할 수 있는지에 대한 면밀한 재무 분석을 했는지, 이전 예정 대상 후보 건물이 최선의 대안이라는 확신을 가지고 안건을 올렸는지 질문했다. 원장에게 이 안건을 상정하기 전에 병원 간부들과 종합 검토 회의를 거쳐 최종 입장에 대한 공감대를 형성했느냐고 물었다. 원장은 최종 입장에 대한 공감대 형성에 자신 있게 답하지 못했다. 원장은 뒤이어 병원의 재정 분석에 기초해 새로운 독자 건물 이주 비용의 부담 역량에 대해서 앞으로 세밀히 분석하겠다고 했다. 이 안건이 상정 안건으로서 충분히 준비되지 않았고, 강남센터 간부들의 요청을 본원이 어느 정도 검토한 후 상정한 것으로 이해했다.

내 발언에 다른 몇몇 이사들이 적절한 지적이라고 언급했다. 강남센터 이전은 공감하지만, 오늘 이사회에서 언급한 지적을 반영해 다시 정밀 검토를 거친 후 서면으로 상정할 것을 의결했다. 배석했던 병원 간부들이 당혹스러운 듯했다. 이사회에서 사회봉만 치는 줄 알던 이사장이 직접 나서서 상정 안건의 문제점을 지적하니 보통 일이 아니라고 생각했을 것이다.

이사회 후 병원장을 따로 만나 "이 안건이 오늘 통과되었다면 어찌할 뻔했느냐"고 물으며 "원장을 위해 안건이 보류된 것이 오히려 다행"이라고 했다. 병원장도 내심 공감하는 듯 보였다.

3 대형 사업을 추진할 때 이사회의 양보할 수 없는 역할

100억 원 이상의 투자 금액을 투입하는 사업 계획(안)은 철저한 사전 분석 작업과 최적 대안을 도출하려는 노력을 기울여야 한다. 하물며 1000억 원 규모의 투자 지출을 하는 사업 계획은 더욱 신중해야 한다. 그렇지 않으면 미래에 부실한 결과가 드러날 것이고 상당한 수준의 책임이 뒤따를 것이다. 불확실성을 안고 있는 사업은 낙관적 예측부터 최악의 예측까지 복수 대안을 놓고 치밀한 민감도 분석sensitivity analysis을 실행해야 한다. 이 자료를 놓고 이사들의 진지한 토론을 거쳐 다수가 동감하면 의결에 이르게 된다.

추진 의지가 있는 해당 집행 부서가 의욕을 앞세워 당장 필요하다고 낙관적 전망에 의거해 대규모 투자 계획을 진행하는 것은 자연히 위험도가 높다. 불확실성 속의 의사 결정이 '위험의 현실화'라는 정책 실패로 귀결될 가능성을 배제할 수 없는 탓이다. 이사회는 집행부가 어떠한 과정을 거쳐 최종 결론에 이르렀는지를 점검하고 확인한 후 최종 판단하는 역할을 해야 한다.

우리 사회의 많은 최고 의사 결정 기구(이사회)가 이러한 당위론적 역할을 지나치는 경우가 있다. 심지어 집행부가 이사회를 '책임 전가용', '면피용' 통과의례로 간주하는 경향이 없지 않다. 이 분위기에서 이사회가 본질적인 논의를 하거나 집행부가 제안한 안건에 제동을 걸면 '불필요한 관여'라고 비판하는 자가당착의 모순에 빠질 우려가 있다. 이사회가 지엽적인 문제나 집행 사안에 대해서 이런저런 언급을 하는 것이 바람직하지 않지만, 기관의 설립 목표 달성에 직결된 안건이나 재정 수지에 괄목할 만한 영향을 줄 수 있는 사안에 대해서는 심도 있는 점검과 확인을 통해 기관의 최종 의사 결정으로 의결케 하는 책무가 있다. 최고 의사 결정 기구인 이사회와 집행부 간의 체계적인 역할 분담을 정립할 때, 기관의 의사 결정 역량은 향상되는 것이다.

이런 관점에서 이날 열린 이사회는 병원 집행부가 좀 더 설득력 있는 제안을 만들 것을 권유하기 위해 안건을 재검토해달라고 요청했다.

4 이사회의 재론을 거처 보류를 결정하다

첫 이사회를 개최한 지 7개월 만인 2012년 4월, 이사회는 강남센터 이전 계획(안)을 다시 심의했다. 수정한 계획(안)이 지난 이사회 (2011) 때 제출한 안에 비해 개선한 점이 있었으나, 최종 의결을 하기에는 여전히 확신이 서지 않았다. 서울대병원의 재정 지표를 개선하지 않아 기존 계속비 투자 사업을 감당하기에도 넉넉지 않은 상황에서 강남센터 이전에 대한 재무적 타당성에 대해 확신하기는 어려웠다. 취약한 대외 지불 능력 상황에서 병원 이전의 '긴급성'에 대한 공감대 형성도 쉽지 않았다.

이러한 강남센터 이전 구상이 검진 사업의 확장으로 언론에 비칠 가능성도 있었다. 국가 최고 공공 의료 기관의 지위에 있는 서울대병원이 본연의 사명과는 거리가 있는 검진센터를 확장하는 것이 여론의 비판에 직면할 수 있다는 우려도 제기되었다. 토론 결과, 현시점에서 강남센터 이전 계획(안)은 서울대병원 재정 상황이 개선되면 추후 논의하기로 하고 보류했다.

우여곡절을 거쳐 강남센터 이전 구상이 보류된 데 대해 강남센터 임직원들은 실망을 금치 못했을 것이다. 그러나 위험성을 내포한 독자 건물 이전 계획(안)이 의결되고 이전 계획이 진행되면서 예측하지 못한 재정적 위험에 직면할 때의 혼돈을 생각한다면, 독자 건물 이전 계획을 유보하는 것이 반드시 '좌절'이라고 말할 수는 없다. 이사장으로서 불확실성과 위험도를 고려해 병원 집행부가 최선의 노력을 기하도록 유도해야 할 책무를 지녔다고 생각했고 이러한 책무 이행의 일환으로 병원 집행부가 제안한 안건을 보류시켰던 것이다.

07

과총 '과학기술인 복지콤플렉스'를 건립하다

: 30년 연하 젊은 관리를 설득하는 정성

1 이부섭 과총 회장이 동행을 요청하다
2 실무 과장을 만나기 위해 서너 차례 세종시를 방문하다: 예산을 확보하다
3 또 다른 복병: 강남구청과 서울특별시의 험난한 인허가
  1) 예기치 못한 강남구청장의 환대
  2) 험난한 서울시 도시계획위원회 심의
4 지성이면 감천: 철저한 무한 책임

1 이부섭 과총 회장이 동행을 요청하다

한국과학기술단체총연합회(과총)는 2016년 1월 28일, 과학기술
인복지콤플렉스 기공식을 거행했다. 연면적 1만 6000제곱미터(지상
11층, 지하 5층) 국제 회의장, 학회 사무실, 문화·복지 시설 등 과학
인들의 회의 공간과 복지 시설을 수용하는 이 콤플렉스는 오래전부
터 과학기술인들의 숙원 사업이었다.

반도체와 LCD용 전자 재료 생산 관련 세계적 기술을 갖춘 동진
세미켐의 이부섭 회장은 사업가 출신으로는 처음으로 과총 회장에

2016년 1월 28일, 기공식을 거행한 과학기술인 복지콤플렉스 조감도

선임(2013)되었다. 학계 원로나 과학자 출신 장관 등이 도맡아왔던 과총 회장 자리에 현직 기업인이 앉게 되자 많은 과학기술인은 놀라움을 금치 못했다.

　이부섭 회장은 회장 선거 시 언약했던 공약을 실현해야 한다고 다짐하며 내게 공약 실천을 위해 함께 일하자고 제안해왔다. 공직을 수행하는 사람으로서 본업 이외의 일에 개입하는 것을 극구 사양하고 있었지만, 서울대 동문이라는 점(공대 화학공학과)과 서울대 교수의 70%가 과학자라는 사실을 고려해 과학기술단체의 일이 곧, 서울대 일이라고 생각해 이 회장을 돕기로 했다.

2 실무 과장을 만나기 위해 서너 차례 세종시를 방문하다: 예산을 확보하다

이부섭 회장은 부임하자마자 과학기술인의 숙원 사업인 과학기술인 복지콤플렉스를 건립하는 일에 내 동참을 요청했다. 이 사업이 이뤄지려면 규모를 불문하고 국고 지원이 필수적이라고 강조했다. 과총이 적립한 자체 재원에 국고 재원을 확보해야 과학기술인들의 기대에 부응하는 시설을 완공할 수 있고 이 시설의 공공적 성격을 증명할 수 있다고 지적했다. 사업의 공공적 성격을 부각할수록 강남구청과 서울특별시로부터 건물 신축에 대한 인허가가 쉬울 것이라고 지적했다.

과총을 관장하는 미래부는 과총의 구상을 지원할 것 같으니 중요한 것은 과총의 계획을 재정적으로 뒷받침해줄 기획재정부 예산실을 설득하는 것이라고 설명했다. 평소에 친분이 있는 고위직 인사보다 해당 예산을 책임지는 담당 과장이 이 사업의 객관적 필요성과 절실함을 이해하는 것이 중요하다고 했다.

내 조언을 그대로 수용한 이부섭 회장이 나를 동반해 세종특별자치시(세종시)에서 담당 과장을 포함한 젊은 공무원들을 세 차례나 만났다. 담당 과장은 과총 회장과 전직 서울대 총장이 세종시까지 내려와서 과학기술인들의 숙원 사업을 신규 사업으로 고려해달라는 요청을 들으면서 상당히 놀라워했다. 70대 중반을 넘어선 노 회장이 본연의 일도 많을 텐데 미래가 불투명한 사업안을 들고 KTX 타고 세종시까지 오는 것을 보면서 아마도 속으로는 걱정이 많았을 듯싶다. 나이 든 원로가 자신의 직분과 소요 시간을 가리지 않고 공적 사업의 가시화를 위해 노력하는 것을 보면서 최소한 정서적 공감대는 보여야 한다는 부담감에서 벗어나기 어려웠을 듯했다. 그러나 그 과장의 답은 역시 예산실 과장답게 "고려해보겠지만, 그렇게 쉽지 않다"면서 국장, 실장 등 상사들과 논의해보겠다고 했다.

이 회장에게 한 번의 대화로 상대방을 이해시킬 수 있다고 생각하면 착각이라고 말했다. 앞으로 과총 회장이 담당 과장을 감동시킬 수 있도록 진정성을 갖고 이 사업이 과학기술인들의 사기 진작에 매우 중요하다는 것을 알리는 노력을 계속해야 한다고 강조했다. 심지어 내가 총장직을 물러나 스탠포드 대학에 강의하는 도중 강의 자료 준비차 일시 귀국한 시점에도 이 회장은 나와 함께 세종시 방문을 강행했다. 과학기술계 출신 여러 국회의원이 예산 심의 과정에서 적잖은 도움을 주었다. 이 같은 노력의 결과 2014년 정기 국회에서 과학기술인 복지콤플렉스 사업에 대한 정부 보조금이 신규 사업 항목으로 수용되어 이 사업이 본궤도에 오르게 되었다.

3 또 다른 복병: 강남구청과 서울특별시의 험난한 인허가

총 250억 원(국고 100억 원, 과총 부담 150억 원) 규모의 사업이 확정됨으로써 이제 본격적으로 사업이 추진되는 줄 알았다. 그러나 강남 한복판에 11층 대형 건물이 지어지는 것이 그리 간단한 일은 아니다. 강남구청과 서울특별시의 건축 허가를 받는 일이 남았다.

1) 예기치 못한 강남구청장의 환대

과총이 소재한 지역을 관할하는 강남구청의 인가를 받는 일이 그리 어려울 줄은 몰랐다고 한다. 이부섭 회장은 몇 달을 기다려도 강남구청 도시계획위원회 심의 일정도 잡혀 있지 않다고 속을 태웠다. 이 회장이 울산에 근무하는 내게 전화를 걸어 강남구청의 허가가 지연되는데 자칫하면 계속비 성격상 내년도 정부 예산 지원이 중단될 수 있다고 걱정했다. 나보고 강남구청을 같이 방문하자고 했다. 이곳 울산에 공무가 산적해 사정이 어렵다고 해도 이 회장은 "오 교수가 함께 있어야 힘이 난다"고 채근했다. 그러던 중 강남구청장이 서울시 국장 재직 중에 서울대 행정대학원 국가정책과정에 다녔던 공직자임을 알고 비서실로 전화를 거니 즉시 약속을 잡아주었다.

당일 상경해 이부섭 회장과 함께 난생처음 강남구청장실을 방문했다. 신연희 청장은 몸소 비서실까지 나와 우리 일행을 반갑게 맞았다. 과총 일로 왔다고 운을 떼면서 강남구청의 신축 허가가 지연되면 과학기술인 복지콤플렉스 사업을 진척하는 데 차질이 생기니 이 사업에 관심을 가져달라고 호소했다. 구청장은 즉각 도시계획과장을 불러 이 사안을 물었다. 과장은 건축심의회에 회부되는 안건이 많다면서 자주 지연된다고 했다. 신연희 청장은 이 사업이 국고사업이면서 과학기술인들의 보편적 관심이 높다면 최대한 빠른 기한 내에 처리하겠다고 했다.

강남구청의 배려로 구청장을 면담한 후 몇 주 내에 구청의 허가가 떨어졌다. 아마도 이부섭 회장의 집요한 채근이 없었더라면 아직 새 건물의 기공식이 이루어지지 못했으리라.

2) 험난한 서울시 도시계획위원회 심의

강남구청의 허가를 받은 신축 계획안은 서울특별시 도시계획위원회 심의를 기다리고 있었다. 서울대 관정도서관 신축을 실행하면서 서울시 도시계획위원회 심의가 아주 험난하다는 것을 알았다. 당시 오세훈 시장을 두 차례나 만나 신속한 처리를 당부했음에도 6개월 이상이 소요되었음을 기억한다. 그래서 과총의 신축 계획안이 통과되는 일이 수월하지 않을 것임을 예견할 수 있었다. 그 예견은 적중했다. 적중했다기보다는 험난했다.

두 차례의 도시계획위원회 심의 끝에 이 신축(안)이 무기한 보류되었다는 소식을 접했다. 이부섭 회장은 즉각 내게 이 문제를 함께 풀어나가자고 요청했다. 이미 이 사업에 발을 깊숙이 들여놓은 처지니 마지막까지 최선을 다해야 한다고 다짐했다. 9번 잘하다가 마지막 1번을 잘못하면 그동안에 공들인 노력이 헛될 것이다.

이 과정에서 적지 않은 도움을 준 류경기 서울시 부시장(당시 기획관리실장)에게 "도시계획위원회가 과총 신축(안)을 보류시킨 원인을 알아봐달라"고 부탁했다. 서울대 후배이기도 한 류경기 부시장이 성심성의껏 파악해보니 두 분의 도시계획위원이 강한 반대 의견을 표명한 탓이라고 했다. 한 분은 관악구 시의원이고, 다른 한 분은 시민단체를 대표한 교수라고 했다.

두 분의 도시계획위원에게 과총의 신축(안)이 개인의 경제적 이득과 무관하고 과학기술인들의 복지를 향상시키는 공공적 사업이라는 점을 직접 설명하는 것이 최선의 방법이라고 생각했다. 먼저 관악구 시의원을 만나야 했다. 직접 연락할 방법이 없어 서울대 재직시 공적 업무로 자주 만났던 관악구 최초의 여성 국장(김경자 국장)에게 시의원과의 면담을 부탁했다. 김경자 국장은 그 의원이 업무상 자주 뵙는 분이라며 흔쾌히 소개해주기로 했다. 울산에서 근무하니 나를 대신해 과총 일을 보좌하는 이승종 전 서울대 부총장이 그 의원을 직접 만나 과총 신축 계획안을 소상히 설명했다. 그 의원은 이승종 부총장의 설명을 들은 후 신축 필요성을 충분히 이해했다고 했다.

모 사립대 교수로 재직하는 도시계획위원에게는 내가 과총 자문역 신분으로 직접 만나 설명하겠다고 했다. 그분은 내 순수한 뜻을 이해하니 이 일로 만날 필요는 없으며 추후 만나자고 응답했다.

두 분의 도움으로 서울시 도시계획위원회는 과총의 복지콤플렉스 신축안을 가결했다. 이런 과정을 거쳐 2016년 1월 28일, 과학기술인 복지콤플렉스 기공식이 열렸다.

4 지성이면 감천: 철저한 무한 책임

아주 불확실했던 과학기술인 복지콤플렉스 사업이 가시화되는 과정을 목격하니 참 흐뭇했다. 70대 중반을 넘긴 노신사가 백지상태에서 출발해 큰 과업을 이룩했기 때문이다. 신축 과정 단계마다 핵심 과제를 파악하고 이를 풀어낼 수 있는 결정적 접근 구도critical path와 제약 요인을 찾으며 인내심을 발휘해 실현하는 노력이 불확실성을 제거하는 길이었다.

무엇보다 중요한 것은 실제 일을 담당하는 사람들을 같은 눈높이에서 설득하고 마음을 얻는 것이다. 정직하고 진지한 자세로 끊임없이 공감대를 형성하는 것도 중요하다. 그런 용기가 없으면 새로운 일에 도전하지 않아도 된다. 만일 노력을 쏟았는데도 성과가 없거나 공감대가 형성되지 않는다면 그 계획에 문제가 있는 것으로 보아야 한다. 상대방이 기본 가치를 공감하고 그 가치를 실현할 수 있는 안을 수용하도록 하는 것은 바로 제안자의 책무다.

08

울산산학융합지구
최종 참여 결정
: 혼돈 끝에 우선하는 가치를 선택하다

1 부임 직후, '산학융합지구사업' 참여 여부 결정에 직면하다
2 갈등과 혼선의 본질: 공감대 형성 부진과 재원 조달의 한계
  1) 상황 파악: 결론은 미룬 채 논의만 무성하다
  2) 대립되는 두 입장 속에서 핵심 과업을 파악하다
  3) '사업 규모 축소'와 '외부 재원 유치 대안' 등 비현실적 논의를 배제하다
3 중시해야 할 가치에 따른 최종 입장: 대학 공신력 유지와 적립기금 활용
4 학내 구성원들과 소통하다
5 산학융합지구사업 참여 결정에서 얻은 교훈
  1) 객관적 정보를 냉철하게 파악한다: 선행 변수
  2) 우선하는 가치를 선택한다
  3) '할 수 있는 일'과 '할 수 없는 일'을 명확히 구분한다

1 부임 직후, '산학융합지구사업' 참여 여부 결정에
직면하다

2015년 3월, 울산대에 부임한 지 일주일이 채 되지 못해 전혀 예상치 못했던 현안에 부딪혔다. '산학융합지구사업'으로 일컬어지는 2개 학과 캠퍼스 이전 사업이다. 이미 3년 전에 울산대가 정부(산업

2015년 11월 19일, 울산테크노산업단지 조성 사업 기공식

통상자원부)와 울산광역시가 추진하는 산학융합지구사업에 참여하기로 신청했던 신캠퍼스 조성 사업인데 막상 계획이 최종 시행되는 시점에서 울산대 참여 여부를 둘러싸고 논란에 휩싸인 것이다. 산학융합지구사업에 참여하기로 한 전임 총장 팀이 조성 사업 분납금 납입 등 최종 결정까지 마무리했더라면 수월했을 것이다. 그러나 전임 총장 후반기에 울산대의 재정 상황이 악화되고 이 사업에 대한 학내 공감대 형성이 취약해 최종 결정이 지연되고 유보될 수밖에 없었다.

울산산학융합지구 조성 사업은 산업통상자원부가 국가산업단지법에 의거해 미래 신성장 산업 육성을 위해 울산테크노산업단지를

울산산학융합지구 사업비 및 재원 구성			
사업비 구성		재원 구성	
시설 조성비	770억 원	산업부	230억 원
		울산시	250억 원
		울산대	275억 원
운영 지원비	130억 원	울산과학대	5억 원
		UNIST	120억 원
		테크노파크	20억 원
합계	900억 원	합계	900억 원

조성하는 것이다. 5년간 총 사업비 900억 원이 소요되는 사업으로 울산대는 2012년 280억 원(울산대 275억 원, 울산과학대 5억 원)을 부담하는 신청서를 산업통상자원부에 제출했다. 울산대는 울산테크노산업단지 내 2만 5000평 부지에 첨단소재공학부와 화학과를 이전해 산업일반단지 내 제2캠퍼스를 조성할 계획이다.

2 갈등과 혼선의 본질: 공감대 형성 부진과
   재원 조달의 한계

1) 상황 파악: 결론은 미룬 채 논의만 무성하다

보직 교수들이 이 사업에 대해 보고를 해주었으나 보직자마다 이 사업의 당위성과 최종 참여 여부에 대한 의견이 달랐다. 그런 양상은 당연할 수밖에 없었다. 보고 의견이 일치하면 논란의 여지 없이 최종 결론을 도출할 수 있었을 것이다. 몇 주간 의견을 청취할수록 사업 참여를 결정하는 과정에서 책임 보직자들이 학내의 충분한 공감대를 형성하지 못한 채 밀어붙였다는 비판이 주종을 이루었다. 여기에 등록금 동결, 재단으로부터의 지원 한계 등 재정 여건이 악화되어 이 사업에 투입할 재원 조달의 한계를 직시하지 못했던 것이다. 어려운 재정 여건 속에서 275억 원 규모의 교비를 투입한다면 기존 교육과 연구에 대한 자원 배분이 위축되리라는 것은 불 보듯 뻔하다.

더 나아가서 정치권에 있는 울산대 동문들의 지원에 대한 막연한 기대와 울산광역시로부터의 재정 지원에 대한 환상으로부터 벗어나지 못해 많은 교직원이 이 기대와 지원을 사업 추진의 전제 조건으로 삼는 경향이 뚜렷했다. 허상을 놓고 실상을 쫓는 양상이었다.

이 사업의 어려움을 지적하는 것은 경청할 만한 주장이었다. 재단 측에서도 분명한 입장 표명을 유보한 채 총장이 결정해주기를 기대했다. 재단의 중요 인사 한 분은 "사업을 축소함으로써 총장의 포부를 펼 수 있는 재원을 확보하는 노력이 더 중요하지 않겠느냐"고 조언했다.

2) 대립되는 두 입장 속에서 핵심 과업을 파악하다

울산대 구성원들의 의견은 양분되었다. 하나는 울산대가 자발적으로 사업 신청을 했고, 장기적 관점에서 대학이 뻗어나갈 수 있는 제2캠퍼스가 필요하다는 점에서 이 사업을 진척시켜야 한다는 것이다. 다른 하나는 2개 학과의 산학융합지구 이전이 성과를 거둘 수 있을지 미지수인 상태에서 알토란 같은 275억 원 규모를 교비에서 충당하는 것은 바람직하지 않으니 조속히 사업 계획을 철회해야 한다는 것이다. 2개 학과 교수와 학생들도 현시점에서 능동적이지 않다는 것이다.

두 입장이 각기 나름의 근거가 있다고 생각했지만, 우리가 가장 중시해야 할 가치는 우리 대학의 대외적 공신력을 유지하는 문제라고 봤다. 만일 이 계획을 철회하면 정부로부터 상당 수준의 패널티를 받게 된다는 점이다. 일례로 정부와 체결한 합의를 파기할 경우, 향후 5년간 국가 연구비를 신청하거나 지급하는 일이 정지된다는 벌칙 조항이 있었다. 산학융합지구 반대론자들은 그 벌칙은 우리가 노력하면 극복할 수 있으며 과연 대학에 그 패널티를 적용할 수 있겠는가를 반문했다.

몇 주간 구성원과 집중적인 대화를 나눈 끝에 '돈과 공감대 형성의 문제'라는 결론에 도달했다. 내부 구성원들과 형성할 공감대 문제는 재원 조달 방법론과 물려 있어서 재원 조달 방식의 입장 정리를 통해 완화할 수 있는 여지가 있다고 보았다. 구성원 상당수가 사업비 275억 원이 교비로 지출된다면 기존의 교육과 연구 부문에 재원 배분이 감축될 수 있다는 우려를 떨치지 못한 탓에 이 우려를 줄일 수 있는 방안을 강구해야 했다.

3) '사업 규모 축소'와 '외부 재원 유치 대안' 등 비현실적 논의를 배제하다

교수들 가운데 상당수는 어려운 재정 여건 속에서 200억 원 규모의 투자비를 마련하는 것이 울산대의 재정 여건상 쉽지 않다는 판단 아래, 투자비를 줄이거나 울산광역시(울산시)로부터 지원을 모색해야 한다는 논의를 펼쳤다. 사업 규모를 대폭 줄여서 캠퍼스 이전 계획을 진행하자는 안, 울산시가 울산대 몫의 납입 재원의 상당 부분을 납부해주면 긍정적으로 검토해야 한다는 안, 재단이 이전 재원을 부담해야 한다는 주장 등 이전 비용의 부담 주체에 대한 논의를 다양하게 제시했다. 그러나 이 대안들은 궁극적으로 문제를 해결하는 데 유용한 대안이 아니었다.

첫째, 울산대의 재정 부담을 줄이기 위해 사업 규모를 줄여야 한다는 구상은 얼핏 합리적인 듯하나, 첨단학과 이전이라는 목표를 훼손시킬 뿐 아니라 정부와 울산광역시와도 마찰의 소지가 있었다. 물론 협약 불이행으로 제재에서 벗어나기 어렵다는 점을 고려할 때 설득력이 없다고 판단했다.

둘째, 울산시로부터의 재정 지원 기대는 현행 법체계상(지방재정법 등) 자치단체가 사립대학에 대한 일반 재원의 지원이 어렵다는 점을 간과한 것이기에 비현실적이라고 진단했다. 다수의 보직 교수와 원로 교수들은 "울산시와 공동으로 추진하는 사업인데, 울산시가 팔짱 끼고 바라볼 수 없는 것 아니냐"는 생각을 했다. 그러나 현행 공공 재정 제도 아래서 이런 구상은 심정적으로 이해는 될 수 있으나, 실천하기 쉽지 않은 사안이라는 점을 재정학자로서 언급했다. 울산시로부터의 지원은 울산시가 설정한 정책 목표를 수행할 연구 과제 등을 통해 울산대 산학협력단 연구 팀에 지원하면, 대학이 간접비를 확보하는 것이 최선의 방법이고 이러한 수입원의 확보도 산학융합지구 출범 이후에나 가능한 문제였다.

셋째, 재단으로부터의 추가 재원은 현재의 재단 모기업의 심각한

적자 상태에 비추어 논의를 꺼내기조차 어렵다는 데 구성원들이 공감했다.

3 중시해야 할 가치에 따른 최종 입장: 대학 공신력 유지와 적립기금 활용

최종 결정에 도달할 때 중요한 것은 우리가 중시하는 우선적 가치가 무엇인가를 찾아내는 것이다. 그동안 산학융합캠퍼스 이전 문제가 혼돈에 빠졌던 이유 중 하나가 바로 복수의 목표를 복합적으로 수용하는 과정에서 순환 논리에 빠지거나 전제 조건에 대한 과잉 기대로 최종 선택이 표류되었던 것이다.

우리가 가장 중시해야 할 가치는 '울산대의 공신력'을 유지하는 것이고 그다음 순서가 바로 구성원들이 우려하는 직접적 교비 부담을 최소화하는 것이라고 판단했다.

토지 매입비 170억 원 납입에 대한 의무 불이행으로 정부로부터 벌칙을 받게 된다면 대학의 공적 존재 가치가 입는 손상을 감수해야 한다. 이러한 공적 권위 손상은 이전에 따른 재원 부담을 능가하는 것이라고 판단했다. 울산대의 공적 책임을 이행하는 것이 울산대의 존재 가치를 손상하지 않는 유일한 방안이라고 굳게 믿었다.

동시에 납입해야 할 토지 매입비 170억 원을 불확실하고 막연한 외부 지원에 의존하는 대안을 배제하기로 했다. 우리가 약속한 계획을 성심성의껏 스스로 이행함으로써 정부와 울산시로부터 신뢰를 확보하면서 교수와 학생에 대한 재원 배분에 영향을 주지 않도록 그동안 적립했던 기금을 활용하는 방안을 찾기로 했다.

4 학내 구성원들과 소통하다

산학융합지구사업 참여 입장을 정리하면서 학내 구성원들과 협의에 들어갔다. 교무위원회를 포함해 교수협의회 교수들과도 불가피한 결정을 설명하고 공감을 호소했다.

이 과정에서 가장 강조한 것은 '울산대의 공신력 유지'와 '170억 원 납입 부담이 기존 교수와 학생을 위한 예산 구조에 영향을 주지 않는 재원 계획'이다. 일부 학장들은 그럴 돈이 있으면 어려운 대학과 학과에 지원하거나 교수와 직원 보수를 인상해야 하는 것 아니냐는 의견을 제시하기도 했으나, 협약의 파기로 생기는 '대학 권위 손상'이라는 회복할 수 없는 비용의 발생이라는 어려움에 대해서는 이의를 제기하지 않았다.

재단 측에도 최종 입장을 설명하고 170억 원 조달에 기존의 적립금을 활용하는 구상에 동의를 구했다. 산업자원부와 울산광역시에도 우리 대학의 의무를 이행하겠다고 사전에 통보했다. 이 과정을 거치면서 학내에서 산학융합지구사업 추진에 대해 '불가피한 선택'이라는 분위기가 성숙되어감을 느낄 수 있었다.

울산대는 2015년 5월, 분담금 170억 원을 전액 납입했다. 울산테크노단지 기공식은 7월에 열려 일단 원만한 출발을 한 셈이다.

5 산학융합지구사업 참여 결정에서 얻은 교훈

산학융합지구사업의 최종 참여를 결정하기까지 3개월간의 토론, 협의, 입장 정리, 결론 도출 등 일련의 과정을 거치면서 얻은 시사점을 정리했다.

1) 객관적 정보를 냉철하게 파악한다: 선행 변수

객관적 정보를 냉철하게 파악하는 것이 사업 결정의 선행 조건이라는 점을 느꼈다. 결론을 도출하는 과정에서 장애 요인의 하나가 부정확한 정보와 선입견이다. 가능하지 않은 희망 사항(?)을 의사 결정의 변수로 삼는 것은 타당한 결론 도출에 장애 요인인 것이다. 외부로부터의 재정 지원이 가능하다는 기대는 현실적으로 산학융합지구사업을 추진할 때 고려하기 어려운 변수임에도 가능할 것처럼 관련 인사들을 만나 지원을 요청하고, 이 구상을 공론화함으로써 의사 결정에 혼란을 초래한 면이 없지 않았다. 그러므로 최종 의사를 결정하는 위치에 있는 책임자는 다양한 정보를 취합하되, 냉정한 자세로 객관적 정보를 확보해야 할 뿐 아니라 정보 해석을 명확하고 신중히 해야 한다는 점을 거듭 확인했다. 취득한 객관적 정보와 이에 기초한 대안을 여과 없이 그리고 명료하게 구성원들에게 전달하고 이해를 구하면 공감대가 형성될 수 있었다.

2) 우선하는 가치를 선택한다

어려운 재정 여건 아래서 신규 사업을 지양해야 한다는 입장이 설득력 있을 수 있지만, 동시에 정부와 울산시와의 협약 이행을 통해 대학 공신력을 유지해야 한다는 목표가 뚜렷이 공존하게 됨으로써 선택의 어려움에 직면했다. 두 목표가 다 중요하지만, 어느 것이 더 우선순위인지를 판단하는 작업이 의사 결정의 핵심이라고 말할 수 있다. 높은 가치 목표를 선정하면 다른 가치는 차순위로 하향 조정해야만 우선적 목표로 접근할 수 있다. 두 목표를 동시에 추구한다면 결정의 혼란chaos에 빠지게 됨은 자명하다. 따라서 의사 결정을 할 때 가장 높은 우선적 가치를 찾아내는 작업이 의견 수렴 등 소통 과정에서 핵심 과업이라고 생각했다.

3) '할 수 있는 일'과 '할 수 없는 일'을 명확히 구분한다

정책을 결정하는 책임자는 '할 수 있는 일'과 '할 수 없는 일'을 구분하고 '할 수 없는 일'은 처음부터 할 수 없다고 분명히 설명해야 한다. 책임 있는 위치에 있는 공직자는 구성원의 기대에 부응해야 한다는 책임감으로 때로는 자신 없는 사안에 대해서 막연히 긍정적 분위기를 언급하는 유혹에서 벗어나기 어려울 수 있다. 그럴 때일수록 '할 수 없다'고 과감히 말할 수 있어야 한다. '할 수 있는 일'도 제약점과 한계를 명시하는 '밝은 전망을 할인하는discount' 노력을 해야 한다. 이 과정에서 이성적 대화와 토론 못지않게 감성적 소통도 최종 의사 결정 결과의 공감대를 높일 수 있다. 합리적인 정책 대안을 모색하는 것은 이성적 노력이지만, 참여 당사자들과 서로의 존재 가치를 존중하며 상호 신뢰를 축적하는 감성적 노력은 합리적 대안의 공감대 영역을 넓혀주는 역할을 할 수 있기 때문이다.

09

공간 사정으로 난색 표했던 '창조경제혁신센터'를 울산대에 유치하다

1 창조경제혁신센터 유치를 거부한 후, 다시 유치하다
2 부총장의 적극적 공간 확보 노력과 센터 개원
3 포지션 정립을 실패한 후 유치를 결정하다: 목표와 수단의 선택 혼동

1 창조경제혁신센터 유치를 거부한 후, 다시 유치하다

2015년 3월, 울산대 총장에 부임하면서 울산창조경제혁신센터가 새 건물을 준공할 때까지 3년간 사용할 공간을 울산대 캠퍼스 내에 마련하는 것이 좋겠다는 제안을 접했다. 창조경제혁신센터가 갖고 있는 산학협력의 상징성에 비추어 우리 대학으로 유치하면 교수와 학생들이 창조 경제에 대한 이해를 높일 수 있는 계기가 될 것이다. 본부 간부들에게 종합 검토를 당부했다. 며칠이 지나 열린 간부회의 에서는 부정적 의견이 지배적이었다. 울산대 학내 공간 여건이 여의 치 않아 울산대 유치가 어렵다는 것이다. 관계자들은 이 상황에서 센터가 울산과학기술대학UNIST 캠퍼스로 가게 될 것이라 했다. 일단

2016년 4월 16일, 울산창조경제혁신센터를 방문한 에르나 솔베르그Erna SOLBERG 노르웨이 총리와 권영해 울산창조경제혁신센터장과 함께 기념 촬영한 모습

센터 유치는 없던 일로 되었다.

　그즈음 현대중공업 권오갑 사장으로부터 연락이 왔다. 울산창조 경제혁신센터 설립 비용 28억 원을 현대중공업이 부담하는 데 울산 대재단의 중심축을 이루는 현대중공업으로서는 다른 곳에 센터를 설립하는 것을 이해할 수 없다고 했다. 권오갑 사장은 울산대가 재 정상 어려움을 겪는다면 적극 돕겠다고 했다. 권 사장의 적극적인 유치 권유를 받아들여 간부회의는 울산창조경제혁신센터의 울산대 유치를 다시 논의했다.

2 부총장의 적극적 공간 확보 노력과 센터 개원

이제 남은 문제는 창조경제혁신센터 공간을 확보하는 일이다. 그런데 고무적인 것은 양순용 부총장이 5호관, 벤처 빌딩 등 몇 곳에 "마음만 먹으면 공간을 확보할 수 있다"고 단언하는 것이다. 다른 간부들이 공간이 없다고 한 것은 기존 학과나 연구소가 공간을 활용하고 있어 현재 남은 공간이 없다는 말이었다. 양 부총장은 대학 입장에서 공간을 확보하려면 이용도가 낮은 기존 공간을 확보할 수 있으니 자신에게 맡겨달라고 했다.

며칠 뒤 양순용 부총장이 "창조경제혁신센터를 위한 공간 확보를 끝냈다"고 했다. "어떻게 없다던 공간이 마련되었느냐"고 묻자, "실제 연구와 교육에 적극 활용하지 않으면서도 관습적으로 자신들의 공간이라는 섹터주의가 팽배해 있어 그렇다"고 했다. 전격적인 공간 확보에 성공한 양 부총장의 용단에 경의를 표했다. 확보한 공간은 대부분 공과대학계열 학과가 점유하거나 활용하는 공간이다. 공대 소속 양 부총장이 동료들의 거센 반대에 직면할 것을 우려했다. 양 부총장은 "중요한 기관을 유치하려는 데 그런 비용은 당연히 치러야 합니다. 오히려 필요한 공간이라고 우기는 교수들이 문제가 있는 것이지요"라고 응답했다.

이 일이 있고 난 뒤, 공과대학 교수들과 나눈 간담회에서 몇몇 교수들이 "본부가 창조경제혁신센터의 공간 사용 문제를 다룰 때 제대로 협의조차 하지 않고 밀어붙였다"면서 항의해왔다. "충분히 이해하지만 불가피한 면은 교수님도 너그럽게 수용해달라. 다음에는 정중하게 노력하겠다"고 했다. 양순용 부총장은 내게 이미 협의했다면서 아쉬움을 토로했지만 그 정도의 항의는 오히려 보약이라며 위로했다.

이 과정을 거쳐 공간을 확보한 다음 창조경제혁신센터의 공간을 재배치하는 작업이 순조롭게 진행되었다. 대학이 이 일을 맡았더라면 시간이 꽤 걸렸을 텐데 현대중공업이 직접 나서서 하드웨어 작업을 벌이니 전광석화처럼 센터 내부 시설을 완성해갔다.

2015년 7월 15일, 울산창조경제혁신센터는 울산대에서 개소식을 열었다. 박근혜 대통령이 개소식 연설을 하고 센터에 들러 스마트 조선, 로봇 의료 기기, 3D 프린팅 사업 전시관을 둘러봤다. 이제 창조경제혁신센터는 사람들이 자주 찾는 명소로 자리 잡았다.

3 포지션 정립을 실패한 후 유치를 결정하다: 목표와 수단의 선택 혼동

창조경제혁신센터가 울산대에 자리 잡게 된 과정을 되돌아보면 반성할 점이 떠오른다. 바로 목표와 수단을 선택할 때 수단이 목표를 지배하는 오류를 범할 수 있다는 점이다. 창조경제혁신센터 유치 문제가 거론되었을 때, 울산대가 이 센터를 유치할 것인지 여부에 대한 집중 토론이 부족했다. 몇몇 간부들의 상식적 수준의 이야기를 접하면서 '어려운 일'이라는 선입견을 가진 나머지 진척을 위한 지도력을 제때 발휘하지 못해 유치 노력을 접었다.

새로운 일을 할 때, 우선적인 노력은 '그 일에 대한 기본 입장

position'을 정하는 것이다. 기본 입장을 정하지 않은 채 그 일을 추진하는 과정에서 파생되는 문제점이 주된 의제가 된다면 의사 결정에 혼선이 생길 가능성이 크다. 센터 유치 여부 결정이 우선하는 결정이고, 공간 확보 문제는 차순위 결정인데도 공간 확보가 여의치 않다고 유치를 백지화한다면 우선순위가 바뀐 결정이었음이 분명하다. 목표와 수단을 혼동하면 목표가 수단을 결정하지 않고 수단이 목표를 지배하는 정책 결정의 오류에 빠지기 쉽다. 입장을 정하고 난 후 추진하는 과정에서의 제약점을 어떻게 극복할 것이냐가 의사 결정 2차 단계에서 할 과업이다.

교수들은 관습적 활용 공간이 자신의 공간이라고 생각하는 경향이 있다. 그 공간을 대학 전체의 목표로 활용하겠다면 반대하는 경우가 허다하다. 이 상황에서 대학 전체의 공통 목표를 차분히 설명하고 이해를 구하는 노력을 지속적으로 할 때 절반의 공감대를 끌어낼 수 있다. 책임자는 기본적으로 구성원들과의 공감대를 최대한 확보해야 하지만, 보편적 이익의 관점에서 지나친 이기주의로 흐를 때는 이를 극복해야 한다.

10

위암 수술 직후
공적 책무 헌신한 한예종 총장
: 본질 공유하는 설득*

---

1 한예종 이강숙 총장이 만찬을 요청하다
2 한예종 서초캠퍼스 신축 건물 예산 확보 문제
3 위암 수술 한 달 만에 현안을 해결하려고 고군분투하는 총장
4 논리와 명분 갖추고, 본질을 공유하는 노력이 제약 조건을 극복하다

---

1 한예종 이강숙 총장이 만찬을 요청하다

1997년, 한국예술종합학교(한예종) 이강숙 총장으로부터 저녁 식
사 초청을 받았다. 이 총장과는 서울대 음악대학 작곡과 교수로 재
임 시 대학 일로 교류가 있었다. 선배 교수로서 평소 존경해오던 터
라 흔쾌히 참석하기로 했다. 그런데 이 총장은 나만을 저녁에 초청
하는 것이 아니라 대학과 행정고시 동기로 당시 예산실에 근무하는
김영주 국장(산업자원부 장관 역임)과 함께 나와달라는 것이다. 이 총

---

* 한예종 이강숙 총장과 관련된 이 사례는 19년 전 일이라 필자의 기억력 한계로 설명이
  부족한 부분이 있을 수 있음을 밝힌다.

장의 저녁 초청은 반가운 일이나 갑자기 공무로 바쁜 김 국장과 함께 나와달라는 요청은 당혹스러웠다. 엄밀히 말해서 편한 저녁 초청이 아니라 업무 협의 수준의 초청이라고 생각되었기 때문이다. 이 총장에게 이유를 물으니 만나서 이야기하자고 했다. 순간 이 약속을 이행해야 할지 고민에 빠졌다. 나 혼자만의 저녁 참석은 스스로 결정할 수 있는 문제지만 그분이 만난 적 없는 공무원과 함께 나오라는 요청이 과연 적절한 것인지 확신이 서지 않았다.

며칠을 고민하다가 이강숙 총장이 난생처음 초청하는 일이라고 생각해 용기를 내어 김영주 국장에게 저녁 합류를 요청했다. 김 국장은 내 연락을 받고 만남을 주저했다. 김 국장은 "인간적 차원에서 식사하자고 해서 나가보면 대부분이 예산 부탁"이라면서 "오 교수도 연구실에서 연구나 하고 나가지 말라"며 충고했다. 며칠 뒤 김 국장에게 다시 연락해 "원로 선배 교수가 요청하는데 꼭 같이 나가보자"며 강권했다. 김 국장은 내 채근에 못 이겨 이 총장과의 저녁 약속은 성사되었다.

2 한예종 서초캠퍼스 신축 건물 예산 확보 문제

김영주 국장과 함께 이강숙 총장 초청 저녁 자리에 가니, 한예종의 보직자 두 분과 교수 두 분이 기다리고 있었다. 저녁 자리 분위기를 보니 한예종의 현안과 관련 있다고 직감했다. 저녁 초청을 하면서 예산실 국장과 함께 나와달라는 제안부터가 내가 주빈이 아니라 김 국장이 주빈임을 암시해주는 것이다. 그래도 오랜만에 선배

1999년 완공한 한예종 서초캠퍼스

교수를 만나니 흐뭇했다.

그날 우리의 만찬 초청은 한예종이 예술의전당 옆에 서초캠퍼스 건물을 짓는 예산을 확보하기 위한 설명과 설득의 자리였다. 이강숙 총장은 한예종 학생들이 원활하게 교육과 실기를 하려면 서초캠퍼스 건물을 꼭 신축해야 한다고 했다. 그런데 한예종의 감독 부서인 문화관광부(현재 문화체육관광부)의 지원을 요청해도 문화부는 '문화부 가용 예산의 제약'으로 예산실에 한예종 신규 예산 편성을 요구할 수 없다는 입장을 밝혔다는 것이다.

김영주 국장은 묵묵히 듣고만 있었다. 나는 우리나라 '예술 교육의 중요성'을 강조하면서, 예산 배분 과정에서 문화적 가치에 자원 배분의 우선순위가 주어질 때 선진국형 예산 배분이 되는 것이라는 평소의 지론을 언급하면서 앞으로 이런 시대가 올 것을 기대한다는 덕담을 아끼지 않았다. 배석했던 한 분의 기악과 교수와 기획실장은 학생 지도를 위한 실기 공간이 부족하다며 어려움을 토로했다. 나는 한예종 예산 문제는 더는 논의하지 말고, 저녁을 맛있게 하자며 분위기를 바꾸었다.

3 위암 수술 한 달 만에 현안을 해결하려고 고군분투하는 총장

저녁을 들면서 놀라운 사실을 접했다. 이강숙 총장이 한 달 전에 위암 수술을 받고 현재 회복 단계에 있다는 것이다. 지금 집에서 치료에 전념해도 아쉬운 상황인데 공무로 저녁 자리를 만들고 와인을 마시는 것을 보니 참 안타까웠다. 이 총장에게 "술은 그만하고 식사만 하시라"고 권했지만, 이 총장은 정겨운 분위기를 주도하느라 와인을 들이켰다. 치료 중인 이 총장과 배석한 보직 교수들이 김영주 국장과 내게 술을 권하니 사양할 수가 없었다.

이강숙 총장이 한예종을 위해 몸을 아랑곳하지 않은 채 투혼을 불사르는 것을 보는 순간 가슴이 뭉클해졌다. 보통 대학의 총장 정도면 몇 번 문화부에 요청해보고 재정상 이유로 어렵다는 답을 받으면 "최선을 다했다"며 물러섰을 것이다.

이강숙 총장이 상상을 초월한 노력을 쏟아붓고 있음에 감동하지 않을 수 없었다. 김영주 국장은 내게 귓속말로 "대학 총장 중에 저렇게 학교 일에 전념하는 분이 어디에 있겠느냐"며 감탄했다. 김 국장은 "내가 오늘 이 자리에 와서 몸을 아끼지 않으며 자신의 책임을 다하는 이 총장의 치열한 모습을 보게 되었다"고 했다. 저녁 식사를 하다 피로감을 이기지 못한 나는 먼저 귀가했다. 그러나 운동으로 체력을 단련한 김 국장은 자정까지 이 총장 팀과 자리를 함께했다.

다음날 김영주 국장에게 늦게 귀가하게 되어서 송구스럽다고 사과했다. 그러나 김 국장은 "그런 분이 한예종 총장을 맡고 있으니 한예종이 발전할 것 같다"는 인상을 받았다고 했다. 그 소감을 듣는 순간 '이 총장의 투혼이 승리했다'는 예견을 하게 되었다.

이강숙 총장 팀이 추진하던 서초동 신규 건물 신축 예산(안)은 다음 해(1998) 정부 예산 문화부 소관에 포함되었다. 결국 이 건물은 한예종 서초캠퍼스에 우뚝 솟게 되어 음악과 무용 분야의 필수 교육 공간으로 자리 잡게 되었다. 나중에 알게 된 일이지만 김영주 국장은 소속 과장과 사무관들에게 한예종 건물 신축 예산의 필요성을 일일이 설명했고, 문화부 간부들에게도 학생 교육을 위해 우선순위가 높은 사업임을 강조했다고 한다.

4 논리와 명분 갖추고, 본질을 공유하는 노력이 제약 조건을 극복하다

큰 수술 후 회복 단계에 있는 한 자연인의 설득과 헌신이 예산 결정 과정에 참여하는 사람들의 감동을 불러일으켜 예산 확보를 하는 데 전환점을 만들었다. 결국, 새 시설을 완공해 학생들의 교육과 실기 공간으로 유효하게 활용되는 것을 보면서 투혼을 불사르는 책임자의 무한 책임을 다시금 생각하게 된다. 이강숙 총장은 국립대학 총장으로서는 전례가 없는 3연임(1992~2002)을 기록하면서 한예종을 이끌었다. 아마도 자신을 돌보지 않은 채 오직 공적 책무에 전념하는 끈질긴 희생정신이 최근 국제적 명성을 자랑하는 한예종 구석구석에 스며 들어가 있으리라.

많은 사람은 어려운 일을 풀어갈 때 학연과 지연의 맥을 찾아 자신의 입장을 호소하면 쉽게 풀릴 것이라 오해한다. 학연과 지연은 만남의 계기를 마련하는데 불가피한 요소다. 그러나 이 인연이 문제의 본질을 풀어내는 것은 결코 아니다. 만남으로 이해 폭이 넓어질 수도 있지만 반대로 어려운 상황으로 치달을 수도 있다. 중요한 것은 상대방을 설득할 수 있는 논리와 명분을 갖추고 사안의 본질을 상호 공유하는 이성적 과정이다. 이 과정에서 상대방에게 감동을 안겨주는 것은 본질에 대한 이해의 강도를 높이는 역할을 한다.

이 사례에서 가장 중요한 판단 기준은 바로 '우리나라 국가 예술교육의 미래 가치 창출'이라고 보았다. 이러한 가치 기준에 대한 공감대 형성은 험난한 제약 조건을 극복하고 새 정책의 선택으로 나아가게 하는 첩경이다.

IV

교육 비용에
관한 결정

01 직접 주도한 등록금 동결 결정: 사회적 가치를 중시하다

02 학생식당의 1700원 식단 가격 동결: 포퓰리즘 오해를 감수하다

03 보직 수당 인상 백지화 결정: 보직 교수의 진정한 권위를 유지하다

04 동료 교수들의 질타 받은 '도서관 1억 원 기증' 결정: 행정대학원장 임기를 마치며

책임자가 주도하다

대학을 둘러싼 재정 여건은 2010년대 들어서면서 더욱 어려워지는 양상이다. 수입은 상대적으로 감소하는 추세면서 지출은 기존의 증가 추세를 억제하기 어려운 탓이다. 학부형과 학생들의 대학 등록금 수준에 대한 비판적 시각이 팽배한 상황에서 급기야는 정치권이 반값 등록금 공약을 내세우게 되었다. 이 여건 속에서 대학의 재정 문제에 관한 의사 결정은 교수와 직원 등 학내 구성원의 기대와는 거리가 있는 정책 선택에 직면했다. 이같이 환경으로부터의 정치적 요구가 뚜렷한 여건에 대응하는 결정은 구성원들의 합리적 기준에 따르기보다는 책임자의 정치적 판단에 의존할 수도 있다. 자칫 구성원들의 공식적 의사 결정 시스템이 도출해내는 합리적 판단 기준은 외부의 정치적 기대와 요구의 심각성을 과소평가할 여지가 있기 때문이다.

이 같은 대학을 둘러싼 환경으로부터의 요구는 대학 스스로 등록금을 동결하고 대학이 제공하는 서비스 가격은 적자를 감수하고 동결하는 조치가 불가피했다. 일부에서는 대학의 자율적 의사 결정을 간과한다고 지적했다. 또 다른 시각에서는 포퓰리즘populism이라는 비판의 목소리를 내기도 했다. 이 비판은 정치적 선택에 대한 비용이라고 생각할 수 있다. 대학에 대한 다른 차원의 정치적 어려움을 이

겨나가는 노력일 수도 있다.

　Ⅳ부에서는 대학의 어려운 재정 여건 속에서 대학 지도부가 노심초사 끝에 어떤 결정에 임했는지를 소개했다. 서울대의 등록금 동결, 학생식당의 식단 가격 동결의 결정 과정을 설명하고 대학 간부 보직 수당의 인상을 백지화했던 사례를 언급했다. 이 사례를 통해 대학 재정이 어려운 시점이더라도 대학에 대한 냉정한 우리 사회의 시각을 겸허히 받아들이면서 낮은 자세로 대학의 사회적 책무를 이행하는 것이 바람직하다는 것을 확인했다.

01

직접 주도한 등록금 동결 결정
: 사회적 가치를 중시하다

1 반값 등록금 분위기 속에서 등록금을 책정하다
2 독자적 판단에 의한 선제 대응
3 앞장서면 비판받아도 당당할 수 있다

1 반값 등록금 분위기 속에서 등록금을 책정하다

2010년 12월 중순, 2011년도 학생 등록금 책정에 대한 대학 입장을 정립해야 할 시점에 다다랐다. 이미 정부는 고등교육법 개정을 통해 대학에 '등록금심의위원회'를 의무 심의 기구로 격상해놓은 상태였다. 등록금심의위원회 심의가 법적 구속력을 갖도록 규정했다는 것은 대학 등록금이 대학의 자율적 결정 영역에서 벗어났다는 것을 암시하는 것이다. 등록금심의위원회 "심의 결과를 최대한 존중한다"는 규정은 이 위원회 심의가 최종 결정을 의미한다고 볼 수 있다.

출범한 지 5개월도 채 안 되는 우리 팀은 처음 겪는 등록금 책정 문제를 어떻게 대응할 것인지 고민했다. 특히 지난 2년간 등록금을 동결했거나 소폭 인상해 등록금 수입은 제자리인 데 반해 대학의 지출은 물가 상승률 수준으로 늘어나고 있어 재정 수지 균형을 맞추기 어려웠다.

2 독자적 판단에 의한 선제 대응

대학의 주요 의사 결정은 간부회의에서 집중 토론을 거쳐 상대적으로 우위가 있는 대안을 선택하는 것이 일반적이다. 그러나 등록금 책정 문제는 토론을 거쳐 합리적 방안을 모색하는 통상적 정책 결정과는 다른 차원의 문제다. 등록금 문제는 이제 서울대만의 선택 문제가 아니라 학부모와 학생들이 지켜보는 사회적 이슈, 더 나아가 정부와 정치권이 주요 쟁점으로 부각시키는 정치적 이슈가 된 탓이다. 합리적 의사 결정 영역에서 정치적 의사 결정 영역으로 의사 결정의 본질이 바뀐 것이다.

이러한 성격의 결정은 책임자가 주도해야 한다. 간부들이나 직원들이 정치적 의사 결정의 측면을 고려해 대안을 제시할 것을 기대하는 것이 무리라고 보기 때문이다. 학생들의 분위기, 학외의 종합적 정치·사회 상황을 파악해 학내 의사 결정 기구가 제시하는 대안과 균형을 맞추는 것이 기관 책임자의 역할이다. 간부회의에서 "이번 등록금심의위원회의 등록금 책정 과정에 앞서 서울대가 등록금을 동결해야 한다"는 입장을 밝히면서 그 근거를 설명했다.

첫째, 대학 등록금 수준에 대한 사회적 분위기에 비추어 등록금 인상은 바람직하지 않다. 서울대 등록금에 관한 한 학부형과 학생들의 불만은 부각되지 않지만, 최고 국립대학으로서 사회 일각의 등록금 인상에 대한 시각을 적극 수용해야 한다.

둘째, 서울대의 법인 전환이 주요 정치적 이슈의 하나로 부각되는 시점에 설령 합리적 근거가 있더라도 등록금 인상을 둘러싸고 학생들과 긴장 관계를 조성하지 않는다. 특히 법인 전환 반대 학생들이 주장하는 "법인화되면 등록금이 천정부지로 오를 것"이라는 오해를 불식시키기 위해서라도 등록금을 동결해야 한다. 이미 야권 국회의원들은 서울대 법인화가 전형적인 시장 지향적인 시도라고 비판한다는 점을 고려해야 한다.

셋째, 전임 집행부 시절 이미 한 번 동결하고, 다른 한 번은 0.25% 소폭 인상해 재정상의 어려움을 겪고 있다. 그때에 비해 대학 등록금에 대한 사회적 논란은 오히려 커졌으니 서울대는 등록금 인상을 시도해서는 안 된다.

넷째, 등록금 인상과 관련한 정치적·사회적 분위기를 고려할 때 서울대는 국립대학으로서 앞장서는 모습을 보여야 한다. 그러므로 등록금심의위원회 논의에 앞서 대학 입장을 밝힘으로써 등록금심의위원회에서 있을 불필요한 논란을 사전에 막아야 한다. 다른 대학의 등록금 동결을 뒤따라가는 것보다는 우리가 먼저 의지를 밝히는 것이 국립대학으로서의 책무에 맞아떨어지는 것이다.

내가 분명한 입장을 설명하니 간부들은 대부분 공감을 표시했으나, 향후 부족 재원의 보충을 어떻게 할 것인지 우려를 표했다. 그렇다면 집행부가 합심해서 국고 예산 확보와 예산 구조 조정을 위해

분발하자고 다짐했다.

이런 분위기 속에 우리 집행부는 어려운 대학 살림을 조금이나마 도우려고 간부들이 돈을 모아 장학금을 마련하자는 데 의견을 모았다. 간부들이 이 제안에 호응해 두 달 만에 '희망장학금' 3억 5000만 원을 모았다. 덕분에 가정 형편이 어려운 학생들에게 장학금을 지원할 수 있는 새 장학 시스템을 구축했다. 모금 과정에서 1억 원을 쾌척한 김형주 발전기금 상임이사(컴퓨터공학과)의 용단을 보면서 많은 간부가 자발적으로 이 모금에 참여했던 미담이 아직도 잊히지 않는다.

3 앞장서면 비판받아도 당당할 수 있다

각 대학이 등록금 심의를 본격적으로 시작하기도 전에 서울대의 등록금 동결 방침 보도가 나가자 일부 대학 총장들이 내게 항의해 왔다. "서울대가 먼저 등록금 동결 조치를 하면 우리들의 선택 범위는 없어지는 것 아니냐"고 불만을 토로했지만, "국민 세금으로 대학 재정의 반 이상을 채우는 대학이니 우리가 앞장서서 사회 여론에 부응해야 한다"고 이해를 구했다. 다른 국립대학과 사립대학 총장들께는 개인적으로 송구스러운 마음을 금할 길이 없었다. 그러나 내가 공직에 있는 한 그러한 불만과 비판을 수용할 수밖에 없다고 스스로를 위로했다.

일반적으로 소속 기관의 입장에서 볼 때 힘든 일일수록 어려움을 먼저 헤쳐나가는 자세가 안팎의 공감대를 형성하는 데 도움이 되었다. "이왕 할 거라면 먼저 하는 것이 시간을 놓쳐 뒤쫓아 하는 것보다 최소한의 자부심을 살릴 수 있는 방법"이기 때문이다. 기관 입장에서 어려운 선택임은 분명하지만 "앞장서면 비판받아도 떳떳할 수 있고 뒤따르면 패배 의식에서 벗어나기 어렵다"는 말을 되새겼다.

특히 이 상황에서는 책임자의 앞서가는 의사 결정이 중요하다. 기관 입장에서 어려운 일을 소속 간부와 직원들이 솔선하기는 어렵다는 점에서 책임 공직자가 선택에 따른 부작용을 스스로 떠안고 갈 때 구성원들이 함께 공감할 수 있다. 정치적 상황에 대한 정치적 판단, 정치적 책임은 궁극적으로 기관 책임자에게 귀속된다는 생각을 강조하고 싶다.

02

학생식당의 1700원
식단 가격 동결
: 포퓰리즘 오해를 감수하다

1 학생식당 요금 인상을 건의받다
2 '적자를 줄이느냐', '적자를 감수하고 가격을 유지할 것이냐'의 고민
3 가격 동결과 포퓰리즘에 대한 비판

1 학생식당 요금 인상을 건의받다

2013년 9월 초, 이재영 학생처장(영문학과 교수)과 서울대 생활협동조합(생협) 간부가 면담을 요청해왔다. 면담 내용은 1700원짜리 학생식당 식사 가격을 최소한 2000원대로 올려야 하니 승인해달라는 것이다. 생협 간부는 2005년에 1700원으로 인상했던 한 끼 식사 가격이 10년 가까이 그대로 있어, 적자 규모가 누적된다며 2012년에는 적자가 13억 원에 달했다고 했다. 이번에 인상하더라도 큰 저항은 없을 것이라고 덧붙였다. 담당자는 몇 백 원 인상해도 적자는 피할 수 없으며 적자 규모만 줄일 수 있을 뿐이라고 했다. 그 직원은 가격이 싸다 보니 학생과 직원뿐 아니라 서울대 공사장 인부들이나

2013년 8월 6일, 서울대 학생
식당에서 1700원짜리 점심을
맛보고 있다(왼쪽부터 필자, 임
정기 기획부 총장)

택시 기사들도 학생식당을 자주 이용하더라는 딱한 사정을 토로하
기도 했다. 생활협동조합을 관장하는 학생처장의 입장을 물었다. 학
생처장은 이번에는 300원 정도 올려 2000원으로 책정하면 거스름돈
주고받는 일도 없어서 편리할 것이라며 총장의 결심을 촉구했다.

2 '적자를 줄이느냐', '적자를 감수하고 가격을
유지할 것이냐'의 고민

보통 대학의 의사 결정은 담당 처장이 제안하면 95% 이상 그 뜻
에 따라 결정한다. 담당 처장이 해당 분야의 전문가이며 충분한 정
보와 시간을 두고 고민한 결과를 확인받기 때문이다. 대학 책임자

로서 이 정도의 사안은 고민 없이 담당 처장의 뜻을 따르는데 이 안건만은 학생처장의 뜻을 그대로 수용하는 것이 마음에 걸렸다. 손해가 누적되는 것을 보고 팔짱만 끼고 있을 수도 없었다. 그렇다고 품질에 비해 값이 싸다며 서울대 공사 현장 근로자들까지 몰려오는 상황에 찬물을 끼얹을 수도 없는 노릇이다.

'학생 식사비'와 '최저 가격'이라는 개념의 상징성에 착안했다. 학생들은 때가 되면 식사를 해야 한다. 주머니 사정이 넉넉하지 못한 일부 학생은 1700원짜리 점심 지출 계획을 생각하는 상태에서 불과 몇 백 원 인상조차 부담으로 느낄 수 있다. 학생뿐 아니라 현장 근로자들도 서울대 1700원짜리 식사가 싸고 괜찮다면서 껄껄 웃는 모습을 계속 보는 것이 좋을 것이다.

강의 시간에 평소 "비용을 커버하지 못하는 가격은 이중 구조를 불러일으키고 궁극적으로 비용에 접근한다"는 생각을 품었던 나로서는 예외적으로 가격 기구의 왜곡을 방치하는 처지가 되었다.

다음날 학생처장을 대동하고 1700원짜리 점심을 먹었다. 어떻게 알았는지 「조선일보」 양승식 기자가 동행해서 우리의 식사 장면 사진을 찍었다. 점심을 먹어본 다음 학생처장에게 "오늘 식사 맛이 어떻던가요?"라고 물으니 "맛있게 먹었다"고 했다. "맛있게 먹었으니 대가를 치러야죠. 1700원 그대로 동결합시다"라며 요청했다. 학생처장은 미소를 지으며 고개를 끄덕였다. 그렇게 해서 서울대 학생회관 점심값은 여전히 1700원이다.

3 가격 동결과 포퓰리즘에 대한 비판

학생식당 가격 동결을 유도한 후 마음에 걸리는 것이 있었다. 다름 아닌 내가 취한 선택이 포퓰리즘적 행동으로 비판받을 수 있다는 점이다. 대학 책임자가 원가의 절반밖에 충당하지 못하는 가격을 정상화해야 한다는 실무진의 제안을 거부했기 때문이다.

총장이 13억 원 적자를 방치하면서 어려운 학생들의 입장을 보살폈다는 비판에서 자유로울 수 없었다. 어려운 학생을 돌보아야 한다는 입장에서 과도한 적자를 방관했음은 경제적 합리성이 결여되었으니 비판받을 수 있다. 다만 국립서울대학교에 다니는 학생 중 일부는 한계 소득 가정 출신이고, 이들에게 염가로 식사를 제공하는 것은 다른 차원의 문제다. 그 학생들이 1700원을 내고 실제 3000원 가치의 식사를 하면 1300원의 보조금을 주는 효과가 난다. 그 금액 합계는 사회적 가치 증진에 해당된다. '요금 인상으로 적자 규모를 축소'하는 것과 '적자에 기초한 구성원의 가치를 증진'하는 것, 두 목표 중 하나를 선택하는 것은 주관적 가치 선택이다.

포퓰리즘이라는 비판을 달게 받으면서 소수자의 사회적 편익 증진이라는 가치 선택에 손을 들어준 셈이다. 이런 이슈는 무상 급식, 반값 등록금 등 복지 지출 확대에 대한 사회적 요구를 공공 부문 시스템이 국가 경쟁력 기반 위에서 어떻게 무리 없이 수용할 것이냐의 선택과 무관하지 않다.

03

보직 수당 인상 백지화 결정
: 보직 교수의 진정한 권위를 유지하다

1 10년 동결된 보직 수당 인상을 건의받다
2 열악한 재정 상황과 노조의 이의 제기
3 보직 수당을 동결하다

1 10년 동결된 보직 수당 인상을 건의받다

2015년 6월, 기획처장이 울산대 보직 수당에 대한 인상 건의안을 보고했다. 기획처장은 10여 년간 보직 수당을 동결한 나머지 교수들이 보직을 수행하는 데 드는 비용이 턱없이 부족하다면서 이 기회에 보직 수당을 인상해야 한다고 강조했다. 울산대 보직 수당이 국립서울대학교와 주요 사립대학에 비해 낮은 수준임을 알게 되었다. 10여 년간 보직 수당을 한번도 인상하지 않았다는 보고를 접하면서 놀라움을 금치 못했다.

기획처장이 올린 인상안에 대해서 일단 긍정적인 응답을 했다. 총장의 보직 수당 100만 원은 그렇다 치고 일주일 내내 주말까지 공직을 수행하는 기획처장이나 교무처장이 보직 수당으로 30만 원을 수령한다니 마음이 무거웠다. 순간 보직 교수들이 어려운 여건 속에서도 대학을 위해 묵묵히 일하는 것이 마음에 걸렸다. 등록금에 의존하는 비율이 높은 사립대학의 재정 실상을 뼈저리게 느끼는 순간이었다.

기획처장의 건의를 받은 다음 보직자 회의를 바로 소집해 이 제안에 대해 널리 의견을 구했다. 보직자 전원이 이구동성으로 보직 수당 인상은 만시지탄이라고 했다. 심지어 어느 보직 교수는 다른 대학 보직 교수들에게 차마 자신의 보직 수당 액수를 말하지 못한다고 토로하기도 했다. 간부들과 논의를 거친 후 이 안건을 무리 없이 진행하기로 했다.

2 열악한 재정 상황과 노조의 이의 제기

보직 수당 인상을 결정하고서도 마음 한구석에 걸리는 것이 있었다. 울산대의 재정 상황이 열악해지는 상황에서 보직 수당 인상분을 마련해야 했다. 2억 원의 추가 재원을 말이다. 그렇게 넉넉하지 않을 뿐 아니라 보직 수당 인상을 바라보는 평교수들과 평직원들의 시선을 차마 외면할 수 없었다.

마침 그 시점에 2016년도 대학 예산을 긴축 기조 아래 편성하기 위해 불요불급 경비를 찾아내고, 우선순위가 낮은 사업에 눈에 불을 켜고 경비를 삭감하는 작업을 진행하는 중이었다.

예산 삭감을 가혹하게 단행하면서 다른 한편으로는 보직 수당을 인상해 2억 원의 추가 예산을 계상해야 하는 모순된 상황에서 벗어나기 어려웠다. 그럼에도 수당 수준이 낮은 데다 인상을 한 지 워낙 오래된 지라 그대로 인상 절차를 진행했다.

예견했던 대로 이 과정에 불똥이 떨어졌다. 노조가 교원 보직 수당 인상에 대해 협의해야 한다는 규정에 따라 기획처가 중심이 돼서 협의에 들어갔다. 보직 수당을 인상하는 문제를 노조와 협의한다는 것이 쉽사리 이해되지 않았지만, 기존 협약에 명시해놓았다고 하니 협의 과정을 지켜볼 수밖에 없었다.

처음에는 노조와 순조롭게 협의하는 것으로 이해했다. 그러나 간부회의에서 보직 직급별 인상 폭을 재조정함으로써 보직자의 사기를 높일 수 있다는 제안이 있어 인상안에 수정이 가해졌다. 문제는 노조와 협의했던 인상안에 수정이 가해졌다는 이유로 노조가 보직 수당 인상안에 이의를 제기하고 나선 것이다. 처음에는 노조 특유의 냉랭한 반응으로 이해했다. 시간이 흐르면서 인상 반대 의견이 강력하다는 것을 감지했다. 인상안을 추진하던 일부 간부들은 노조가 보인 태도에 수긍하지 않는 분위기였으나 "이런 문제는 으레 그러려니 하는 것이 좋다"고 위로했다.

논란 속에서 새로운 돌출 변수가 있었다. 인상안에서 간부 직원들의 보직 수당 인상이 교수 보직자의 인상에 비해 불균형하다는 간부 직원들의 불만이 있다는 보고를 접했다. 순간 '수당 현실화'라는 지엽적인 문제도 내부 갈등을 겪는다는 사실을 알아차렸다.

3 보직 수당을 동결하다

보직 수당 인상이 필요하다는 데 공감했다. 객관적으로 인상해야 했고 보직자들의 요청이 절실했다. 그러나 어려워지는 대학 재정 형편에 비추어 시기가 부적절하다는 생각이 마음 한구석에 있었다. 필요성과 부담감을 다시 한번 비교해보았다. 인상이 재정적 부담감을 다소나마 능가한다고 판단해 인상 건의안을 수용했던 것이다.

이 결정을 재고하게 하는 사건이 그즈음 발생했다. 노조가 절차상 미비를 이유로 반대한다는 사실에 주목했다. 한편으로는 일부 간부 직원들의 불만을 접하고 마음도 그리 편치 않았다. 예산 삭감을 단행하는 시점에 보직 수당 인상에 따른 예산 증액을 집행하는 것에 대한 논리적 모순은 더욱 증폭되었다.

인상안을 백지화할 것을 직권으로 결정했다. 보직 수당 인상으로 대학 핵심 간부들의 헌신적 공직 수행의 가치를 훼손하는 것을 방관할 수 없었다. 대학 핵심 간부들의 공적 가치를 방어하기 위해서라도 인상안을 철회하는 것이 적절하다고 판단했다. 보직 교수회의를 소집해 인상안을 백지화하자고 과감하게 제안했다. 보직 교수들에게 넓은 이해를 구했음은 당연지사다.

"교수들이 열심히 대학을 위해 일하는 데 응분의 예우를 해주지 못해 책임을 느낀다." "보직 교수들은 보직 수당 인상 여부에 연연하지 않은 채 사명감으로 대학 발전에 힘껏 매진하자"고 다짐했다. "보직 교수들의 진정한 권위는 대학의 공통 이익을 위해 헌신하는 것 자체에 있다. 때에 따라서는 보직 수당을 100% 반환하는 용기를 발휘해야 한다"며 개인적 보수관을 피력했다.

"쥐꼬리만 한 수당 문제로 학내 구성원이 비방 유인물을 돌리는 모습이나 플래카드를 들고 외치는 모습을 지켜봐서는 안 된다. 대학 권위를 손상하는 그 행동을 막을 책임이 전적으로 우리에게 있다"고 언급했다. 진정한 권위는 "나 자신의 것을 포기하고 대의에 충실할 때 발휘되는 것"이라는 생각이 떠나지 않았다.

{ 04 }

동료 교수들의 질타 받은
'도서관 1억 원 기증' 결정
: 행정대학원장 임기를 마치며

---

1 도서관에 발전기금 1억 원을 공여하다
2 단과대학이 대학 전체를 생각하는 선례를 만들고 싶다
3 열악한 도서관에 기부하다
4 동료 교수들의 반발: 절차의 미숙함을 인정하며 추가 재원 확보를 다짐하다
5 감사한 마음의 표현은 때를 놓치지 않아야 한다

---

1 도서관에 발전기금 1억 원을 공여하다

2004년 11월, 4년간의 행정대학원 원장 임기를 마치면서 대학 전체에 이바지할 수 있는 일을 하나만이라도 남기고 싶었다. 여러 방안을 놓고 고민하다가 대학 도서관에 행정대학원을 대표해 발전기금을 공여하기로 했다. 임기 중 적립했던 기금과 약간의 개인 돈을 합하니 1억 원의 재원을 마련할 수 있었다. 그 돈을 당시 허남진 중앙도서관장(철학과)에게 도서관 발전에 활용하라는 뜻과 함께 전했다.

대학원을 대표해 선의로 발전기금을 도서관에 기탁한 사실이 알려지자 행정대학원 소속 일부 교수들이 내 결정을 공개적으로 비판

212

하는 등 한동안 곤혹을 치렀다. 그 뒤 내 결정에 대한 동료들의 비판을 수긍하면서도 마음 한구석에는 대학 사회에 사례를 찾기 어려운 전례를 남겼다고 생각해 의사 결정의 사례로 기록했다.

2 단과대학이 대학 전체를 생각하는 선례를 만들고 싶다

4년간 행정대학원장직을 맡으면서 대학본부의 주요 결정에 참여할 기회가 있었다. 참여 기회가 있을수록 25개에 달하는 대학과 대학원이 각기 자기중심적인 목표 설정과 자원 확보에 전력을 다하는 것과는 대조적으로 대학 전체나 대학본부의 입장을 이해하는 자세와 노력은 기대에 못 미치고 있음을 알 수 있었다.

단과대학들이 모여서 대학교를 이루지만 역으로 대학교의 시스템 내에서 개별 교육 단위가 존재한다는 점도 중시해야 한다고 믿었다. 학장회의에 참석한 학장들의 발언은 상당 부분 인력과 재원을 요구하거나 민원 처리를 요청하는 일이 대종을 이루는 것을 자주 목격했다. 대학의 핵심 구성원들이 대학 전체 관점에서 존재 가치를 높일 수 있는 의제를 모색하는 것이 중요하고 대학본부가 소임을 다할 수 있도록 선의의 비판과 격려를 아끼지 않아야 한다고 생각했다.

4년 임기를 마치면서 단과대학이 대학 전체의 이익에 관심을 보이는 모습을 선보이고 싶은 의욕을 잠재우기 어려웠다. 25명의 학장과 원장 중 한 사람 정도는 대학본부에 지원을 요청하는 것이 아니라 오히려 대학본부의 일에 이바지함으로써 대학본부 간부들의 만성적 피로감을 덜어주고 싶은 생각이 떠나지 않았다.

내 임기 중 행정대학원 연구동을 신축하는 과정에서 대학본부의 폭넓은 지원을 받았던 점도 대학본부에 기금을 출연해야겠다고 결심한 배경의 하나였다. 행정대학원 연구동 신축을 위한 국고 예산 (130억 원) 요구서를 마감 직후에 본부에 신청했음에도 대학본부는 너그럽게 받아주고 세심한 배려를 베풀어주었다. 이는 임기 말 국고 지원 사업으로 확정되었다. 2010년 초 개원한 이 건물은 현재 행정 대학원 교육과 연구를 위한 중심 건물로 활용하고 있다.

3 열악한 도서관에 기부하다

곰곰이 생각하다가 문득 학장회의에 운영소위원회를 구성해 어려운 안건에 대한 사전 심의를 거치자는 내 제안이 채택된 일이 떠올랐다. 정운찬 총장 지시로 구성한 운영소위원회가 사전 협의를 통해 학장회의를 하는 데 원활한 의견 집약에 보탬이 되었다. 운영소위원회의 괄목할 만한 성과 중 하나가 대학의 연구 간접비 수입에서 일정 비율을 도서관 장서 구입비로 배정토록 결정한 것이다. 간접비를 관장하는 연구처의 반발을 극복한 이 결정으로 중앙도서관의 장서를 확충하고자 하는 노력이 상당 수준 진전되었다. 이 제안을 주도했던 나는 도서관의 어려운 살림살이에 보탬이 되고자 1억 원을 도서관 기금에 공여하기로 한 것이다.

허남진 중앙도서관장은 이임하는 교육 단위의 책임자가 대학본부에 기금을 내는 일이 전례 없는 일이라고 생각해 기금 공여 사실을 「대학신문大學新聞」에 게재했다. 허남진 관장은 「대학신문」 인터뷰에서

"자신의 전공과 관련된 기관이 아닌 중앙도서관에 기부하는 것은 이례적이고 의미 있는 일"*이라고 했다. 이 사실이 「대학신문」에 공표될지 몰랐으며 원하지도 않았다. 「대학신문」에 보도되지 않았으면 사후에라도 내부 조율을 거쳐 비교적 조용히 넘어갈 수도 있었다. 「대학신문」으로 이 사실을 확인한 일부 동료 교수들이 도서관 기금 공여에 즉각 이의를 제기해왔다.

4 동료 교수들의 반발: 절차의 미숙함을 인정하며 추가 재원 확보를 다짐하다

동료 교수들은 중앙도서관에 한 기금 공여가 행정대학원 교수회의라는 공식 의결을 거치지 않았다는 절차 문제를 거론했다. 몇몇 교수들과 기금 공여 문제를 상의하면서 긍정적인 반응을 확인한 것으로 어느 정도의 공감대를 형성한 것으로 쉽게 생각했다. 다른 교수들은 그러한 기금 공여는 명시적 절차를 거쳐야 하는 사안인데도 이임을 앞둔 원장이 독주했다는 비판을 거두지 않았다.

특히 일부 교수는 "오 원장이 자신의 입지를 위해 행정대학원 공유 재원을 '도서관 지원'이라는 명분을 앞세워 '소영웅주의적' 행태를 보였다"면서 힐난했다. 그분은 "「대학신문」에 관련 기사가 대문짝만 하게 나온 것만 봐도 오 교수가 기금 공여를 과시하기 위한 것임을 반증하는 것"이라고 오해했다. 원로 교수 한 분은 "무슨 꿍꿍이속이

---

* 해당 내용은 서울대 「대학신문」(2004년 12월 6일) 강민규 기자의 '오연천 교수, 도서관 장서기금 1억 기부' 기사에서 발췌한 것이다.

있지 않고서는 저런 일을 벌일 수 있느냐"며 흥분했다.

하는 수 없이 교수회의에서 기금 조성 내역을 공개하고 사후 동의를 받는 데 노력했다. 일부 교수들의 격앙된 반발이 내 과욕에서 비롯된 절차 미숙이라고 시인하면서 정중히 기금 공여 취지를 설명했다. 1억 원의 기금은 4년간 특별 과정 2개를 운영하면서 수강생들이 대학 발전을 위해 써달라고 맡긴 돈에 개인 돈을 보태서 조성했다고 했다.

몇몇 교수는 "특별 과정을 운영하면서 마련한 돈은 교수들의 복지를 위해 써야 하는데, 대학본부가 관장하는 도서관을 위해 쓰는 것은 부적절하다"는 의견을 피력했다. "원장직을 떠난 뒤에도 도서관에 제공한 기금 이상을 자력으로 조달해 교수님들이 우려하는 복지 재원의 감소를 막는 데 노력하겠다"고 다짐하면서 일부 교수들의 격앙된 마음을 가까스로 달랬다.

5 감사한 마음의 표현은 때를 놓치지 않아야 한다

이런 소동을 겪으면서 내가 생각했던 의도를 다른 사람들은 전혀 다르게 받아들일 수 있다는 점을 깨달았다. 행정대학원이라는 교육 단위의 존재 가치를 높이는 데 교수들이 공감할 것이라고 믿었지만, 그 믿음은 '나만의 생각'일 뿐이었다. 불가능에 가까웠던 행정대학원 연구동 신축 계획이 대학본부 간부들의 극진한 배려가 없었다면 이루어질 수 없었다는 사실을 깊이 아는 나로서는 대학본부에 무엇인가 감사하는 마음을 남기고 싶었다. 그러나 교수들은 내 충정을 개인 차원의 결정으로 해석할 뿐 우리 대학원의 공통 이익 실현의 사후적 과정이라는 인식에는 공감하지 않았다. 구성원들이 '공유 재원'이라고 생각하는 재원에 대해서는 각자가 일정한 지분을 갖고 있다는 생각을 견고히 갖고 있고, 여기에 영향을 주는 어떠한 결정에도 민감하다는 사실을 뒤늦게 알았다. 그런 인식을 미리 알았더라면 재원 조달 방식과 기금 공여 절차를 신중히 처리했어야 했다는 때늦은 후회에서 벗어나지 못했다.

개인적으로 '돈은 열심히 노력해서 모으면 언젠가는 모을 수 있지만, 감사한 마음은 때를 놓치면 회복하기 어렵다'는 믿음이 있다. 이 믿음이 어려운 여건 속에서도 '도서관 기금 출연'을 가능하게 한 동력이다. 그 믿음과 동력은 일부 비판을 감수하기에 충분한 가치를 지녔다고 지금껏 생각한다. 이런 인연이 있는 서울대 도서관은 2015년 2월 10일, 새롭게 관정도서관을 품에 안게 되었다.

V

공기업 부문의
정책 결정

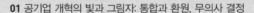

01 공기업 개혁의 빛과 그림자: 통합과 환원, 무의사 결정

02 '공공기관 운영에 관한 법률'이 극적으로 통과(2007)되다: 정치권 책임자의 협조

03 광업진흥공사 사장을 해임하다: 장관의 파격적 결정

04 경영평가단의 자율성을 존중한 심사평가국: 2년 연속 1위 한 한국전력

05 일본 우정 민영화 성공의 동력원

일관된 개혁 의지와 정치적 지지의 확보

역대 정부는 정부 출범 초기에 공공 부문 개혁을 주된 의제로 삼아왔다. 정부 개혁은 많은 경우 정부 조직 개편과 국정 운영 쇄신 방안으로 귀결되는 반면, 공기업 부문에 대해서는 강력한 개혁 시책을 펼친다. 그만큼 국민과 여론의 관심이 높기 때문이다.

역대 정부가 외친 공기업 개혁 메뉴는 대동소이한 것이 사실이지만 새로 출범하는 정부의 개혁 의지 강도에 따라 공기업 개혁의 폭과 깊이가 결정된다. 정부가 여러 제약 조건을 좌고우면하지 않고 일관되게 밀고 나가면 제한된 범위에서나마 소기의 성과를 거둘 수 있지만, 현실적 조건과 반발 분위기를 의식하면 개혁 성과가 한계적일 수밖에 없다. 이 점에서 정부 출범 초기에 집중된 개혁 노력을 체계적으로 전개하지 않으면 용두사미로 흐를 수도 있다.

공기업 개혁은 정부의 개혁 의지 못지않게 정치권의 공감과 지지를 얻어내는 노력이 중요하다. 공기업 개혁에는 항상 기존의 질서를 혁파하고 시장의 자원 배분 기능을 중시하는 입장과 기존 질서를 존중하며 노동조합과 소수자에 대한 배려를 강조하는 입장이 정치적·이념적으로 대립하는 경우가 허다하다. 여권은 개혁적 입장에서, 야권은 보수적 입장에서 공기업 개혁안을 다른 시각으로 보는 '정치 이념이 교차되는 영역'이라는 데 주목해야 한다. 그렇기에 공기업 개혁이 성공하려면 공기업 부문의 기존 이익을 방어하려는 야권의 협력을 끌어내려는 정치적 이니셔티브가 매우 중요하다. 반대 세력의 입장을 이해하면서 공기업의 국민 경제적 효율이 궁극적으로 국리민복國利民福에 귀착된다는 논리적·정치적 설득과 공감대 형성 노력을 끊임없이 해야 한다.

공기업 개혁에서 관료 이익 배제도 공기업 개혁을 성공시키기 위한 조건의 하나다. 각 주무 부처는 자신의 정책 목표 달성을 위한 수단으로 공기업을 광범위하게 활용하므로 공기업을 기존 시스템 아래서 관리하고 조정하려는 관성이 강하다. 따라서 행정 수반 차원의 강력한 의지와 실천력을 수반해야 거대 관료 기구의 수동적 반발을 극복해낼 수 있다. 이 점에서 일본의 우정 사업 민영화 사례는 공기업 개혁 추진에서 귀감이다.

V부에서는 '공공기관 운영에 관한 법률' 제정 과정을 소개하고 2008년 공기업 개혁 사례를 평가한 후, 공기업 사장 해임 사례와 경영 평가에 임하는 공기업 주무 당국의 자세를 진단했다. 일본의 우정 사업 개혁 사례도 담았다.

공기업 개혁의 빛과 그림자
: 통합과 환원, 무의사 결정

1 이명박 정부의 공기업 개혁
2 산은지주와 한국정책금융공사의 출범: 5년 후 환원, 일방적 주도로 정책이 실패하다
  1) 개혁 주도 그룹이 일방적으로 분리를 추진하다
  2) 산업은행 체제로의 회귀: 공감대 부족한 개혁 추진 결과
3 주택공사와 토지공사를 LH공사로 통합: 강력한 추진 의지로 반대를 극복하다
  1) 새 정부의 강력한 통합 의지
  2) 이념적·정치적 제약 없어 순조롭게 통합하다
4 인천국제공항공사의 지분 매각: 신자유주의 조치로 간주하는 야권의 반발로 표류하다
  1) 지분 매각은 국제 경쟁력 높이기 위한 전략
  2) 시장 친화적 조치로 간주하는 정치적 시각의 벽
5 뚜렷한 개혁 명분과 공감대 형성이 개혁 성패를 좌우한다

1 이명박 정부의 공기업 개혁

2008년 3월, 이명박 대통령이 취임하면서 공기업 개혁을 국정 주요 정책 목표의 하나로 설정했다. '공기업 선진화'라는 기치를 걸고 출발한 공기업 개혁은 기관 통합, 기능 분리, 민영화, 구조 조정, 지분 매각 등 다양한 내용을 포괄한다. 상당 부분이 김영삼 대통령,

김대중 대통령, 노무현 대통령 시절부터 논의하던 내용이다. 이명박 정부는 특유의 '시장 친화적' 국정기조를 바탕으로 강력한 드라이브를 펼쳤다. 나는 기획재정부 '공공기관 운영위원회' 위원의 한 사람으로 공기업 개편 작업에 참여할 기회가 있었다.

공기업 개혁으로 이룬 괄목할 만한 변화는 무엇이 있는가. 주택공사와 토지공사를 통합한 LH공사(한국토지주택공사)가 출범한 것과 산업은행으로부터 한국정책금융공사(KoFC: Korea Finance Corporation)를 분리한 것이다. 인천국제공항공사IIAC는 지분 매각을 결정하기 직전에 결정이 유보되었다.

당시 공기업 개혁 사례로서 이들 기관을 선택한 이유는 무엇인가. 집중적인 논의를 거치면서 각기 통합, 분리, 보류 결정으로 귀결되었으나 공기업 체제 개편 5년이 흐르면서 LH공사는 통합된 공기업으로 계속 존치하는 반면, 산업은행으로부터 분리되었던 한국정책금융공사는 산업은행으로 통합되어 옛 산업은행 체제로 회귀해서다. 인천국제공항공사의 지분 매각은 여전히 예전의 논의에 머물러 있다. 4개 기관의 개혁 논의가 동시에 전개되어 최종 결론에 이르렀지만, 일정 기간이 흐른 뒤에는 각기 다른 사회적 비용을 안게 되었다. 이 점에서 이 기관에 대한 정책 결정의 성패를 결정짓는 요소가 무엇인지를 정리했다.

2 산은지주와 한국정책금융공사의 출범:
5년 후 환원, 일방적 주도로 정책이 실패하다

1) 개혁 주도 그룹이 일방적으로 분리를 추진하다

2008년 10월, 산업은행은 산은지주와 한국정책금융공사를 분리했다. 산은지주는 산업은행을 주축으로 대우증권과 산은캐피탈 등 5개 자회사를 관장하는 새로운 지배 구조로 출발했다. 산업은행장이 지주회사 회장을 겸하게 됨으로써 산업은행이 지주회사의 주축이 되었다. 두 기관의 분리는 기존의 산업금융 부문에서 정책금융을 떼어 내서 한국정책금융공사로 기능을 이관하고 산업은행으로 하여금 글로벌 기업금융 전문 투자은행으로 대형화하고 집중화하자는 구상에서 시작했다.

이 구상은 초기 단계부터 상당한 논란을 불러일으켰다. 정책금융을 기존 산업은행의 관장 영역으로부터 떼어 내는 것이 과연 적절한 것인지에 대한 문제 제기다. 중소기업 육성, 사회 기반 시설 확충, 지역 개발 분야에 대한 정책금융을 분리해 별도의 기관을 신설하는 것은 정책금융의 정책적 특성이 점차 엷어지는 시점에 부적절하다는 것이다. 산업금융 부문의 역량 증대와 질적 구조 전환 노력을 쏟아야 하는 시점에 정책금융 분리는 산업은행의 장기적 발전 방향에 역행한다는 것이 두 기관 분리 반대 논리의 하나였다.

이러한 논란이 있었으나 당시 공기업 개혁을 주도한 새 정부의 핵심 인사들의 분리에 대한 입장은 견고했다. 이미 최고 책임자의 결심이 선 것으로 보였다. 토론에 참여하면서 이 문제는 다음 정부가

산업은행으로부터 한국정책금융공사가 분리된 후 KDB금융그룹과 한국정책금융공사 간판이 나란히 걸려 있는 모습

출범하면 재론의 여지가 있다고 보았다.

2) 산업은행 체제로의 회귀: 공감대 부족한 개혁 추진 결과

2013년, 새 정부가 들어서면서 이 예측은 적중했다. 2015년 1월, 1여 년의 논의 끝에 한국정책금융공사는 산업은행으로 통합됨으로써 5년 만에 본래의 산업은행 체제로 회귀했다. 공기업 개혁이라는 명분 아래 분리했던 두 기관을 통합했다는 사실은 이유를 불문하고 개혁 구상이 실패했다는 것을 단적으로 말해준다. 전형적인 정책 실패 유형인 셈이다.

정책 실패로 야기된 재무적·사회적 비용은 어느 수준인가. 이 비용을 따져보는 사람도 없다. 한국정책금융공사가 산업은행으로 통합될 때, 당시 분리하자고 주장했던 분들이 "한국정책금융공사가 존치해야 한다"고 주장하며 새로운 통합안을 반대하는 노력을 기울였는지 궁금할 뿐이다.

두 기관을 분리해야 한다는 구상이 제기되었을 때 개혁의 장기 비전에 대한 거시적 찬반 토론과 엄밀한 기능 분석을 한 다음 이에

2015년 1월 2일, 한국정책금융공사가 다시 산업은행으로 통합·환원되는 행사장

기초해 최종안을 도출했다면 이런 사태를 막을 수 있었으리라. 정책 결정 과정에서 '새로운 힘'을 배경으로 힘 있는 사람들이 특정 패러다임에 집착해 일방적으로 결정을 주도하는 데 원인의 일부를 찾을 수 있다. 따라서 새 정책을 수립하는 과정에서 주도하는 그룹의 존재감을 인정하되, 동시에 견제할 수 있는 다른 지향성의 사람들이 함께 참여하는 장치를 마련해야 한다. 입장이 다른 사람들을 설득해 최소한 공감할 수 있도록 해야 하는 것이다. 그 정도의 논리적 설득력이 있어야 개혁이 최소한 발붙일 수 있다. 만일 공감대를 형성하는 일이 어렵다면 재론할 수 있는 통로를 만들어야 한다. 이 과정을 거칠수록 새 개혁안은 견고해진다.

3 주택공사와 토지공사를 LH공사로 통합: 강력한 추진 의지로 반대를 극복하다

1) 새 정부의 강력한 통합 의지

주택공사와 토지공사의 통합은 정부가 들어설 때마다 나오는 단골 메뉴다. 집권 초기 공기업 개혁안으로 손쉽게 내놓을 수 있는 이유는 '땅 위에 집을 짓는데, 왜 두 기관으로 나뉘어 있는가'라는 아주 단순한 논리 탓이다. 정권 초기 핵심 인사들은 공기업 개혁 중 이것 하나만은 할 수 있다고 자신을 보였다.

주택공사는 역사가 오랜 투자 기관(1962년 발족)이지만 주택 산업에서 민간의 획기적 역할 증대로 주택공사 고유의 공공 주택 건설은 점차 역할이 축소되어가는 상황이었다. 정부 주택 정책의 일환으로 저소득층 대상의 공공 주택 건설은 물량이 늘어날수록 채무 부담이 늘어날 수밖에 없어 40조 원(2008)에 육박했다.

한편 토지공사는 주택공사에 비해 늦게 출발했다. 공공 목적 토지뿐 아니라 기업과 산업 수요 토지를 개발하고 공급하는 역할을 하면서 스스로 경쟁력을 확보했다고 자부하는 기관이다. 부채 규모도 주택공사에 비해 낮았다. 분당과 일산 신도시 건설 사업 주관 기관으로서 자부심도 강했다.

두 기관의 여건 차이는 양 기관 통합 과정에서도 찬성과 반대가 교차하는 양상을 낳았다. 주택공사는 통합에 우호적이나 토지공사는 공사 경쟁력이 희석된다는 이유로 반대했다. 겉으로 보면 통합이 쉬울 것 같아도 역대 정부가 통합 시도에 그쳤을 뿐 중도 포기한 이

2009년 10월 7일, LH공사 출범식에서 이지송 사장(오른편)이 LH공사 사기를 흔드는 모습

유는 토지공사의 적극적 정치력 동원에 기인한 바가 컸다.

이명박 정부는 다른 공기업 개혁은 양보해도 두 공사는 꼭 통합해야 한다는 각오로 정책 결정에 임했다. 이러한 강력한 정치적 의지와 이에 부합한 기획재정부가 들인 노력은 어렵사리 두 기관의 통합을 이루어냈다. 통합 과정에서 가장 큰 난관은 기관 통합에 따른 직제 개편과 임원 재배치 문제다. 쉽게 말해 두 기관이 하나로 합치면 단순계산해서 임원이 반으로 줄어든다. 공기업에서 몇 십 년 봉직한 임직원들이 흔쾌히 동의할 리가 없다. 그럼에도 주택공사와 토지공사가 통합해 LH공사(Korea Land & Housing Corporation)로 출범하게 되었다. LH공사 출범은 공기업 역사에서 가장 규모가 큰 통합으로 기록될 것이다.

2) 이념적·정치적 제약 없어 순조롭게 통합하다

두 기관이 통합에 성공한 이유는 통합에 따른 이념적·정치적 제약이 없었다는 점이다. 두 기관 통합의 근저에는 두 기관이 통합하면 전체적으로 효율성이 향상된다는 가설이 있었다. 통합 기관의 효율성이 증대되면 결국 서민 주택의 가격 상승 요인을 흡수할 수 있다. 지가 공급 가격이 낮아질 가능성이 있다는 점에서 서민 복지 향상에 주력하고자 하는 야권이나 시민단체가 반대할 수 없는 대상이었다. 토지공사를 중심으로 한 반대 운동에 정치권이 합세하면 통합을 저지할 수 있겠지만, 토지공사만의 반대 운동은 토지공사 이기주의라는 비판에서 자유로울 수 없었다.

LH공사가 아직껏 순항하는 것은 산업은행의 한국정책금융공사 재통합 사례와는 좋은 대조를 보여준다.

4 인천국제공항공사의 지분 매각: 신자유주의 조치로 간주하는 야권의 반발로 표류하다

1) 지분 매각은 국제 경쟁력 높이기 위한 전략

기획재정부는 인천국제공항공사의 '49% 보유 지분 매각' 구상을 공기업 선진화 추진에 있어 역점 과제 하나로 간주했다. 지분 매각은 민영화도 아니고 구조 조정도 아닌 기존 지분의 일부를 매각해 인천공항의 국제 경쟁력을 높이고, 투자 재원 조달을 원활히 하자는 전략의 하나였다.

강만수 장관과 함께 국회기획재정위원회에 출석해 의원들의 질문에 답변할 기회가 있었다. 야권 의원들은 인천공항 지분 매각 문제를 아주 수평적인 차원으로 바라보더니 정부 지분 매각을 국부 유출이라고 비판했다. 그러나 우리 공항의 글로벌 가치를 높이기 위한 전략적 제휴라고 해석하는 것이 맞다.

이 지분 매각은 공사 설립 시에 규정되었던 것이다. 엄밀히 말해서 새 정부의 공기업 개혁 방안이라고 말하기 어려운 법적 배경이 있었다. 지분 매각은 매각 자체가 목적이 아니라 싱가포르 창이 공항이나 프랑크푸르트 공항 등 세계적 허브 공항의 지분 투자를 유도해 글로벌 네트워크를 구축함으로써 인천공항의 글로벌 경쟁력을 높이려는 정책 목표를 지닌 것이다. 정부가 지분 51%를 소유하면 외부 지분이 몇 퍼센트인지를 막론하고 경영권을 행사하는 데 아무런 영향이 없다. 우리의 국가 이익을 방어하는 데 아무런 지장이 없다는 말이다.

2) 시장 친화적 조치로 간주하는 정치적 시각의 벽

그럼에도 야권은 지분 매각 문제를 이명박 정부의 철저한 시장 친화적 신자유주의 경제 운용 방식의 상징적 조치로 간주해 공격의 포문을 열었다. 자세한 내용을 모르는 일반 국민은 "알토란 같은 국가 소유 국제공항을 외국 자본에 파는 것은 심한 것 아니냐"는 반응을 보이기도 했다. 일부 언론도 '국가 기관 매각', '경쟁력 있는 공기업 매각', '이명박 정부의 시장 만능' 등 실제 내용과는 거리가 먼 자극적인 표현으로 지분 매각 반대 입장을 펼쳤다. 이 논란에 불을 붙이는 사건이 일어났다. 정권 핵심부 가족이 지분 매각을 알선하는 외국

컨설팅회사에 근무한다는 보도가 나가면서 마치 정부가 특정인에게 특혜를 부여하는 양 비난 여론이 수그러들지 않았다.

정부가 인천국제공항공사의 지분 일부를 매각하려면 '인천국제공항공사법'을 개정해야 한다. 전액 정부 출자로 설립한 '공사형 공기업' 인천국제공항공사를 '상법상 주식회사형 공기업'으로 전환하는 공사법 개정을 해야 한다는 말이다. 정부가 제안한 공사법 개정안은 인천공항 지분 매각에 반대하는 국민 여론이 확산되자 소관 상임위원회인 국토해양위원회에 상정조차 되지 못했다. 지분 매각 선결 과제인 공사법 개정안이 국회에서 표류하다가 18대 국회(2012) 회기가 종료되어 자동 폐기되었다. 이에 따라 인천공항 지분 매각 구상은 표류되었다. 아직껏 이에 대한 정책 방향이 정립되지 않은 상황이다.

만일 외국 공항공사가 49% 범위 내에서 일정 지분을 소유한다면 인천공항의 글로벌 경쟁력은 더욱 높아졌을 것이다. 이때 인천공항 지분 일부를 해외에 매각하는 것을 국회라는 벽에 부딪혀 성사시키지 못한 것은 지금도 아쉽다.

5 뚜렷한 개혁 명분과 공감대 형성이 개혁 성패를 좌우한다

주택공사와 토지공사가 LH공사로 통합해 오늘에 이른 것은 두 기관의 통합이 가져올 '효율성 증대'라는 기대 이익에 공감대가 형성된 덕분에 부분 이익과 반대 입장을 극복할 수 있었다. 명분 설정과 공감대 형성이 통합 결정의 핵심 성공 요인이라고 분석할 수 있다. 반면 한국정책금융공사를 산업은행으로부터 분리한 결정은 논의 초

4대 공기업 체제 개편(2008)						
기존 공기업 개편	기본 목표	목표 가치 (추진 동력원)	목표 적합성	정치적 공감대	5년 후 결과	평가
주택공사 토지공사 ⇒ LH공사	통합	통합을 통한 효율성 증대	공감대 형성	○	유지	긍정적
산업 은행 → 산업은행 정책금융공사	기능 분리	기능 재조정 통한 역할 재정립	기능적 논란	△	환원	실패 사례
인천국제공항공사	지분 매각	국제 경쟁력 향상	정치적 논란	×	답보	무의사 결정

기부터 분리의 정당성에 대한 분명한 논리가 결여되었다. 그럼에도 일부 핵심 경제 관료들이 산업은행에 대한 특정 패러다임을 일방적으로 밀어붙인 전형적인 정치·관료제적 의사 결정politico-bureaucratic decision making 모델로 설명할 수 있다. 그렇다 보니 정치 권력과 핵심 관료제가 바뀌면 동력원을 상실할 수밖에 없다. 그 결과 원래대로 환원되는 정책 실패를 겪게 되는 것이다. 이 과정을 지켜보면서 개혁 과제는 출발 시 확실한 명분을 축적하고 공감대를 구축해야만 개혁 조치가 영속성을 띨 수 있다는 점을 새삼 확인할 수 있었다.

한편 인천국제공항공사 지분 매각 계획은 이념적 측면에서 정치권과 여론의 반대를 극복하지 못했다. 일반 국민의 공기업 매각에 대한 정서적 이해 폭이 넓지 않다면 개혁 주체가 끊임없이 매각 구상의 정당성을 국민에게 설득해야 한다. 이 노력을 수반하지 않으면 '오해가 진실로 둔갑하는' 바람직스럽지 않은 반발을 유발하게 된다. 개혁 의지가 있는 정책 결정은 부단한 설득과 소통이 개혁 성패를 좌우한다는 교훈이 결코 과소평가되어서는 안 된다.

'공공기관 운영에 관한 법률'이
극적으로 통과(2007)되다
: 정치권 책임자의 협조

1 공기업 정부 관리 방식: 개별 부처와 기획예산처의 입장 차이
2 기획예산처의 중앙 통제 심화 노력: 새 법률안을 제출하다
3 원내 대표와의 면담을 성사시키다: 법안 상정 결정
4 입장을 바꾼 원내 대표의 결심: 정치권 협력을 이끌어낸 장관의 정성

1 공기업 정부 관리 방식:
개별 부처와 기획예산처의 입장 차이

중앙정부 행정 각 부처는 소관 정책 목표의 실현을 위해 정부투자기관, 정부 출자 기관 등 공기업을 설립하고 운영한다. 기획재정부, 산업자원부, 국토교통부 등 경제 부처는 물론이고 보건복지부, 교육부, 안전행정부 등 사회 관련 부처도 국민 생활과 직결된 소기의 정책 목표 달성을 위해 거대한 공기업 군을 관장한다. 새 정부가 들어설 때마다 공기업 개혁이 단골 메뉴가 되는 것도 바로 방대한 공기업 부문의 설립 목표 달성과 효율적 운영이 국가 경쟁력을 향상

2008년 8월 11일, 강만수 장관(오른쪽)과 함께 국회 공기업관련대책특별위원회에 참석해 공기업 선진화 계획에 관해 답변을 준비하는 모습

시키는 데 중요한 정책 수단의 하나로 간주되기 때문이다.

정부의 공기업 정책은 일단 설립 주체인 주무 부처와 해당 공기업과의 관계가 일차적이다. 이를테면 LH공사는 설립 주체인 국토교통부가, 한국전력공사(한전)은 대주주인 산업자원부가 정부와 기업 관계의 기본 축을 형성한다. 그러나 이에 그치지 않고 공기업 전체의 국민 경제적 성과와 효율적 기업 활동을 유도하는 총괄 정부 부서(과거 기획예산처, 지금은 기획재정부)의 간접 통제 대상이 된다. 다시 말해서 모든 공기업은 설립 목적을 수행하는 일과 관련해 일차적으로 해당 부처의 감독, 이차적으로 기획재정부의 감독을 받는 이중 규제의 틀 속에서 운영된다.

이 같은 공기업에 대한 이중 규제(개별 부처의 규제, 범정부적 보편적 규제)에 대해 정부 부처나 학계에서도 양론이 공존한다. 하나는 공기업에 대한 규제는 개별 공기업에 대한 개별 부처의 통제가 중심축이 되어야 하고, 기획재정부의 범정부적 일반 통제는 최소화해야 한다는 입장이다. 다른 하나는 개별 부처의 통제는 '한배에 탄 내부 통제'에 불과하므로, 범정부적 일반 통제가 국민 경제의 성과를 향상시킬 수 있는 필수 통제라고 강조한다.

이를테면 국토교통부, 산업자원부 등 다수 공기업을 관장하는 부처는 소속 공기업들이 소기의 정책 목표를 적절히 수행토록 하려면 자신들의 통제가 중요하다고 강조한다. 반면, 기획재정부는 CEO의 선임, 경영 평가 등 경영 통제가 보편적으로 이루어지는 것이 국민 경제적 기대에 부합하다고 생각하는 경향이 강하다.

2 기획예산처의 중앙 통제 심화 노력: 새 법률안을 제출하다

2006년까지 '정부투자기관 관리기본법'이 정부의 공기업 정책을 규율하는 법이었다. 이 법은 기획예산처가 경영 평가 제도 등을 통해 공기업 부문에 대한 범정부적 통제를 실행하는 역할을 했다.

김영삼 정부 후반 외환위기를 겪으면서, 김대중 정부는 위기를 극복하기 위해 보유 자산 매각, 민영화 등 공기업 부문 개혁을 강력히 추진했다. 이러한 개혁은 노무현 정부에도 계속 이어졌다. 김대중 정부와 노무현 정부에서 개혁을 주도하는 정부 부처는 바로 기획예산처다. 기획예산처는 기존의 '정부투자기관 관리기본법'이 공기업 개혁을 추진할 때 미진한 점이 많다고 판단해 새 법안을 작성하고 제출하기에 이르렀다. 이 법이 바로 '공공기관 운영에 관한 법률'(안)이다.

새 법안은 '공공기관 운영위원회'를 신설해 공기업에 대한 경영 감독과 평가를 수행하고, 주무 부처는 사업 감독만 함으로써 기획예산처의 역할을 강화하는 내용을 담았다. 특히 공공기관 운영위원회가 공기업 장 등 임원을 선임할 때 주도적인 역할을 함으로써 공기업 인사에서 기획예산처의 역할을 강화하는 내용을 포함하고 있었다. 이에 추가해 공기업 기관장의 임기를 3년, 기타 임원 임기를 2년으로 하고 경영 성과에 따라 1년 단위로 연임토록 함으로써 경영 평가 결과를 연임의 근거로 삼고자 했다.

2006년 후반, 이 법안을 공개하자 국토교통부·재정경제부·통상산업부(현재 산업통상자원부) 등은 반대 입장을 표명했다. 이 법이 통과하면 공기업에 대한 자신들의 역할이 상대적으로 축소되므로 해당 부처의 정책 목표를 실현하는 데 장애가 된다는 것이다. 그러나 당시 노무현 정부의 핵심 정부 부서에 기획예산처 출신이 포진하고 있어 여러 부처의 반발을 제치고 법안 제출을 할 수 있었다. 그러나 법안을 국회에 제출하자 상임위원회의 심사 과정부터 여러 부처의 반대에 부딪혀 본회의 상정이 여의치 않았다. 특히 여당 수뇌부가 이 법안을 본회의에 상정하는 것을 보류하였다. 법안 제안자인 기획예산처 간부들이 전전긍긍할 수밖에 없었다.

3 원내 대표와의 면담을 성사시키다: 법안 상정 결정

당시 정부투자기관 경영평가단장을 맡았던 내게 배국환 기획예산처 실장이 찾아와서 법안 통과 문제를 상의했다. 오죽 답답했으면 "평교수인 내게까지 찾아오나" 싶었다. 배 실장은 여당의 김한길 원내 대표가 이 법안을 회의적으로 여겨 심사가 보류되고 있다, 이번 회기를 넘기면 정부의 공기업 정책이 공백 상태가 될 수 있다는 우려를 표명했다. 대화 도중 김한길 원내 대표와 평소 소통을 하며 지낸다고 했더니 배 실장은 깜짝 놀랐다. 답답한 마음에 우연히 찾아왔는데 내가 당사자와 친교가 있다는 것을 알게 된 배 실장은 나를 채근했다. 다음날 장병완 기획예산처 장관도 내게 법안 통과가 긴박하다는 것을 설명해주었다.

어쩔 수 없이 의원회관으로 전화를 넣었다. "본회의장에 계셔서 연락할 수 없다"는 비서의 답을 들었을 뿐이다. 연락이 안 되니 할 수 없다며 연구실에서 강의 준비를 하던 차에 김한길 원내 대표가 전화를 걸어왔다. "직접 만나고 싶으니 공식 일정 후 저녁 10시경이라도 여의도에서 30분만 시간을 내달라"고 요청했다. 잠시 후 김 대표로부터 다시 연락이 왔다. 김 대표는 "예정된 저녁 약속을 취소했으니, 63빌딩에서 저녁을 하는 편이 낫겠다"고 했다. 몇 시간 만에 김 대표를 만날 기회가 생긴 것이다.

김한길 대표와 저녁을 하면서 '공공기관 운영에 관한 법률(안)'이 국회에 제출되었는데 본회의 상정이 보류되고 있어 걱정된다고 운을 뗐다. 일부 경제 부처들이 반발하지만, 정부 개혁 기조에 비추어 공기업 개혁 속도를 진작하려면 이 법안을 통과시켜야 한다는 의견을 피력했다. 김 대표는 "건설교통 상임위원장으로 있을 때, 건설교통부 소속 공기업 장들이 한결같이 기획예산처 간섭이 심해 일하기가 어렵다고 이구동성으로 말하더라"며 이 법률안에 대해 회의적인 응답으로 일관했다. "경영평가단장을 역임한 사람으로서 이 법안의 상대적 가치는 인정해야 한다"는 말로 말문을 닫았다. 그 뒤 개인적인 대화를 1시간 정도 나누다가 귀가하려고 엘리베이터에 몸을 실었다. 김 대표가 갑자기 "그 법률안이 통과되도록 힘쓰겠다"면서 "장병완 장관으로 하여금 자신에게 연락하도록 연결해달라"는 작별인사를 했다.

기획예산처의 어려운 상황을 함께 나누는 것으로 내 책무를 다했다고 생각했을 뿐 김한길 원내 대표가 이 법안에 대해서 입장을 바꾸리라고는 상상하지 못했다. 즉시 장병완 장관에게 전화를 걸어 내일 김 대표가 면담에 응할 것이라고 전했다. 장 장관은 만족스러운 목소리를 감추지 않았다. 몇 주 후 좋은 소식을 들었다. 이 법안이 소관 상임위원회와 법제사법위원회를 거쳐 국회 본회의를 통과했다는 소식을 말이다.

4 입장을 바꾼 원내 대표의 결심:
정치권 협력을 이끌어낸 장관의 정성

그때 법안 통과 여부가 우연한 순간 정치적 협력을 받아내느냐에 달려 있음을 목격했다. 아마도 김한길 대표의 적극적인 협력이 없었더라면 그 법안이 통과 배제 리스트에서 지워지지 않았을 수도 있었을 텐데 말이다. 그렇다면 상당 기간 이 법안은 표류를 면치 못했으리라. 만일 장병완 장관이 정치권의 협력을 받으려는 노력을 기울이지 않았더라면 같은 결과가 나왔을 수 없었을 것이다. 기획예산처 배국환 실장이 나를 찾아오지 않았더라면 내가 김 대표에게 연락을 취하는 일도 없었을 것이다.

전문가의 한 사람인 교수 의견을 경청해 자신의 반대 입장을 재고한 원내 대표의 결심과 이 결심을 유도하는 데 주저하지 않은 장관의 정성이 회기 내 '공공기관 운영에 관한 법률' 통과를 가능하게 한 것 아니냐는 반문을 해보기도 했다. 이 가정을 생각해보면 항상 진정으로 최선의 노력을 다하고, 정치권으로부터 동의와 지지를 받아내는 노력이 공공 리더십의 요체임을 인식하게 된다.

2008년 3월, 이명박 정부가 출범하면서 기획예산처는 재정경제부와 통합해 '기획재정부'로 출발했다. 재정경제부 시절 '공공기관 운영에 관한 법률' 제정을 반대하던 부처가 기획재정부로 통합되면서, 공기업 관리 방식에 대한 기존의 소극적 입장이 긍정적 입장으로 선회했을 것이다. 여태 기획재정부 쪽에서 '공공기관 운영에 관한 법률'이 잘못 제정되었다는 이야기를 들어본 적이 없기 때문이다.

{ 03 }

광업진흥공사 사장을 해임하다
: 장관의 파격적 결정

1 강도 높은 개혁 분위기 속의 공기업 경영 평가
2 기획예산처 장관의 해임 건의 결정
3 장관의 파격적 선택: 공기업 자체 개혁에 박차를 가하다

1 강도 높은 개혁 분위기 속의 공기업 경영 평가

2001년, 외환위기 타개를 위해 정부와 민간이 함께 범국가적 노력을 펼칠 때의 일이다. 이 시점에 '정부투자기관 경영평가단장'을 맡은 나는 어느 때보다도 개혁 노력을 평가해야 한다는 안팎의 주문을 받고 평가 작업을 수행해야 했다. 경영 평가 지표에서도 그동안 공기업이 수행한 개혁 진척을 점검하고 앞으로의 개혁 가능성을 평가 지표에 높게 반영할 뿐 아니라 '종합 경영효율성' 지표에서는 공기업 장의 개혁 의지와 역량 등을 별도로 평가해야 했다. 평가 작업을 진행하는 도중 여러 곳에서 "개혁이 미진한 곳이니 평가를 통해 문제점을 지적해달라"는 주문과 함께 "정부의 개혁 드라이브(보유

자산 매각 등)가 비현실적이므로 현실을 고려해 평가에 임해달라"는 요청이 쇄도했다.

3월부터 시작한 경영 평가 작업은 5월 말경 마무리되었다. 13개 기관에 대한 전년도 경영 실적에 대한 평가 결과가 공표될 시점에 올해 경영 평가 결과 성과가 부진한 공기업 사장을 해임할 것이라는 소문이 돌기 시작했다. 그런 소문이 돌면서 성과가 미진한 것으로 예상되는 공기업 장長들은 전전긍긍하며 내게 긴급 면담을 요청하기도 했다.

경영 성과가 부진한 이유가 공기업 장의 경영 능력이 부족해서 그럴 수도 있으나, 기관 자체의 구조적 문제점 탓에 장의 노력에도 실적 평가 점수가 낮게 나올 수밖에 없는 경우도 존재했다. 해당 기업의 사업 자체가 성장성이 낮고 법령과 정부 시책에 의거, 손실을 뻔하게 예상하면서도 의무적 투자와 지출을 감행해야 하는 경우도 있었다.

2 기획예산처 장관의 해임 건의 결정

경영평가단은 경영 평가 결과를 기획예산처에 제출했다. 며칠 후, 기획예산처 주무 과장이 경영 실적이 부진한 몇 개 기관에 대한 세부 평가 보고서를 요청했다. 순간, 올해는 기관장을 해임할 것 같다고 직감했다. 그러지 않을 것이라면 구태여 별도의 추가 자료를 요청하지 않을 테니 말이다.

전윤철(당시 기획예산처) 장관이 광업진흥공사 사장을 대통령에게 해임을 건의하는 결단을 내렸다. '정부투자기관 관리기본법'에 "주무 장관이 경영 평가 결과가 부진한 기관장에 대해서는 해임을 대통령에게 건의할 수 있다"는 조항이 있지만, 이 조항을 적용해 해임 건의를 한 적은 없었다. 그만큼 파격적이다. 해임 건의 대상이 된 광업진흥공사 사장은 김대중 대통령을 오랜 기간 보좌했던 동교동계 인사였다. 이 점도 파격성을 부각시키는 요소로 작용했다. 나아가서 당시 광업진흥공사가 최하위 기관은 아니었다. 최하위 기관은 석탄공사였다. 석탄공사 사장이 직전에 선임되었다는 이유로 최하위에서 두 번째인 광업진흥공사가 타깃이 된 것이다.

3 장관의 파격적 선택: 공기업 자체 개혁에 박차를 가하다

보통 장관들은 '정부투자기관 관리기본법'상의 해임 건의를 생각하지 않는다. 문제가 발견되더라도 일정 시간이 지나면 임기가 자동으로 종료되니 구태여 해임 건의라는 조치를 취하지 않는다. 대통령과 정치적 동지 관계에 있는 배경이라면 어떤 이유를 들어서라도 해임 건의를 시도하지 않았을 것이다. 더구나 반드시 해임 건의를 단행해야 할 구속력도 없다. 장관의 공기업 개혁에 대한 단호한 입장을 기관장 해임 건의로 표현한 것이라고 짐작했다.

해임 건의 결정을 공표하자 당장 광업진흥공사 이사회가 해임 건의를 철회하라는 성명서를 보내왔다. 경영 평가가 수익 창출 기관에 유리하게 설계되어 있어 광업진흥공사 성적이 부진할 수밖에 없으며 이 책임은 광업진흥공사에 없다는 것이다. 이 성명서는 경영 평가 제도의 합리적 개선을 촉구하기도 했다.

해임 건의 결정에 대한 불똥이 내게도 떨어졌다. 해임 당사자가 나를 찾아와 경영 평가가 잘못되어서 해임 조치를 한 것이니 평가 결과를 재검토하라면서 응분의 책임을 지라고 질타했다. 광업진흥공사 사장은 서울대 평교수 시절부터 친분이 있던 분이다. 그분을 위로하고 공적 절차에 따라 진행한 일이니 깨끗이 수용하는 것이 대통령을 보필했던 분의 진정한 책무라고 응답했다. 미안했던 것은 광업진흥공사는 어떤 분이 사장으로 있더라도 당시 경영 여건이 열악해 경영 평가 성적이 좋을 수가 없었다. 따라서 광업진흥공사의 미진한 경영 성과는 사장의 몫이라기보다는 광업진흥공사 자체의 구조적 문제에 기인했다.

경영 평가 결과에 기초해 공기업 사장에 대한 해임이 단행되었다는 것은 그 이후 공기업 경영진들의 경영 쇄신 노력을 배가시켰다는 긍정적 정책 효과를 거두었다. 말로만 듣던 경영 성과에 대한 책임이 기관장 해임으로 귀결되었다는 것은 대부분 공기업이 정부의 공기업 개혁 정책에 부응해 더욱 밀도 있는 노력을 경주하게 했다. 이러한 정책 효과를 거두게 된 것은 좌고우면하지 않고 법에 나와 있는 권한을 단호하게 행사한 장관의 의지였다.

{ **04** }

경영평가단의 자율성을 존중한 심사평가국

: 2년 연속 1위 한 한국전력

---

1 경제기획원 경영평가단에 참여하다
2 한국전력, 경영 평가 1위 기관 선정
3 전례 없는 연속 1위
4 경영평가단의 자율성을 존중한 경제기획원 심사평가국

---

1 경제기획원 경영평가단에 참여하다

1994년 봄, 공기업 평가를 관장하는 정부투자기관 경영평가단 단원으로 참여하게 되었다. 단장은 김세원 교수(서울대 경제학과), 총괄 간사는 강광하 교수(작고, 경제학과)가 맡으면서 내게 비계량 부문 간사를 맡아달라고 요청했다. 당시 경영 평가 작업 주관은 옛 경제기획원 심사평가국이 맡았다. 민간 인사로 구성된 경영평가단이 독자적으로 전년도 경영 성과를 차기 연도에 평가해 정부에 제출하면, 그 결과에 따라 평가 대상 공기업들의 인센티브 상여금 비율이 정해졌다. 공기업들은 인센티브 상여금을 제대로 받아야 할 뿐 아니라 기관의 공신력이 간접적으로 평가되므로 좋은 성적을 거두기 위해 상당한 노력을 기울였다.

경영평가단 비계량 분야의 간사로서 설립 목표, 인사·조직 관리, 예산·출자 기관 관리, 에너지 관리 등 주로 질적 평가를 담당했다. 더욱 중요한 총괄 지표인 종합 경영효율성 지표도 관장했다. 계량 지표는 양적 평가이므로 산식에 따라 점수가 나오니 재량의 여지가 없으나, 비계량 지표는 질적 판단이 요구되므로 각 공기업이 좋은 성적을 얻으려고 심혈을 기울였다.

2 한국전력, 경영 평가 1위 기관 선정

1994년 5월에 최종 집계된 1993년 경영 실적 평가 결과, 한국전력(한전)이 점수가 가장 높았다. 경영평가단을 관장하는 경제기획원 심사평가국 담당 과장과 사무관이 "국민은 한전이 거대 공기업으로서 운영이 방만하고 비효율적 구석이 많다고 믿는데 경영을 가장 잘한다고 하면 누가 믿겠는가"라며 의문을 제기하기도 했다. 경영평가단은 "열심히 해서 좋은 점수가 나왔으니 수용하는 것이 바람직하다. 거대 공기업이 잘했다는 사실이 알려질수록 경영 평가에 대한 관심도가 높아질 수 있다"는 의견을 투입했다. 당시 주무 사무관이던 최경환 전 경제부총리(현재 국회의원)는 우리의 입장을 충분히 이해했고, 한전의 경영 평가 1위 선정에 대해서 이의를 달지 않았다. 이것이 가능했던 것은 당시 경제기획원의 개방적 전통과 분위기 덕분이다.

권위주의적 전통이 강한 부처라면 민간 출신으로 구성된 경영평가단에 대해 "이래라 저래라" 하는 식의 관여가 일상적이었을 텐데 말이다. 경제기획원은 민간 출신 경영평가단의 자율적 권위를 존중해주었다. 심사평가국 간부들은 경영평가단 교수들을 정중히 대우하고 만날 때마다 격려를 아끼지 않았다.

한전이 경영 성과 평가에서 1위를 했던 것은 새로 취임한 사원 출신의 이종훈 사장이 전력 전문가로서 구석구석 비효율을 제거한 덕분이다. 전력 산업의 총체적 경쟁력을 높이기 위해 혼신의 노력을 기울인 결과이기도 하다. 이 과정에서 한전의 김윤태 평가 담당 부처장(서부발전 전무 역임)이 사장의 지휘를 직접 받으면서 한전 모든 부서의 업무를 경영 평가가 추구하는 설립 목표 달성과 경영효율 향상에 직접 연계해 총괄했다는 점도 경영 성과 개선에 큰 힘이 되었다.

3 전례 없는 연속 1위

1995년에도 한전은 경영 평가 1위를 했다. 연이어 1위를 거머쥔 예는 없었다. 성적이 잘 나와도 다른 기관과의 균형을 의식해 신중하게 평가를 진행했기 때문이다. 이러한 조율 노력이 가능한 것은 총괄반이 관장하는 '종합 경영효율성' 지표를 탄력적으로 운영할 수 있는 여지가 있기 때문이다. 이 지표는 총괄반원들이 등급(A~F) 투표를 통해 기관과 사장에 대한 총체적 평가 장치로서 국민 경제적 논란이 되거나 국민 정서에 어긋나는 사업 추진이 이루어질 경우,

등급을 하향 조정할 수 있었다.

당시 심사평가국 홍남기 사무관(현재 미래창조과학부 차관)은 "한전이 한해도 아니고 연속해서 1위를 하는 것은 국민 정서상 무리가 있다"는 의견을 피력했다. 그 지적은 충분히 수긍이 갈 만했다. 경영평가단은 총괄반 회의를 열어 숙의한 끝에 집계된 점수를 그대로 최종 성과로 확정하는 것이 옳다고 다시 한번 결론지었다. '종합 경영효율성' 지표를 활용해 최종 집계 결과를 사후 조정한다는 것은 평가 작업의 객관성을 떨어뜨릴 수 있다. 담당 사무관은 경영평가단에 재고를 요청했지만, 경영평가단은 우리 입장을 존중해달라고 요청했다. 심사평가국은 경영평가단의 결과를 최종 수용했다. 이 과정을 거쳐 한전은 경영 평가 연속 2년 1위라는 영예를 얻었다.

4 경영평가단의 자율성을 존중한 경제기획원 심사평가국

한전이 경영 평가 연속 1위로 평가받았다는 사실은 경영진의 철저한 경영 개선 노력과 미래 지향적 해외 사업(필리핀 전력 사업)을 성공적으로 추진한 데서 비롯되었다. 그러나 경제기획원 심사평가국 과장과 사무관들이 경영평가단의 자율성을 존중하는 전통이 없었더라면 연속 1위가 어려웠을 것이다. 이 전통은 우리나라 관료 문화에서는 예외적이다.

일반적으로 관료들은 언론이나 윗사람들이 어떻게 보느냐에 따라 포지션을 바꾸는 경우가 허다하다. 국민의 주목을 받는 한전이 1위를 했다는 사실 자체가 일부 언론이나 시민 사회로부터 논란이 제기될 가능성이 있다면 신중한 행태를 보일 수 있다. 하물며 2년 연속 1위를 하게 된다면 관료 기구가 제동을 걸어도 변명의 여지가 없었을 것이다. 그럼에도 경영평가단의 평가 결과에 권위를 부여해 줌으로써 평가단 구성원의 자율성과 자부심을 심어주었다는 사실은 충분히 기록할 만하다. 민간 기구의 자율적 역할을 중시하고 격려하는 사례는 정책 결정에서 우리나라 관료제가 지켜나가야 할 전통의 하나다.

일본 우정 민영화 성공의
동력원*

1 불가사의한 우정 사업 개혁에의 도전
2 고이즈미 내각의 명확한 개혁 비전과 의지
3 총리 직할의 우정 개혁과 다케나카 교수의 기용: 총무성과 우정공사를 배제하다
4 우정 개혁 불변의 기준을 천명하다
5 다케나카 장관의 참의원 압승과 우정 민영화법 의회 통과
6 우리나라 공기업 개혁이 배워야 할 점

1 불가사의한 우정 사업 개혁에의 도전

21세기 들어서 지구 상에서 가장 성공한 최대 규모의 공공 부문 개혁 사례로 일본의 우정 사업 민영화를 들어도 이의를 제기할 사람은 없을 듯하다. 1867년에 출범한 일본 우정 사업(전에는 우정성, 2000년대는 총무성 관장)은 140년 이상의 유구한 전통을 자랑하면서 '불가사의한 조직'으로 군림해왔다. 우편 사업, 은행 사업, 보험 사업

---

* 이 글은 한국경제연구원에서 번역하고 발행한 『구조 개혁의 진실 - 일본 정부 개혁의 숨은 뒷이야기』(다케나카 헤이조 지음, 2008) '제3장 우정 민영화의 진실'을 참고해 작성한 것이다.

을 함께 관장하는 일본 우정공사가 보유한 자산은 예측을 불허할 정도의 거대 규모다. 2000년대 초 기준, 직원 규모가 38만 명(비정규직 포함), 보유 자산 370조 엔에 이르는 우정공사는 저축 부문 하나만도 일본 최대 은행인 미쯔비시 은행의 2배를 넘는다. 보험 부문은 일본 최대 민간 보험사 일본생명의 2배에 달할 정도로 일본 경제에 미치는 영향은 지대하다.

고이즈미 준이치로小泉純一郎 내각이 들어서기 전까지만 해도 감히 우정 사업의 민영화를 주창하는 유력 정치인이 없을 정도로 정치적 보호와 관료 지배의 대명사다. 그 우정 사업을 개혁 착수 4년 만에 메이지 유신 이래 최대 개혁이라고 지칭될 정도의 개혁을 이룩한 동력원이 무엇이었는지 공공 부문 연구자로서 호기심을 떨치기가 어려웠다. 일본의 우정 사업 민영화 성공 사례는 새 정부 출범 때마다 공공 부문 개혁을 외치는 우리나라에도 소중한 시사점이 될 수 있다.

2 고이즈미 내각의 명확한 개혁 비전과 의지

2001년, 고이즈미 내각의 출범은 일본 정치사에서는 예사로운 일이 아니었다. 1990년대 10년 이상 지속되어온 일본 경제의 만성적 정체 분위기를 타파해야 한다는 사회 분위기는 정치적 이변을 낳았다. 다름 아닌 고이즈미 총리의 등장이다. 고이즈미 총리는 재정 지출 확대를 통한 총수요 관리가 주축을 이루는 일본 정부의 전통적 경제 정책에서 탈피해 경제 주체의 과감한 체질 개선에 초점을 맞춘 구조 개혁의 칼을 꺼내 들었다. 전임 총리 시절에도 구조 개혁을 해야 한다고 논의해왔지만, 실천 의지는 두드러지지 않았다. 구조 개혁을 외치기는 쉽지만, 기득권과 반대 세력 앞에는 항상 무력할 수밖에 없었다. 일본 사회의 정政, 관官, 업業의 암묵적 유착 앞에 구조 개혁의 칼을 서서히 집어넣는 양상이었다.

그러나 고이즈미 내각은 구조 개혁을 통한 일본 경제 활력을 되살리고 과도한 재정 지출로 야기된 재정 적자 누적을 해소하는 데 정권의 명운을 걸었다. 고이즈미 내각의 이 정책 기조는 초기에 정치적 실험에 그칠 것이라는 정치권의 평가절하 관망을 무색하게 했다. 무려 5년 5개월간 집권했다. 이 장기 집권은 역설적으로 말해 기득권을 옹호하는 정치권과 관료 기구의 철옹성을 흔들면서 몇 개의 핵심 개혁을 완성시켜 가능했다.

성공한 핵심 개혁 가운데 하나가 바로 우정 개혁이다. 고이즈미 총리의 우정 개혁에 대한 의지는 다케나카 헤이조竹中平藏 게이오慶應 대학 교수를 총리 재임 기간 내내 내각의 경제재정 장관, 금융 장관, 우정 민영화 담당 장관, 총무 장관에 이례적으로 기용한 인사에서 엿볼 수 있다. 다케나카 장관은 시대적 소명을 완수한 후 고이즈미 내각 퇴진과 함께 대학교수로 돌아갔다.

3 총리 직할의 우정 개혁과 다케나카 교수의 기용: 총무성과 우정공사를 배제하다

불가능할 것으로 보였던 일본 우정 개혁이 성공한 요인은 고이즈미 총리의 일관된 개혁 철학과 그 개혁 철학을 이끌어갈 구심점에 대한 무한 신뢰에 있다. 고이즈미 총리는 우정 개혁을 우정 사업을 관장하는 총무성(옛 우정성)에 맡기면 개혁의 결실을 얻을 수 없다고 확신해, 총리실 직속의 '경제재정자문회의'로 하여금 개혁의 골격을 만들도록 했다. 고이즈미 총리는 우정 개혁을 진행할 때 최대의 적은 바로 총무성과 우정공사라고 판단해 자신의 개혁 철학을 이행할 수 있는 별도 시스템이 주도권을 쥐도록 했다. 그 시스템을 이끌 사람으로 다케나카 교수를 지목했다. 다케나카 교수에게 장관 모자를 씌워준 것도 우정 민영화를 실현하라는 메시지였다.

일본 우정 개혁의 성공 요인의 첫 단추는 초기 개혁안 마련 과정에서 당사자인 총무성과 우정공사를 배제한 데서 끼워졌다. 고이즈미 정부는 당사자에게 개혁안을 마련토록 하는 통상적인 개혁 출발점에서 과감히 탈피해, 우정 사업의 기존 이익과 무관하며 일본판 공룡 우정 사업을 개혁해야 한다는 견고한 입장을 가진 개혁 선구자들에게 전담시켰다.

4 우정 개혁 불변의 기준을 천명하다

고이즈미 총리의 개혁 전도사로 자임한 다케나카 장관은 2003년 5월 총리 직속의 경제재정자문회의를 통해 우정 사업을 개혁할 때 고려해야 할 기본 원칙으로 다케나카 5원칙을 세웠다.

첫째, 일본 사회를 활성화시켜야 한다는 '활성화' 원칙. 둘째, 금융 개혁과 재정 개혁이 조화로워야 한다는 '정합성' 원칙. 셋째, 이

용자 입장에서 편의성을 증대해야 한다는 '편리성' 원칙. 넷째, 기존의 거대 인적·물적 네트워크의 효율성을 증대해야 한다는 '자원 활용의 원칙'. 다섯째, 일본 우정공사 직원에 대한 고용을 보장해야 한다는 '고용 배려의 원칙'.

이 내용은 개혁을 논의할 때 수없는 쟁점을 한 방향으로 정리하고 단순화하는 데 금과옥조로 활용되었다.

다케나카 장관이 내세운 5원칙 기조 아래 민영화를 추진하는 방법론적 접근 구도로 3가지를 내세워 '경제재정자문회의'의 동의를 얻어냈다.

첫째, 우정 사업을 구성하는 우편·은행·보험 분야는 각기 자립해야 한다. 둘째, 민간 기업과 동일한 법적 규제를 받아야 한다. 셋째, 경영의 자율성을 확립해야 한다.

이 3가지를 천명했고 총리의 재가를 받았다. 이 3가지 핵심 과제는 민영화의 기본 정신을 철저히 반영해 개혁에 임하겠다는 의지로 해석할 수 있다.

다케나카 장관은 5대 원칙, 3대 핵심 과제를 도출하면서 8개월간 경제재정자문회의에서 18회(2004)에 달하는 논의를 거쳤다. 가장 어려웠던 일은 개혁의 당사자인 총무처 장관과 우정공사 총재를 설득하는 일이다. 같은 자민당 소속이지만 민영화 방법론에 대해 입장이 다른 두 사람을 설득하는 데는 고이즈미 총리의 전폭 지원과 다케나카 장관의 혼신적 노력이 투입되었다. 만일 고이즈미 총리의 다케나카 장관에 대한 지속적인 신임이 없었다면 우정 민영화 계획은 여당의 반발로 좌초 위기에 직면할 수도 있었다. 당내 중견 그룹의 격렬한 반대에 고이즈미 총리는 미동도 하지 않았다. 내각 책임제 국가인 일본에서 다수당 의원에 의해 선출되는 총리가 이같이 내부의 정치적 반대를 외면하는 것은 전례 없는 일이다. 아마도 고이즈미 총리만이 해낼 수 있는 일일 것이다. 개혁 추진 과정에서 정치적 이해를 전혀 고려하지 않는 고이즈미 총리의 탈정치적 태도가 역설적으로 말해 그의 정치적 자산이라고 볼 수 있다.

5 다케나카 장관의 참의원 압승과 우정 민영화법 의회 통과

고이즈미 총리는 우정 개혁의 전도사 다케나카 장관에게 참의원 출마를 요청했다. 아마도 다케나카 장관에 대한 유권자들의 표심을 통해 우정 개혁의 당위성을 확인하고자 한 시도일 것이다.

2004년 7월, 참의원 선거에서 다케나카 장관은 민영화를 비판하는 자민당 의원 두 후보를 제치고 압도적 1위로 당선되었다. 다케나카 장관의 참의원 압승은 우정 사업 민영화에 대한 국민적 지지를 확인하는 작업이다. 다케나카 장관의 압승을 통해 우정 사업 민영화에 대한 국민적 지지가 확인된 만큼, 이제는 공식적인 법률 개정 작업으로 진전되는 순간을 맞게 된 것이다.

2004년 9월, 이 정치적 승리를 통해 '우정 민영화의 기본 방향'을 각료 회의에서 의결했다. 곧이어 다케나카 장관은 우정 민영화 담당 장관에 임용됨으로써 본격적으로 민영화를 실행하는 주무 장관의 책임을 맡았다. 다케나카 장관은 '우정 TV 캠페인'을 위해 전국 21개 지역을 순회하면서 민영화 개념에 생소한 국민을 설득하는 작업에 매진했다.

우정 민영화법이 중의원에 제출되었고 소관 위원회에서 다케나카 우정 민영화 담당 장관에 대한 질의 시간 총 109시간, 답변 횟수 850회로 일본 의회사상 최고 기록을 갱신했다. 우정 민영화 법안은 일본 국회에서 여야간 치열한 공방을 거친 후 2005년 10월 5일 통과되었다. 2003년 6월, 우정 민영화 논의를 시작한 지 2년 5개월 만에 민영화 개혁이 일본 정부의 정책으로 자리 잡게 되었다.

6 우리나라 공기업 개혁이 배워야 할 점

우리나라의 과거 공기업 개혁이 새 정부 출범 1년 내에 마무리했던 사례는 3~4년이 걸린 일본 우정 민영화 사례와 좋은 대조를 보인다. 개혁안의 기본 원칙과 핵심 과제를 도출하고 광범위한 공감대를 형성하는 데도 상당 기간이 걸린다는 점을 고려한다면 우리나라의 공기업 개혁은 임기 초에 개혁 성과를 내려는 성급함에서 벗어나지 못했음을 반증하는 것이기도 하다. 촉박한 일정 속에서 개혁 의지에 부합하는 충실한 개혁안이 만들어지기 어려울 뿐 아니라 정치권과 여론의 공감대를 형성하는데 턱없이 부족한 기간이기 때문이다. 일본 국회가 우정 민영화법을 심의할 때 해당 위원회에서 100시간이 넘는 질의 시간과 900회에 가까운 답변 횟수를 기록했다는 사실은 국민적 관심이 쏟아지는 주요 안건에 국회가 얼마나 성실하게 심의에 임해야 하는지를 보여주는 사례다.

일본은 우정 개혁을 추진할 때 당사자인 총무성과 우정공사를 철저히 배제했다. 이유인즉, 개혁 대상이 되는 기관이 진정한 개혁안을 스스로 마련하고 이를 집행하는 것은 불가능하다고 본 것이다. 우리나라 건설교통부가 자신이 관할하는 토지공사와 주택공사의 통합안을 소신껏 밀어붙이기 어렵기에 기획재정부가 그 역할을 맡았던 것과 같은 맥락이다. 만일 금융 개혁을 금융감독위원회와 기획재정부가 주도한다면 그들의 시각과 이해로부터 자유로운 개혁안이 도출될 수 있을지 반문해보고 싶다. 이런 점에서 일본 사례는 우리나라의 공공 부문 개혁에 있어 개혁 대상 기관의 관할 주무 부처가 주도하는 방식에서 벗어나야 할 필요성을 암시해준다.

VI

환경과의 적극적 소통:
결정의 상시 변수

01 지역 사회와의 정례적 소통

02 국회와의 원활한 소통

03 언론의 이해와 지지: 기대와 역량 사이의 괴리를 좁혀야 한다

04 서울대와 카이스트가 협력 분위기를 조성하다

05 베이징대, 도쿄대와의 협력 심화: 낮은 자세로 주도하다

06 글로벌 가치의 공유: 아웅 산 수치 여사의 명예박사 수여를 결정하다

결정할 때 중시해야 할 환경 변수

서울대 총장에 취임하면서 대학을 둘러싼 환경과 원활한 대화를 나눠 대학을 이해시키고 기대를 수용하는 긴밀한 상호 관계를 형성해야 한다고 생각했다. 서울대는 서울대 홀로 존립하는 것이 아니다. 모든 생물체가 생태학적 환경 속에서 그 생명을 유지하듯 제도적 존재로서의 대학도 다양한 환경 속에서 자양분을 주고받음으로써 성장하고 발전해야 함은 자연스러운 이치다. 환경으로부터 요구와 기대, 비판을 수용하고 이해와 지지와 자원을 확보할 뿐 아니라 공동체적 책무(교육과 연구)를 통해 환경에 기여하는 긍정의 효과를 환류함으로써 이루어지는 선순환의 상호작용이 바로 진화와 발전의 과정이다. 대학에 영향을 주는 주요 환경 변수로 지역 사회, 국회, 언론, 불특정 예비 학생과 학부형, 국제 사회를 들 수 있다.

많은 결정을 할 때 환경 요인을 고려하는 것은 기관 입장에서 동시적 과정이며 필수적인 노력이다. 이 노력을 투입하지 않은 상태로 결정에 이르면 환경으로부터 지지를 받기 어려울뿐더러 경우에 따라서는 방관과 비판에 직면할 수 있다. 그러면 선택된 결정의 효과는 반감되고 때에 따라서 진행이 중단될 수 있다. 기관 책임자가 공적 활동에 매진하다 보면 이러한 비공식적 영역에 리더십 자원을 성의 있게 배분하기가 쉽지 않다. 그 어려움 속에서도 환경과의 원활한 상호 관계를 바람직한 방향으로 꾸준히 형성하는 것은 책임자 고유의 책무 영역이다.

    Ⅵ부에서는 대학을 둘러싸고 있는 지역 사회, 대학 정책의 기본 축을 구성하는 국회와 신뢰를 통한 상호 조율의 필요성을 언급하고, 대학을 이해시키며 공감대를 형성할 뿐 아니라 제언과 비판을 적극 수용하는 선순환 과정에서의 언론의 중요성을 강조했다. 아울러 국내외 대학과의 정규적 협력의 틀을 갖추는 노력을 소개하면서 아웅 산 수치 여사에 대한 험난했던 명예박사 수여 과정을 기록했다.

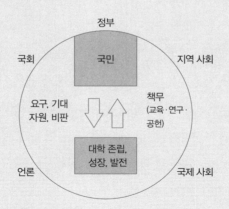

{ 01 }

지역 사회와의
정례적 소통

서울대는 관악구에 위치한다. 그런 만큼 관악구청과 관악구민은 가장 가까운 지역 사회이고 서울대가 관악구에 있다는 사실에 자부심을 느낀다. 서울대는 그 자부심에 부응하는 노력을 기울여야 한다. 세계의 유수 대학 총장들도 가장 중요한 대외 관계가 바로 지역 사회community와의 협조라고 말한다.

서울대에 새 건물을 짓거나 토지 용도를 변경하려면 반드시 관할 관악구청의 허가를 받아야 한다. 녹지 관리와 유수流水 관리도 관악구청 소관이다. 학생들이 타고 다니는 마을버스 운영과 스쿨버스 정류장을 설치하는 일도 관악구청이 담당한다.

많은 교수와 학생들은 관악구청과 서울대가 규제, 피규제 관계인 것을 모른다. 10여 년 전 서울대 집행부가 관악구청의 이러한 동반자적 중요성을 인식하지 못한 적이 있었다. 이 일로 인해 주요 국책 사업 건물의 준공 허가를 적기에 받지 못해 국고로 지원되는 계속비 사업이 중대한 차질을 빚었다.

우리 팀은 관악구청과 3개월에 1번씩 간담회를 정례화해서 여러

2011년 1월 26일, 유종필 관악구청장과 함께 서울대의 우수한 인적, 물적 자원을 활용하여 교육 환경 개선을 하기 위한 학·관 협력 협약을 체결하는 모습

현안 문제들을 사전에 협의했다. 관악구청은 서울대 담당 전속 직원을 배치했고, 서울대도 관악구 담당 직원을 지명했다. 관정도서관, 글로벌공헌센터, IBK커뮤니케이션센터, 두산 인문관, 법학전문대학원 강의동 등이 적기에 완공된 배경에는 관악구청의 신속한 건축 허가 결정이 있었다.

국회도서관장 출신으로 도서관 전도사 역할을 하는 유종필 관악구청장은 관악구민들이 서울대 도서관과 포스코 체육관을 적극 활용하는 데 숨은 노력을 기울였다. 서울대 기숙사 곳곳에 민원 처리 공간을 갖추어놓은 것도 서울대에 대한 관악구가 한 배려의 일환이

서울대 후문과 낙성대 인근을 관장하는 관악경찰서 낙성대지구 소속 경찰관들의 노고를 격려하는 오찬 자리(앞줄 왼쪽 끝이 남익현 기획처장, 가운데가 필자)

다. 사범대학은 관악구민의 교육 프로그램을 지원했고 나 역시 관악구청 공무원 교육에 여러 차례 참여했다.

　관악구 출신 국회의원 두 분도 소속 정당을 떠나 서울대를 음으로 양으로 이해하고 후원해주는 동반자다. 특히, 국회의 서울대 예산 심의 과정에서 도움을 주었고 낙성대에 제2사대부고를 신설하는 문제에 많은 관심을 쏟아주었다.

---{ 02 }---

국회와의
원활한 소통

관악구 등 지역 사회와의 관계가 결정된 사안의 집행적 성격에 초
점을 맞추는 반면 국회와의 관계는 서울대 정책 결정의 사전적 '선
행 변수'의 성격을 띤다. 서울대 관련 법령을 제정하고 개정하는 것
은 물론이고 서울대에 배정할 국가 예산의 심의 결과가 '서울대가 어
떤 일을 어떻게 할 것인지'를 결정하는 데 필수적인 정치적 의사 결
정이다. 여기에 그치지 않고 매년 국정감사를 통해 서울대의 전체
활동을 점검하고 지적하며 개선을 요구하는 등 통제 기능의 한 축
을 맡고 있다.

따라서 국회와의 관계는 교육과학위원회, 예산결산위원회를 중심
으로 서울대에 가장 중요한 제도적 정치 과정이다. 국회의 중요성을
경험해보지 않은 사람은 이 사실을 간과하기 쉽다. "대학이 국회와
무슨 관련이 있나, 학문의 전당 수장인 총장이 왜 국회의원을 만나
러 가는지 이해가 안 되네"라는 교수들의 푸념을 자주 접하지만, 서
울대의 보편적 이익을 수호하고 새로운 가치 실현을 위해서는 국회
의 협력이 필수적이다.

국회와 협력할 때 예산 확보나 법령 개정이 필요한 시점에 대화를 시작하는 것은 상당히 무성의한 태도라고 볼 수밖에 없다. 주요 사안이 없을 때 국회의원들과 동일한 눈높이로 서울대의 현안을 설명하고 이해를 구하는 신뢰 형성 과정이 매우 중요하다. 신뢰를 형성할수록 새 현안을 이해하려는 정서적 공감대가 형성되고 서울대의 가치 창출에 도움을 주려는 진정성이 발휘된다.

2010년 12월, '국립대학법인 서울대 설립·운영에 관한 법률'이 통과된 이후 대학 간부들은 조를 편성해 국회교육과학위원회 소속 의원과 보좌진들을 모두 만났다. 1번이 아니라 여러 차례 만나 법인 전환의 필요성을 역설했다.

안민석 의원은 "당론에 입각해 서울대 법인화를 반대하지만, 서울대 간부들의 정성스러운 노력에 탄복했다"면서 이미 이루어진 법인화에 대해서 비판하지 않겠다고도 했다. 어떤 의원은 예전에는 서울대 간부 교수 보기가 어려웠는데 요즘은 총장도 자주 국회를 방문한다면서 총장이 나이 어린 보좌관과 심도 높은 토론을 벌였던 사실을 듣고 놀랐다며 격의 없는 소감을 밝히기도 했다. 내가 보좌관과 만났다고 힐난하는 교수들도 있지만, "의원을 움직이는 사람이 보좌관인데 의원을 만나는 것보다 더 중요하다"고 응답했다.

우리 팀은 국회를 '어려운 대상'으로 봐서는 결코 안 된다고 믿었다. 입법권과 예산 심의권을 쥔 의원들에게 우리 입장을 상세히 설명하고 이해를 구함으로써 대학의 보편적 가치 실현에 동참하고 기여해줄 것을 호소하는 것이 중요하다고 생각했다. "국회의원 한 분 한 분이 당선되기까지 논두렁과 동네 뒷골목에서 하루 20시간씩 선거 운동했던 모습을 떠올려보라. 의원의 어떠한 질책성 발언도 이해해야 한다"고 간부 교수들을 독려했다.

2011년 정기 국회에서 야권 의원들이 법인화 관련 신규 예산 전액 삭감을 당론으로 정하고 삭감을 강하게 밀어붙였다. 우리 팀은 부분 삭감은 이해할 수 있어도 전액 삭감은 재고해달라고 간곡하게 요청했다. 결국 그 뜻이 받아들여져 부분 삭감으로 귀착되었다. 이러한 일련의 과정을 지켜보면서 앞으로도 국회와 상호적 협력 관계를 발전시켜나감으로써 서울대의 정책 선택의 폭을 넓히도록 노력해야 한다. 그래야 국민으로부터 사랑받는 대학으로 한발 다가설 수 있다.

{ 03 }

언론의 이해와 지지

: 기대와 역량 사이의 괴리를 좁혀야 한다

서울대는 국립대학의 하나이지만 분명 우리나라를 대표하는 대학이다. 그러기에 일거수일투족이 관심 대상이고 언론의 주목을 받는다. 서울대 입시 전형 요강을 기술적 차원에서 일부 수정하는 움직임만 보여도 언론은 즉각 보도한다. 교수 한 사람의 바람직스럽지 않은 사적私的 행태도 즉시 공론화 대상이 된다. 총장이 비공식적 자리에서 대학 교육의 변화를 개인 의견으로 언급해도 서울대의 입장 변화로 해석된다. 이처럼 서울대에 대한 높은 사회적 관심은 서울대의 높은 위상을 반증하기도 하지만, 그 위상에 걸맞은 높은 수준의 기대와 책무를 동시에 깊이 안게 되는 것이다.

서울대에 대한 높은 수준의 기대와 서울대의 책무 이행 역량 사이에는 현실적으로 괴리gap가 존재할 수밖에 없다. 이 괴리는 언론으로부터 비판받는 토양이 될 수 있다. 이를테면 자녀를 둔 학부형 입장에서 자녀의 서울대 입학은 그 가정의 최고 목표일 수 있다. 그러나 최고 목표 대상인 서울대가 현실적 조건 속에서 취하는 여러 결정은 자연히 최고 수준의 기대에 미치기 어렵다. '최고 수준의 추상적 기대'와 '현실 속에서 이루어지는 역할' 간의 불일치가 존재할 수밖에 없다는 말이다. 기대와 결과 간의 역설이 작용할 수 있다. 이러한 상황일수록 언론의 역할은 중대하다.

국민의 높은 기대 수준에 비추어보면 서울대에서 일어나는 현상과 조치들은 비판 대상이 되기 쉽다. 반대로 서울대가 직면한 현실적 제약 조건을 고려해 여러 문제를 살펴본다면 서울대가 국민적 기대에 부응하도록 제약 조건들을 풀어내야 한다는 여론의 단초를 마련할 수 있다. 이 같은 양면적 시각이 동시에 가능하므로 대학은 매체와 지속적인 이해와 공감을 함께하는 노력을 기울여야 한다.

이 노력이 미흡해 특정 매체가 자신이 설정한 패러다임 속에서 현안을 진단하고 그 문제점을 국민에게 전한다면, 제약 요소가 고려되지 않은 일방적 보도로 기울어질 수도 있다. 그 경우 우선해야 할 다른 가치가 가려질 수도 있다. 위험이 드러날 경우, 국회를 포함한 정치권은 즉각 문제를 제기해 의제화agenda building할 가능성이 높다. 이 상황으로 치달으면 제한된 정보 속에서의 왜곡된 시각이 노정될 수 있다. 예상치 못한 비판과 요구에 직면하게 되는 것이다.

바로 위험 가능성을 완화하거나 방지하기 위해서라도 대학이 언론과 상호 신뢰할 수 있는 양방향 소통 체제를 갖춰야 한다. 우리 팀은 이 소통 체제를 구축하려고 기획부처장 직제를 신설해 '협력부처장'으로 이름 짓고 언론과의 원활한 관계를 형성하는 데 주력했다. 4년간 이 직책을 맡은 강준호 교수(체육교육학과)는 언론을 상대로 주기적으로 의견을 전달하고 청취하려는 노력을 쏟았다. 강준호 교수를 통해 언론이 서울대에 대해 품은 문제의식과 향후 개선 과제를 전달받았다. 나 역시 언론 관계의 중요성을 인식하고 공감대를 형성하는 데 시간을 최우선적으로 배분했다. 언론에 대한 시간 배분 계획을 지켜본 간부들도 언론과의 사전 협의 노력이 중요하다는 사실을 이해하기 시작했다. 주요 의제 설정에 앞서 출입 기자단, 언론사 데스크와 소통하려는 노력에 익숙해진 것이다.

서울대 구성원들의 정치적, 이념적, 소득 계층별 다양성과 우리 언론의 양극화된 논조 등을 고려해 특정 언론과의 인터뷰를 임기 마지막 순간을 제외하고는 고사했다. 자칫 특정 언론과의 인터뷰가 개인적 소신을 벗어나 서울대의 보편적 의지로 비치는 것이 공직자의 정치적 불편부당 원칙을 손상시킬 수 있다고 우려했기 때문이다. 혹자는 언론에 자주 등장하지 않아 존재감을 상실하고 있다고 비판했지만, 서울대 법인 전환이라는 중차대한 논쟁으로 주목받는 것만으로도 충분했다.

{ **04** }

서울대와 카이스트가
협력 분위기를 조성하다

서울대 총장에 부임하면서 공대 교수들의 카이스트에 대한 언급을 자주 접했다. 공대 교수들은 카이스트가 국가로부터 받는 지원이 풍부해 연구 분위기가 서울대와는 비할 바가 아니라면서 이런 상태로 계속 나아가면 공과대학의 경쟁력이 상대적으로 떨어질 수 있다고 우려했다. 서울대는 국립대학 체제 속에서 한정된 재원을 지원받지만, 카이스트는 특수 법인 형태로 과학기술(과거에는 과학기술부, 현재는 미래창조과학부) 당국의 특별한 보호와 지원을 받는 특수한 상황을 이해해야 한다고 했다. 세계대학평가기관이 세계 대학 순위 등급을 발표할 때, 몇 개 이공계 분야에서 카이스트가 앞선 것으로 보도될 때는 해당 분야 교수들의 심정을 짐작할 수 있었다.

카이스트는 설립 목표가 이공계 중심이라 설립을 주도한 정부 부서에서 집중적으로 지원하지만 서울대는 16개의 단과대학, 11개의 대학원을 포괄하는 전형적인 광범위 종합 대학comprehensive university으로서 카이스트와는 다른 시각에서 접근해야 한다고 말했다. 서울대는 우리나라의 모체 대학mother university이므로 카이스트를 경쟁

2013년 7월 23일, 서울대와 KAIST 간 학술교류협정을 체결한 후 두 대학 간부들이 기념 촬영한 모습

대학으로 생각하지 않아도 된다고 강조했다. 서울대는 카이스트가 갖지 못한 다양한 학문 영역을 고르게 선도하고 특정 분야가 아닌 전 분야에 걸쳐 학문을 균형 있게 이끄는 것이 우리의 책무라고 덧붙였다. 카이스트의 특정 분야로부터 배울 것은 배우고 협력할 것은 협력하는 의연한 자세를 취해야 한다고 말했다.

이공계 교수들의 카이스트에 대한 양면적 시각을 접하면서 서울대와 카이스트가 우리나라의 학문 진흥과 산업 발전을 위해 서로 격려해야 한다고 말했다. 이 노력의 일환으로 강성모 총장에게 연락해 카이스트 간부들을 서울대에 초청했다. 강 총장은 내 제안에 흔쾌히 응했다.

2013년 7월 23일, 양 대학 간부들이 서울대에 모여 공동 협력 방안을 논의했다. 두 기관은 최초의 간부 회동에서 격의 없는 토론을 나누었다. 분위기는 처음부터 끝까지 화기애애했다. 이날의 만남이 만시지탄이라는 느낌도 받았다. 조그마한 나라에서 서로가 힘을 합쳐도 부족한 데 내실 없는 키 재기 식 경쟁 분위기는 소망스럽지 않다는 데 공감하는 분위기였다. 카이스트는 몇 달 뒤, 서울대 간부 교수 20여 명을 대전으로 초청해 양 기관 간 협력을 거듭 확인했다.

　카이스트와의 협력을 모색할 때 개교 기준으로 선배 격인 서울대가 후배 격인 카이스트에 먼저 정중히 손을 내밀어야 한다고 판단했다. 아우가 형보다 잘하는 일이 있으면 아우를 격려하고 자랑스럽게 생각하는 마음가짐이야말로 형제지교의 근본이다.

┤ 05 ├

베이징대,
도쿄대와의 협력 심화
: 낮은 자세로 주도하다

서울대 총장 4년 재임 중 가장 역점을 둔 국제 협력 파트너는 베이징北京 대학교(베이징대)와 도쿄東京 대학교(도쿄대)다. 여기에는 역사적·국제 정치적 맥락이 자리 잡고 있었다. 부상하는 중국 대학과 맺는 협력은 국가 이익에 간접적으로 이바지한다고 생각했다. 도쿄대는 여러 분야에서 우리보다 앞서 있으므로 닮고 배워야 할 점이 많기 때문이다. 우리나라 국제 정치와 경제적 위상에 비추어봐도 두 대학을 모두 소중한 파트너로 삼으면서 서울대의 상대적 위상을 정립할 수 있다고 믿었다.

재임 중 베이징대 총장을 10회 이상 단독으로 만났다. '예禮가 덕의 근본'이라는 믿음으로 베이징대 총장에게 예를 갖춰 만났고 겸손한 자세로 대화를 나누었다. 베이징대 측은 우리의 진의를 파악하고 '예'로써 응답한다는 것을 느낄 수 있었다.

서울대 베이징 사무소를 베이징대 관내에 설치할 수 있었던 것도 베이징대의 서울대에 대한 배려라고 여겼다. 임기 후반 베이징대 신임 총장이 부임했다는 소식을 접했다. 일주일 만에 부임 축하를 하

2012년 5월 7일, 베이징대에서 서울대·베이징대 간 교류 협력 합의서를 체결한 후 필자가 베이징대 주기봉 총장(오른쪽)에게 서울(한성) 고지도를 선물하는 모습

러 베이징대를 방문했다. 베이징대 총장은 내가 다른 일이 있어 베이징에 왔다가 만나러 온 줄 알다가 부임 축하 목적으로 찾아온 것을 알고 극진히 응대하며 서울대 유학생에 대한 특별 배려를 다짐했다.

2010년 12월, 하노이에서 BESETOHA(서울대, 도쿄대, 베이징대, 하노이대 총장 연례 모임) 회의가 열렸다. 그때 베이징대 총장이 이동할 차량을 준비하지 않았다는 것을 알았다. 즉시 서울대 측이 의전 차량을 배치해 체류 기간 중 교통 편을 제공했던 일도 베이징대와의 선린 우호를 나타내는 조그만 표시였다.

베이징대의 개교 기념 행사에 초청받았을 때 베이징대 초청 만찬 자리에 일본을 포함한 다른 대학 총장들과 달리 나를 헤드 테이블에 앉히는 게 아닌가. 베이징대 측이 서울대에 대한 배려를 잊지 않고 있음을 미루어 짐작할 수 있는 자리 배치였다.

2013년 10월 23일, 도쿄대에서 연석회의를 열고 양교의 연구·교육 분야 협력 및 국제화의 전략에 대해 논의하는 모습
앞줄 왼쪽부터 토시카주 하세가와 부총장, 성노현 처장, 준이치 하마다 총장, 필자, 홍기현 처장, 마사코 에가와 부총장
뒷줄 왼쪽부터 도쿄대 측 직원, 요시미 순야 부총장, 서창석 교수, 하네다 마사시 부총장(필자 바로 뒤), 정종호 본부장, 도쿄대 측 직원

　도쿄대는 일반 국민의 대일 정서와는 무관하게 서울대 출신 학생들을 많이 입학시켜 학위를 수여하고 교수 간 학술 교류가 원활한 대학이다. 서울대는 도쿄대와 학술·인적 교류를 활성화하기 위한 노력의 일환으로 양 대학 간 정례 간부회의를 개최하고 서울대와 도쿄대 연락 사무소를 개설하자고 제안했다. 얼마 후 도쿄대는 우리 제의를 수락해 매년 도쿄와 서울에서 공동 관심사를 주제로 양 대학 간부회의를 공동 개최했다. 연락 사무소도 대학 캠퍼스 내에 각각 열었다.

{ 06 }

글로벌 가치의 공유
: 아웅 산 수치 여사의 명예박사 수여를 결정하다

---

1 30분 만에 수치 여사 명예박사 수여를 결정하다
2 어렵사리 이루어진 수치 여사와의 접촉
3 간부들의 만류에도 미얀마 방문 결정
4 수치 여사 자택을 방문하고 명예박사 수여를 응낙받다
5 최선의 정성에 응답한 수치 여사

---

1 30분 만에 수치 여사 명예박사 수여를 결정하다

2012년 가을, 서울대의 명예박사를 누구에게 줄 것인지 간부들의 논의가 있었다. 서울대가 우리나라를 대표하는 대학이라는 점에서 명예박사 학위 선정에 신중할 수밖에 없었다. 대학에 기부금을 냄으로써 대학 발전에 기여한 분이라고 해서 명예박사를 수여하는 것도 대학 구성원들과 여론의 시각을 의식해야 했다.

논의하다가 우연히 신문에서 아웅 산 수치Aung San Suu Kyi 여사의 민주화 운동 경력을 자세히 읽은 기억이 머리를 스쳤다. 간부 교수들에게 수치 여사에게 명예박사를 수여하면 어떠하겠느냐고 물었더

니 참석자 대부분이 공감했다. 수치 여사가 추구해왔던 '민주주의' 가치 실현은 서울대가 추구하는 가치와 부합했다. 게다가 우리나라의 민주화 여정은 미얀마 정치 발전의 모델이 될 수 있으니 명예박사학위 수여로는 최적이라고 이구동성으로 지지를 표했다. 30분 만에 명예박사 학위 수여 대상자에 대해 결론이 났다. 이렇게 짧은 시간에 명예박사 학위 수여 결정이 난 것은 근래에 보기 드문 일이었다.

2 어렵사리 이루어진 수치 여사와의 접촉

수치 여사에게 명예박사 학위를 수여한다는 결정은 초스피드로 끝났지만, 문제는 수치 여사가 서울대의 제안을 응낙할 것인지, 수치 여사와 어떻게 접촉할 것인지가 문제였다. 이 문제에 관한 한 아무도 해법을 내놓지 않았다. 어떤 간부는 불확실한 상황이라면 다른 분을 탐색해보자고 주장하기도 했다. 간부 한 분에게 미얀마대사관에 접촉해 수치 여사의 이메일 주소나 전화번호라도 알아보는 것이 좋겠다고 했다. 그 간부는 며칠 후 미얀마대사관을 접촉해보더니 "수치 여사와 관련한 어떠한 정보도 모른다"고 응답했다고 했다. 우리 팀은 수치 여사에 대한 명예박사 수여가 물 건너간 일이라고 생각하며 잠시 이 일을 잊고 있었다.

몇 주 후, 국제협력본부 간부 한 분이 황급히 찾아와 수치 여사 수행비서의 이메일 주소를 알아냈다며 고조된 어투로 말했다. 즉각 수치 여사 비서에게 명예박사를 수여하겠다는 우리 뜻을 전해달라며 부탁했고, 곧 응답이 왔다. 응답은 회의적이었다. 명예박사를 받

2012년 11월 21일, 미얀마 네피도 아웅 산 수치 사저에서 2시간 면담 후 기념 촬영한 모습(왼쪽부터 신성호 국제협력본부장, 홍기현 교무처장, 아웅 산 수치 여사, 필자, 아웅 산 수치 비서)

을지는 답해줄 수 없으며 이 문제를 논의하고 싶으면 미얀마로 직접 오라는 것이다. 이 응답을 접하는 순간 수치 여사에 대한 명예박사 수여는 우리의 희망 사항일 뿐이고 현실적으로 이루어지기 어렵다 는 생각을 했다. 대학 간부들도 씁쓸한 입맛을 다시면서 다른 대안 을 모색하기로 했다. 수치 여사에게 명예박사 학위를 수여하자고 제 안한 나는 공연히 간부 교수들을 힘들게 한 것 같아 미안한 마음이 들었다.

3 간부들의 만류에도 미얀마 방문 결정

수치 여사의 국제적 지명도가 그리 대단한 줄은 몰랐다. 미얀마 의 민주화 투사로서 인권 단체나 동남아 국가들에서 주목을 받는 분이라고 생각했을 뿐이다. 이미 옥스퍼드 대학에서 명예박사를 받았으며 유럽과 미국 등지에서 '아시아에서 가장 주목받는 미래 지도자'로 각광받는 글로벌 지도자라는 사실을 잊고 있었다. 이런 생각을 거듭할수록 서울대가 쏟은 노력이 초보적이며 안일했다는 생각이 들었다.

간부회의에서 "내가 미얀마를 방문해 수치 여사를 직접 만나 명예박사 수여 의지를 표하는 것이 어떻겠는지"를 논의했다. 그 정도의 글로벌 명성을 지닌 지도자라면 직접 만나러 가는 것이 예의에 맞을 수 있다고 덧붙였다. 간부들의 반응은 부정적이었다. 명예박사를 수여하는 것도 고마워해야 할 일인데, 의사를 타진하러 미얀마를 방문한다는 것은 서울대의 체통을 손상하는 것이라고 말하는 보직자도 있었다. 만일 총장이 미얀마까지 가서 명예박사 수여를 거절당하면 그 꼴이 어떻게 되겠느냐고 걱정했다. 일리가 있는 지적이다. 아마도 대학 총장이 명예박사를 주겠다고 응낙을 받으러 먼 나라에 출장 간다는 것이 대학의 상식에서 벗어난 일이었다.

그런데 홍기현 교무처장이 아웅 산 수치 여사에게 명예박사를 수여하는 것이 "서울대의 존재 가치를 대외에 알리는 데 이바지할 수 있다면 방문할 수도 있다"는 격려성 제안을 했다. 그 발언에 용기를 내어 "미얀마에 탐험하는 기분으로 한번 가보자"고 응답했다. 그 순간에도 내가 너무 앞서는 것이 아닌지 자괴감을 떨치기 어려웠다.

수치 여사가 이룩해온 개발도상국에서의 민주주의와 인권 가치 실현에 대해 서울대가 배우고 격려하는 것이 뜻깊은 의식일 수도 있다는 생각을 떨치기 어려웠다. 총장직을 수행하느라 심신이 피곤한 데 2박 4일 일정으로 먼 거리를 다녀온다는 것이 개인적으로는 마음에 걸리기도 했다. 한편으로는 서울대와 우리나라 글로벌 가치 증진에 이바지할 수 있는 일이라면 신체적 피로는 당연히 극복해야 한다고 여겼다.

4 수치 여사 자택을 방문하고 명예박사 수여를 응낙받다

2012년 11월, 홍기현 교무처장, 신성호 국제협력본부장을 대동하고 미얀마로 떠났다. 도착 당일 주미얀마 한국대사의 따뜻한 안내를 받았다. 한국대사는 "네피도Naypyidaw에 가시더라도 수치 여사를 만나기가 쉽지 않을 것"이라는 비관적 언급을 전했다. 우리 팀은 내일 비행기로 미얀마 행정 수도 네피도에 가서, 수치 여사 집 앞에서 기다리겠다고 했다. 다음날 수치 여사 집에 도착했다. 우리 팀은 상당 시간 기다려야 할 것 같아 네피도에 호텔까지 구해놓았는데 수치 여사가 따뜻한 분위기로 우리 일행을 즉각 맞았다. 예상외의 환대다. 순간 '우리가 지나친 선입견을 가지고 이곳에 왔구나'라는 안도의 한숨을 쉬었다.

2시간에 걸쳐 나눈 대화의 요지는 간단했다.

첫째, 수치 여사가 추구해온 민주주의와 인권의 가치는 인류의 보편적 가치라는 점에서 서울대는 수치 여사가 이룩한 가치를 이해하고 확산시키고자 한다.

둘째, 미얀마의 서쪽 끝에 있는 영국에서 명예박사를 받았으니 동쪽 끝에 있는 한국에서도 명예박사를 받아야 동서간 균형이 맞는다.

셋째, 보편적 가치를 실현한 지도자는 그 가치를 존중하는 기관의 요청을 수락하는 것이 또 다른 책무다.

우리는 동쪽 끝에서 온 동방박사(방문자 세 사람이 전부 박사 학위 소지자였음)이며 명예박사라는 예물을 들고 이역만리에서 왔다는 유머를 할 수 있는 여유를 보였다. 수치 여사는 빙그레 웃으며 "박사들의 뜻을 흔쾌히 받겠다"고 응답했다.

2013년 2월 1일, 아웅 산 수치 여사는 서울대를 방문해 명예 교육학 박사를 받았다. '아시아의 민족주의와 개발'이라는 주제로 수락 연설을 했는데 언론의 괄목할 만한 주목을 받았다.

5 최선의 정성에 응답한 수치 여사

아웅 산 수치 여사에게 명예박사 학위를 수여하면서 만감이 교차했다. 단순히 머릿속에만 있던 일이 5개월 만에 현실로 되는 것을 보면서 '매사에 최선의 노력을 다하면 꿈이 실현된다'는 생각을 되새겼다. 일반적으로 기관 책임자들은 주어진 일을 소화하느라 만성피로에 젖어 있는 경우가 허다하다. 틈만 나면 쉴 생각을 하지만 그것마저도 여의치 않다. 그러나 기관 입장에서 가치 창조에 이바지하는 중요한 일이라면 우선순위를 두고 에너지를 쏟아야 한다. 이것은 기관 책임자의 자랑거리가 아니라 책무 영역에 속한다고 여겨야 한다. 기관 책임자가 솔선수범하면 참모들도 앞장서는 노력을 기울이고 구성원들도 격려해줄 것이라고 믿어야 한다.

모든 것이 불확실한 상황에서 미얀마 방문을 결행했다. 상식적으로는 납득할 수 없는 일이지만 새로운 가치를 창조하는 일이라면 내가 앞장서야지, 누가 앞장설 수 있겠느냐는 마음가짐으로 스스로를 위로했다. 만일 무리한 일정과 피곤한 몸을 이유로 미얀마를 방문하지 않았더라면 수치 여사에 대한 명예박사 학위 수여는 공론에 그치고 말았으리라. 아마도 수치 여사는 총장을 비롯한 3명의 교수가 동쪽 끝 먼 거리에서 온 정성을 고려해 수락했을 것이다. 중요한 일에는 그만큼 정열과 헌신을 쏟아야 중요한 일에 다가설 수 있다는 평범하지만 중요한 교훈을 배웠다.

VII

정책 결정과
갈등 대응

01 ASEM 개최지 선정(2000): 과열 경쟁을 완화하기 위한 민간위원회의 역할

02 방폐장 입지 선정: 주민 투표 통한 경쟁의 역발상으로 갈등을 극복하다

03 대학본부 학생 점거 현장 방문을 결정하다

04 융합기술연구원의 좌초 위기 극복: 선임자의 결정 존중한 김 지사

05 IBK커뮤니케이션센터 준공과 갈등: 개별 이익과 전체 이익의 조화가 절실하다

06 공감대 형성에 실패한 병원장 연임: 책임자와 부속 기관장의 불일치

리더십의 요체는 갈등 완화와 극복

현대 사회의 정책을 결정할 때 가장 어려운 과업이 '갈등 완화와 해결'이라는 데 아무도 이의를 제기할 수 없다. 기존의 정치·경제·사회 질서 속에서도 체제에 대한 불만과 갈등 유발 요인이 상존하는 상황에서 새로운 제도 형성이나 신규 사업의 착수 또는 개혁의 추진 과정에서 갈등이 발생하는 것은 아주 자연스러운 현상일 수 있다. 갈등 발생 자체를 자연스럽게 받아들이는 태도가 역설적으로 갈등을 완화할 수 있는 여지가 있다. 그렇지 않고 갈등을 바람직스럽지 않은 현상으로 보는 시각을 유지한다면 갈등의 골이 깊어지고 시스템은 위기로 치달을 수도 있다.

정책을 결정할 때 핵심 요소로 가치 선택과 입장 정립, 갈등 조정, 공감대 형성 등 3가지로 집약할 수 있다. 갈등 조정과 공감대 형성은 '동전의 양면' 같은 성격을 띤다. 갈등이 완화되면 공감대 형성이 쉽다. 갈등의 골이 깊어지면 공감대 형성 노력이 무위에 그치고 만다. 이런 관점에서는 갈등 조정이 공감대 형성보다 더 우선하는 개념이다. 갈등 조정 문제는 정책 내용contents에 대한 참여자 간 또는 이해 당사자 간의 의견 불일치로 볼 수 있다. 반면 공감대 형성은 대내외적인 환경과의 광범위한 소통 과정을 강조하는 것이다.

우리나라 사회에서는 갈등이 빈번히 유발되는 데 비해 이를 해결하는 시스템과 마인드는 낮은 수준이다. 의견의 주장과 투입은 더욱 활발해지는 반면 의견 대립을 조율할 수 있는 경청과 상호 공존의 마인드, 적절한 갈등 조정due process 시스템이 적절히 가동하지 못하는 실정이다.

이러한 실정에서 정책 결정 책임자들의 갈등 조정을 위한 사전적·사후적 노력은 아무리 강조해도 지나침이 없다. 갈등을 완화하거나 극복하느냐에 따라 정책의 최종 성과가 좌우되기 때문이다. 한·미 FTA 비준 과정에서 야기되었던 광우병 파동이 전형적인 예다.

Ⅶ부에서는 지역 간 경쟁과 갈등 극복 사례로 아시아-유럽정상회의(ASEM: Asia-Europe Meeting) 개최지 선정과 방사성폐기물처분장(방폐장) 입지 선정을 들었다. 신구 도지사 이취임에 따라 갈등이 유발될 수 있는 사안이 오히려 긍정적 성과로 귀결된 서울대 융합기술연구원 사례를 서술했다. 아울러 서울대 신규 건물 준공에 따른 대학본부와 학과의 갈등, 병원장 선임을 둘러싼 책임자와 부속 기관장의 불일치 사례를 언급했다.

01

ASEM 개최지 선정(2000)
: 과열 경쟁을 완화하기 위한
민간위원회의 역할

1 ASEM 개최(2000)와 서울의 명소 삼성역 코엑스
2 김영삼 정부의 ASEM 유치와 민간위원회 구성
3 민간위원회의 심사 기준: 현실적 타당성과 국민 경제적 고려
4 ASEM 개최지를 서울로 결정하고, 탈락 도시에는 중소형 컨벤션센터를 건립하다
5 과열 경쟁이 빚을 수 있는 갈등 방지

1 ASEM 개최(2000)와 서울의 명소 삼성역 코엑스

강남 삼성역 코엑스 일대를 지날 때마다 ASEM 서울 개최 결정을 발표(1996)했던 기억이 새롭다. 만일 그 당시 ASEM이 서울에서 열리지 않았다면 "오늘날 삼성역 코엑스 일대의 활기찬 모습을 볼 수 있었을까?"라는 질문을 하곤 한다. 이미 시간이 꽤 지난 일이지만 2000년 ASEM 회의 개최 장소를 삼성동으로 결정한 덕분에 오늘의 코엑스 거리가 서울의 명소로 자리 잡게 되었다.

2 김영삼 정부의 ASEM 유치와 민간위원회 구성

1996년은 세계화를 주요 국정 지표의 하나로 삼던 김영삼 대통령 임기 4년 차를 맞아, 2000년 우리나라에서 개최할 아시아-유럽정상회의ASEM를 성공적으로 개최하고자 의지를 불태울 때였다. 1996년 1월, 정부는 ASEM 민간위원회를 구성해 우리나라에서 개최할 ASEM의 개최 지역을 결정할 임무를 부여했다. 민간위원회 위원장은 이상옥 전 외무부 장관, 사무국장은 정덕구 재정경제원 실장(산업자원부 장관 역임), 실무지원단장은 재정경제원 김영주 국장(산업자원부 장관 역임)이 맡았다. 나이가 가장 어린 나를 간사위원으로 위촉했다.

외무부가 ASEM의 의제 설정 등 개최 전반을 맡았지만, 개최 장소에 관한 사안만은 재정경제원이 맡도록 정부 내의 업무 조율이 있었던 것 같다. 개최지 선정을 국민 경제적 시각에서 검토하고 개최 예정지의 효과적인 인프라 구축 준비를 위해서는 예산 배분과 정책 조정의 역할을 맡은 재정경제원이 적임 부서라고 생각했을 듯싶다.

ASEM 개최 장소 결정을 민간위원회에 맡긴 이유는 개최지를 둘러싼 지역 간 과열 경쟁을 우려했기 때문이다. 1996년 4월 16일, 때마침 총선이 예정되어 있어 지역별로 격렬한 유치 경쟁을 벌이는 상황이었다. 정부는 개최 지역 선정에 따른 정치적 부담을 줄이기 위해 민간위원회를 구성해 개최 지역을 결정토록 했으며 총선을 치른 후 발표하는 수순을 밟도록 했다.

1996년 6월 3일, ASEM 개최(2000) 장소로 서울 삼성동 무역센터가 선정되었음을 발표하는 모습

ASEM은 당시 기준으로 아시아 16개국, 유럽연합(EU: European Union) 27개국, 그 밖의 참관 국가 정상들이 2년에 1번씩 모여 공동 관심사를 논의하는 비교적 개방적인 회의체다. 국제 규범에 의거해 특별한 역할을 수행하기보다는 유라시아를 망라한 친목 회의체 성격을 띤다. 세계화를 주요 국정 목표로 내세운 김영삼 정부는 ASEM 유치를 대대적으로 홍보했다. 국민은 ASEM 개최를 김영삼 대통령의 괄목할 만한 외교적 성과로 인식하는 정서가 있었다.

3 민간위원회의 심사 기준: 현실적 타당성과
국민 경제적 고려

민간위원회는 ASEM 개최를 희망하는 지역으로부터 신청을 받았다. 제주특별자치도(제주도), 경주시, 경기도 일산, 서울 삼성동

1996년 6월 3일, 서울 삼성동 무역센터 선정 발표 후 기자들의 질문에 답하는 필자

COEX 별관(한국무역협회KITA), 서울 용산구청, 서울 관악구청, 부산 광역시, 대전광역시 EXPO 등 8개 지역이 신청했다. 서울과 대전을 제외한 6개 지역이 지방자치단체가 중심이 되어 신청했다. 서울은 한국무역협회가 개최 주관 기관으로 신청했다.

지역마다 고유 브랜드를 내세워 유치에 총력을 기울였다. 경기도 일산은 이인제 경기도 지사가 직접 나서서 김포국제공항과의 근접 성, 서울 인근 수도권의 컨벤션 사업 육성을 강조하면서 유치에 전 력을 쏟았다. 가장 많은 노력을 기울인 지역은 제주도와 경주시다. 두 지역은 관광 명소로서의 명성을 내걸고 최적 후보지라고 주장했 다. 특히 제주도는 범도민적 유치 운동을 전개했다. 김세원 학장(서 울대 사회과학대), 문정인 교수(연세대) 등 제주 출신 유력 인사 10여 명이 ASEM을 반드시 제주도에 유치해야 한다고 강조했을 정도였다.

민간위원회는 개최 지역을 선정할 때 공항 여건과 숙박 시설, 쾌

적한 환경, 역사 문화적 인지도, 지역 개발 파급 효과, 국제회의 개최 경험 등을 심사 기준으로 설정했다. 이 기준 중에서 우선순위가 높은 기준으로 공항 규모와 숙박 수용 역량을 꼽았다. 이 두 조건을 제외한 나머지 기준들은 주관적 판단에 따라 좌우되는 항목이다. 그러나 공항과 숙박 시설 문제는 4년 후 초대형 정상회의를 개최할 수 있는지 여부를 판단해줄 선행 조건이다. 4년 후면 ASEM 회의에 50여 개국의 정상들과 각료들이 동시에 입국해 여장을 풀고 회의를 해야 했다. 그런데 대통령 전용기가 단시간 내에 이착륙할 수 있는 활주로를 구비해놓았는지, 대규모 정상 수행 사절을 수용할 수 있는 귀빈실presidential suite을 갖춘 호텔이 개최 인근 지역에 확보되어 있는지가 대체할 수 없는 중요한 기준일 수밖에 없었다.

어느 지역도 이 요건을 당장 충족할 수 있는 곳은 없었다. 다만 개최 4년을 앞두고 투자 예정 시설을 완공할 수 있는지 객관적으로 심사하는 것이 가장 중요한 일이었다. 특히 현재의 수용 역량을 기준으로 추가적 시설 투자 수요가 적을수록 신규 투자의 개최 전 완공의 불확실성을 낮출 수 있고, 신규 투자의 국민 경제적 부담을 줄일 수 있는 선택이라고 보았다. 이는 현재의 공항과 호텔 여건이 상대적으로 우위에 있는 지역일수록 이런 심사 기준에 적합하다는 결론에 도달했다.

민간위원회는 ASEM이 끝난 이후의 시설 활용 가능성도 중요 기준으로 삼았다. 민간위원회는 기존 ASEM 개최 외국 도시들의 사례를 점검해보았다. 태국 등 상당 국가의 도시들이 국제회의를 종료한 후 시설의 활용도가 현저히 낮아져 시설이 황폐화하고 해당 도시의

지역 경제가 곤궁해졌음을 확인했다. 대규모 국제회의 개최를 위해 대규모 시설을 투자했지만, 한시적 특수 수요가 지나가면 그 시설을 활용할 수 있는 신규 수요를 창출하기가 어려웠기 때문이다. ASEM 유치를 희망하는 지역들은 해당 지역의 중장기 비전을 내세워 이 문제를 충분히 극복할 수 있다고 주장했지만, 현실적 여건은 그리 녹록지 않았다.

4 ASEM 개최지를 서울로 결정하고, 탈락 도시에는 중소형 컨벤션센터를 건립하다

민간위원회는 2가지 기준을 중심으로 유치 제안서를 집중 평가했다. 서울시 삼성동 소재 한국무역협회 코엑스 지역을 정상회의 개최 장소로 선정했다. 민간위원회는 ASEM 회의 개최를 통해 지역 발전의 전기로 삼겠다는 자치단체의 비전과 의지를 존중하고자 유치에 탈락한 지역들에 대한 배려 방안을 심사숙고했다. 그래서 주 개최지로 선정되지 못했지만, 앞으로 개최될 분야별 각료회의에 활용될 중소형 컨벤션 시설 신축을 지원하기로 했다. 대표적인 예가 제주와 경주의 컨벤션센터 신설 계획이다. 민간위원회 핵심 구성원으로 재정경제원 간부가 참여한다는 사실은 이 지원이 공적 구속력을 갖기에 충분했다.

민간위원회는 유치 경쟁의 과열이 불러일으킬 정치적 부담을 의식해 개최지 선정 발표를 민간위원인 내게 요청했다. ASEM 서울 지역 개최 발표를 TV로 본 친구들이 "대학을 그만두고 정부 대변인으로 갔느냐"고 묻는 촌극이 벌어지기도 했다.

ASEM 본회의 개최지를 결정하면서 한국무역협회를 중심으로 발빠른 준비 작업에 돌입했다. 매머드급 정상회의 개최라는 국가적 의제의 상징성만큼 인허가 부서인 서울특별시와 강남구청은 물론이고 정부 주요 부서의 준비 작업이 철저하게 진행되었다. 인근 불교 사찰 봉은사 측이 코엑스 주변의 도시 정비 사업에 적극 협조했던 사실은 ASEM 준비 작업이 범국가적 차원에서 전개되었음을 암시해주는 대목이다.

5 과열 경쟁이 빚을 수 있는 갈등 방지

ASEM 개최는 해당 지역 입장에서 볼 때, 10년에 1번 오기 어려운 매력적인 초대형 중앙정부 지원 프로젝트이므로 이를 유치하기 위한 경쟁은 치열할 수밖에 없었다. 유치에 성공하면 해당 지역에 대한 중앙정부의 지원을 보장받을 뿐 아니라 지방 선거에서 자치단체장 재임에 고무적인 영향을 줄 수 있는 일석이조의 선물인 셈이다. 그런 만큼 지역 간 과열 경쟁은 자칫 지역 간 갈등을 유발할 소지가 있었다. 동남권 신공항 건설을 둘러싼 지역 간 갈등에서 볼 수 있는 것처럼 말이다.

이 어려움을 고려할 때, ASEM 개최 지역에 대한 중앙정부의 결정은 초기 단계부터 과정과 선정 방식을 세심하게 설계했다. 경쟁의 과열이 빚어낼 수 있는 갈등을 최소화하기 위한 노력이었다.

첫째, 중앙정부가 직접 선정 작업에 관여하지 않고 민간 기구를 통해 개최 도시를 선정했다는 점이다. 자율적·합리적 결정이라는 명분은 지역 간 정치적 경쟁이 갈등으로 귀결될 가능성을 낮추었다. 탈락에 따른 논란과 정치적 불만을 이어나가거나 수용해줄 구체적 공적 기구를 찾기가 어렵기 때문이다. 민간위원회를 정치적 중립 인사와 역량을 갖춘 전문인으로 구성했던 것도 민간위원회 결정의 합리적 권위를 유지하는 데 도움이 되었다.

둘째, 탈락의 고배를 마시게 된 지역은 자연히 정치적 불만을 표출할 수 있지만, 차선의 배려로 불만을 일정 수준 잠재울 수 있었다. 탈락 지역에 중·소형 컨벤션센터 건립과 ASEM 분과 단위 각료회의 개최를 제안한 것은 비록 추가적 재정 비용을 치르더라도 탈락의 불만에서 오는 정치적 비용을 줄일 수 있는 방안이라고 생각했다.

셋째, 개최지 선정과 이를 집행하는 일련의 과정에서 역량 있는 공직자의 참여가 민간 기구의 신뢰와 권위를 높여주는 역할을 할 수 있었다. 자율성 측면에서 민간위원회의 장점과 효용이 있지만, 궁극적으로 공적 권위와 집행 역량에 대한 회의적 시각을 배제하기 어려운 약점이 있다. 이 약점을 보완하려면 민간의 결정과 정부의 집행을 이어주는 가교적 역할이 중요하다. 이 역할을 담당할 책임 있는 전문 관료 기구가 참여해야 한다는 것을 일깨워주었다.

02

방폐장 입지 선정
: 주민 투표 통한 경쟁의 역발상으로
갈등을 극복하다

1 후보지 선정이 표류되다
2 발상의 전환 ①: 민감한 공적 결정을 민간위원회가 책임지는 접근 구도
3 발상의 전환 ②: 일방적 선정에서 희망 지역의 주민 투표로 결정
4 뚜렷한 갈등이 부각되지 않은 경주 방폐장 준공

1 후보지 선정이 표류되다

원자력 발전소를 가동하면 자연히 폐기물이 생긴다. 그런데 우리는 폐기물 처리와 관련해 갖은 어려움을 겪었다. 원자력 발전 후 남은 연료는 '사용 후 연료'라 부르며 방사능 함유량이 높아 '고준위 방사성 폐기물'이라 한다. 원자력 발전소 등에서 사용한 작업복·장갑·부품 등 방사능 함유량이 미미한 폐기물은 '중저준위 방사성 폐기물'이라 한다. 비교적 위험도가 낮은 중저준위 폐기물 처리 시설조차 건설 계획을 수립하지 못했다. 입지 선정이 어렵기 때문이다. 고도의 원자력 발전 기술을 갖춘 나라가 중저준위 방폐장을 갖고 있

지 않다는 것은 이해하기 어려웠다.

정부는 방폐장 건설을 위해 여러 차례 입지 선정 노력을 기울였으나 번번이 실패했다. 안면도 사태에 이어 부안에 건설하려던 계획(2004)은 대규모 소요 사태를 맞으며 백지화되었다. 정부는 다시 중저준위 방폐장 건설을 주요 의제로 설정하고 가장 어려운 문제인 입지 선정 작업에 착수했다. 그 시점(2005)에 산업자원부로부터 '중저준위 방폐장 입지선정위원회' 위원으로 참여해달라는 요청이 왔다. 참여를 수락했고 갈등 조정 현장에 참여할 기회가 있었다.*

2 발상의 전환 ①: 민감한 공적 결정을 민간위원회가 책임지는 접근 구도

방폐장 입지 선정으로 민란성 소요 사태를 겪은 적이 있는 정부는 아예 선정 작업에서 손을 떼고 민간 기구를 만들어 이 기구가 모든 결정을 책임지도록 발상을 전환했다. 정부가 주축이 되어 추진하면 혐오 시설을 떠넘긴다는 여론이 팽배해져 해당 지역 주민과 환경 시민단체의 격렬한 반대로 특정 지역의 기술적인 이슈가 전국적 관심사로 비화되고, 곧 정부 시책에 반대하는 운동으로 전개되는 양상을 막을 수 없기 때문이다. 유치를 희망하는 자치단체가 등장해도, 정부에 혐오 시설 수용에 대한 대가를 요구하는 과정에서 자치단체 내부에서 보상 내용과 수준을 둘러싸고 갈등이 빚어지곤 했다.

이 사태를 겪은 정부(산업자원부)는 '민간위원회' 형태의 '중저준위

---

* 필자가 집필한 『함께하는 긍정』(YBM, 2016) 194~195페이지에서 일부 발췌한 것이다.

방사성폐기물 처분 시설 부지선정위원회'를 구성해 입지 선정 작업을 백지위임했다. 입지 선정 과정에 필요한 전문 지식과 역량을 갖춘 인사 17인으로 구성된 이 위원회의 구성 면면을 보면 정부가 방폐장 부지 선정을 꼭 실현하겠다는 의지가 읽혀졌다. 한갑수 위원장(전 농림부 장관)은 특유의 추진력으로 널리 알려진 분이었다.

그동안 여러 민간위원회에 참여했지만, 이 위원회만큼 의제 설정과 회의 진행이 명료할 뿐 아니라 위원별 책임 영역을 철저히 분담한 것은 처음이었다. 이 위원회를 보좌하기 위해 산업자원부 국장(조석 한국수력원자력 사장)과 공무원들이 파견되어왔지만, 회의 진행에 관여하지 않고 실무 지원 역할만 맡았다. 위원회는 외국의 방폐장 운영 실태를 파악해봐야 한다고 판단해 미국·캐나다·프랑스 등 원전 선진국 현지 시찰 기회도 마련했다. 국무총리실 홍영표 비서관(현재 국회의원)이 시찰에 동행하면서 방문국 방폐장의 입지 조건과 건설 과정을 촘촘히 기록하는 모습을 지켜볼 수 있었다.

위원회는 철저히 본질적 문제를 짚으면서 입지 선정 조건과 과정을 심층 토론해나갔다. 위원회가 활동한 지 얼마 지나지 않아 이해찬 국무총리가 위원 전원을 총리 관저로 초청해 만찬 모임을 마련했다. 그 자리에서 2시간 동안 집중 토론을 벌였다. 총리가 민간위원들과 식사하면서 토론회를 여는 것은 흔한 일은 아니었다.*

---

* 필자가 집필한 『함께하는 긍정』(YBM, 2016) 196페이지에서 일부 발췌한 것이다.

2015년 8월 28일, 경주중저준위 방사성폐기물 1단계 처분장 준공식(왼쪽부터 조석 한국수력원자력 사장, 최양식 경주시장, 김관용 의원, 황교안 국무총리)

3 발상의 전환 ②: 일방적 선정에서 희망 지역의
   주민 투표로 결정

인간은 누구나 남이 시켜서 할 때는 원하던 일이라도 잠시 주저하는 경향이 있다. 반면 스스로 원할 때는 상대방이 관심을 쏟아주기를 기대하고 들어주면 '실현'의 만족을 느낀다.

국책 사업도 예외가 아니다. 정부가 일방적으로 해당 지역을 선택하면 출발부터 갈등을 빚고 진행하는 과정에서 갈등은 증폭된다. 반면 유치를 희망하는 지역의 뜻을 정부가 수용하면 갈등 발생의 빈도와 강도는 낮아질 수밖에 없다. 민간위원회는 이러한 선택과 갈등의 역설paradox을 활용하는 것이 방폐장 후보지 선정이 불러일으킬 수 있는 갈등을 그나마 줄일 수 있는 방법이라고 생각했다.

민간위원회는 정부가 일방적으로 방폐장 부지를 고르고, 해당 자치단체와 협상하는 기존의 하향식 방식에서 탈피해 상향식 방식을 활용하기로 '발상의 전환'을 선택한 것이다. 방폐장 유치 희망 도시를 신청받은 다음 유치 희망 자치단체의 주민 투표를 거쳐 찬성률이 높은 지역을 최종 방폐장 후보지로 선정토록 하는 것이다.

민간위원회의 과감한 방향 전환은 예견했던 대로 부지 선정을 둘러싼 정부와 자치단체 간 갈등 양상을 뒤바꿔놓았다. 그동안은 부지 대상 지역으로 선정된다는 소문만 돌아도 보상 요구가 빈발했을 뿐 아니라 유치 반대 운동이 격렬했다. 이제 '희망 지역 신청, 주민 투표 찬성률 높은 지역 선정' 방식으로 바꾸니 오히려 여러 지역에서 유치 운동을 전개하는 양상이 벌어졌다.* 갈등 양상이 바뀌고 갈등 강도가 낮아진 것이 분명했다. 해당 지역의 반대 여론도 해당 지역 주민 투표 과정에서 용해될 수 있어 해당 지역 반대가 전국 이슈로 번지는 것을 완충하는 역할을 했다.

4 뚜렷한 갈등이 부각되지 않은 경주 방폐장 준공

민간위원회 결정에 따라 경주·군산·영덕·포항 4개 지방자치단체가 방폐장 부지 유치 신청을 했다. 2005년 11월 3일, 선거관리위원회가 관리한 주민 투표에 따라 찬성률 80%를 넘은 경주가 방폐장 후보지로 최종 선정되었다.

정부는 주민 투표 당일, 관계 장관회의를 열어 정부특별지원금

---

* 필자가 집필한 『함께하는 긍정』(YBM, 2016) 196페이지에서 일부 발췌한 것이다.

3000억 원, 한국수력원자력(한수원) 본사 이전을 포함한 유치 지역 지원 내역을 발표했다. 경주시 양북면에 위치한 '중저준위 방사성폐기물 1단계 처분장'은 2015년 8월 28일 주민 투표가 있은 지 만 10년 만에 문을 열었다. 그날 개장식에 참석한 한국수력원자력 조석 사장이 '방사성폐기물 처분 시설 부지선정위원회'를 지원하러 산업자원부에서 파견된 조석 국장이었음은 참 흥미롭다.

경주 방폐장 건설까지 20여 년 가까운 갈등 과정을 지켜보면서, 정책 결정 과정에서 가장 중요한 과제가 갈등 관리라는 점을 확인할 수 있었다. 1960년대와 1970년대 개발 경제 시절에는 정부 혜택이라고 간주하던 국책 사업이 2000년대에는 거부 운동 대상이 되는 사례를 종종 볼 수 있다. 그만큼 우리나라가 선진국 문턱에 진입했다는 반증일 수도 있지만, 주요 국가 사업 추진이 방대한 사회적 비용을 안게 되었음을 말해주는 것이기도 하다. 어떻게 보면 갈등 관리가 새 사업을 추진할 때 우선적인 고려 요인이 되는 상황에서, 새 사업을 추진하는 사회적 비용이 증대하고 그 비용 구조 아래서 새 사업의 추진 동력원이 떨어질 수 있다는 점을 우려하지 않을 수 없다.

따라서 이 우려를 완화하고 제거하려면 주요 정책이나 사업의 사전 구상 단계부터 갈등 요인을 찾아내고 갈등을 완화하는 방안을 폭넓게 모색하는 노력을 해야 한다. 한·미 FTA 체결, KTX 건설, 행정부 세종시 이전 등 주요 국책 사업 과정에서 발생했던 거대한 사회적 갈등이 궁극적으로 국민 경제의 부담으로 귀결되었던 사례는 정책 결정에서 갈등 관리의 중요성을 일깨워준다.

03

대학본부 학생 점거 현장 방문을
결정하다

1 법인 전환 반대 학생의 사상 초유 본부 점거
2 의연한 마음으로 평온을 찾다
3 학생 농성 현장 방문을 결정하다
4 간부들과 협의 거치지 않은 '방문'이 갖는 의미

1 법인 전환 반대 학생의 사상 초유 본부 점거

2011년 5월 30일, 서울대 법인 전환을 반대하려고 학생총회가 열렸다. 이어서 학생들은 대학본부를 점거하고 농성에 들어갔다. 학생처장 등 본부 간부들은 학생들이 반대 의견을 결집하는 데 그칠 뿐 본부 점거까지는 예견하지 못했다. 나는 대학본부 점거 가능성을 배제하지 않고 있어 점거에 대한 충격이 상대적으로 적었다.

첫째, 서울대 법인화법이 여당의 직권 상정으로 통과되었다는 점이다.

둘째, 이명박 대통령 취임 초, 한·미 FTA 체결 과정에서 발생한

2011년 5월 30일부터 6월 26일까지 학생들이 점거한 서울대 본부 건물의 총장실 농성 현장

광우병 사태 등으로 정부의 시장 친화적 조치에 대한 야권과 시민 단체의 반대 여론이 결집되어 있었다는 점이다.

셋째, 이념적 이슈를 모색하는 학생 운동 입장에서 법인화를 신자유주의적 조류로 해석하고자 했던 정치적 동기가 존재했다는 점이다.

넷째, 서울대 상당수 학내 구성원들이 법인 전환 절차가 미진했다고 생각하며 법인 전환에 대해 마음이 불안했던 점 등에 비추어 본부 점거라는 최고 수준의 물리적 실력 행사를 결행할 수밖에 없었던 조건을 갖추었기 때문이다.

대학본부가 점거되자 대학본부가 하던 기능이 대부분 정지되었다. 심지어 교직원 보수 지급마저도 순조롭게 처리될 수 없었다. 학생들은 대학본부가 법인 설립 준비를 중단하지 않는 한 점거 농성을 해제할 수 없다는 입장이었다. 학생들에게는 '대학본부 기능의 무력화' 시도가 학생들의 반대를 관철시킬 수 있는 최선의 카드였던 셈이다. 그 당시 상황은 다음날 무슨 일이 일어날지 한 치 앞도 예상할 수 없었다.

2 의연한 마음으로 평온을 찾다

이러한 미증유의 위기 상황일수록 마음의 평온을 찾는 일이 중요하다. 개교 이래 최대의 체제 전환을 이뤄내야 하는 마당에 이런 장애물을 겪는 것은 예견 가능한 시련이라고 스스로를 위로했다. 이 환란 중에 가장 중요한 것은 흥분하지 않고 냉정한 마음을 찾는 것이라며 굳게 다짐했다. 책상머리에 '내게만 수호천사가 있는 것이 아니라 반대자들에게도 수호천사가 있다'는 구절을 붙여놓았다.

점거 사태로 대학이 혼란스러워지면 모든 책임을 안고 총장직에서 물러나야겠다고 마음먹었다. 그리고 나니 오히려 마음의 여유를 찾고 사태를 냉정하게 직시할 수 있었다.

점거 사태를 해결하고자 공권력이나 물리력을 활용하지 않겠다고 결심했다. 법인 전환이 유예되는 한이 있더라도 학생들의 인명 피해가 있어서는 안 된다는 원칙을 세웠다. 이 사태를 해결할 때 조바심을 버리고 자신과의 싸움, 시간과의 대결에서 이겨야 한다고 다짐했다. 이런 마음을 가지니 번민이 줄어들고 점거하는 학생들에 대한 이해 폭이 넓어지며 해결의 실마리가 아련히 보이는 듯했다.

3 학생 농성 현장 방문을 결정하다

대학 간부들은 하나같이 본부 점거 사태에 직면해 동분서주했다. 특히 교육부총장, 학생처장, 부처장, 학생과 팀들은 자정까지 사태를 수습하려고 철야 근무했다. 다른 간부들도 대처 방안을 마련하느라 임시 사무실에서 고통스러운 시간을 보냈다. 간부들은 학생들과 개별 면담을 하며 법인 전환의 불가피성을 설명하고 평화적 점거 해제 방안을 논의했다. 점거 학생들과 대화 통로를 마련하기 위한 협의체를 구성하는 데 전력을 쏟았다. 점거 학생들과 대화 협의체를 구성하는 데는 시간이 꽤 걸렸다. 심지어 절차와 의제를 놓고도 줄다리기를 거듭할 것 같은 인상을 받았다.

대화 채널을 마련하기에 앞서 점거 학생들을 아무런 조건 없이 직접 만나 대학과 내 의지를 밝혀야 한다고 마음먹었다. 그 기회를 포착하려는 시점에 민주화교수협의회 소속 교수가 만나자는 연락을 해왔다. 즉각 호암교수회관에서 오찬 약속을 했다. 그분은 "왜 총장이 점거 사태를 방관하느냐? 학생들을 직접 만나 대화해야 하지 않느냐? 총장이 미증유의 점거 사태에 책임이 있는데 앞장서서 수습하는 모습을 보이라"고 충고했다. 그분은 내가 학생 점거 사태를 방관하는 것으로 오해하고 학생과의 대화를 촉구했다. "즉각 점거 농성 학생들을 만나겠다"고 그 자리에서 응답하며 "점거 학생들과 소통하는 교수님이 내 방문을 학생들에게 알려달라"고 했다. 그분은 내 반응에 오히려 당혹감을 표하면서 "시간을 두고 생각하자"며 대학본부 방문 의지를 조율할 뜻을 비쳤다.

지체하지 않고 대학본부로 향했다. 그 교수는 나의 저돌적 행동에 놀라면서 어쩔 수 없이 점거 학생 간부에게 연락해 총장의 농성 현장 방문을 통지했다. 학생들이 나를 맞아주든 맞아주지 않든 지금 당장 간다고 말하면서 "내가 내 사무실에 가는 것이 무슨 그렇게 어려운 일이냐"고 독백했다. 곧 본부 4층 회의실에 도달했다. 민주화교수협의회 간부 교수를 만난 지 2시간 만이다. 그 시간에 점거 학생들과의 대화 방법을 논의하러 임시 사무실에서 긴급회의를 열던 대학 간부들은 내 방문 소식을 듣고 깜짝 놀랐다고 한다.

예기치 않은 내방에 점거 학생들도 당황했다. 학생들은 총장이 격식 없이 이렇게 빨리 자기 발로 걸어올 줄은 예상하지 못한 듯했다. 아마도 총장이 방문하려면 격식을 차린 다음에야 올 것으로 생각했을 듯하다. 1시간 동안 격식 없이 배석자도 없이 학생들과 대화했다. 다만, 민주화교수협의회 교수 두 분이 옆자리에 앉아 있었는데 그분들은 법인화와 관련해 학생들과 정서가 비슷했다.

학생들의 안전과 건강을 맨 먼저 강조했다. 조만간 법인 전환과 관련한 심도 있는 대화와 토론의 기회를 마련하자고 했다. 일부 점거 학생들은 내 방문에 당혹감을 느낀 듯했으나, 그 느낌 이면에는 방문에 대해 신뢰를 감추지 않는 학생들도 눈에 띄었다. 그날의 방문이 계기가 되어 곧 대학 간부들과 학생 대표들 간 법인화에 대한 공개 토론회를 열기로 합의했다. 며칠 후 대학본부와 학생 대표 간 공개 토론회가 개최되었고 생방송으로 중계되었다. 2주 후 학생 대표들은 농성 해지 여부를 투표에 부쳤으며 한 달 만에 농성을 해제했다.

4 간부들과 협의 거치지 않은 '방문'이 갖는 의미

점거 농성장을 전격 방문한 것은 위기에 처한 대학 책임자로서 빠른 시일 내에 현장을 찾아 농성 학생들이 우려하는 것을 진술하게 설명하는 것이 최소한의 역할이라고 생각했기 때문이다. 대학본부 전체가 학생들에게 점거되었다는 사실은 상상하기 어려운 일이다. 그런 일이 현실로 일어났는데 책임자가 현장에 나타나서 사태를 파악하고 학생들의 요구를 귀담아듣는 것은 학문 공동체 대표로서 당연한 책무다.

점거 학생들은 총장의 농성 현장 방문을 접하면서 "총장이 자신들을 대화 파트너로 생각하는구나"라고 여겼을 것이다. 이에 그치지 않고 나도 "학생들이 나를 그들의 파트너로 생각하고 있다"는 믿음을 가질 수 있었다. 내 방문이 쌍방향 신뢰의 토대를 마련하는 전기가 되었으리라.

점거 현장 방문은 학생들의 안위를 걱정하는 학부형 입장에서도 긍정적이었다. 점거 사태를 지켜보는 언론도 대학 책임자가 "저렇게 고생하며 움직이는 것을 보니 무언가 실마리가 풀리지 않겠는가"라는 전망을 내놓을 수도 있다. 만일 점거 현장 방문이 늦어졌거나 하지 않았다면 점거 학생들을 외면하고 있다는 학내외의 비판에서 자유로울 수 없었을 것이다.

만일 점거 현장 방문을 대학 간부들과 논의해 결정했다면 시일이 꽤 지연되었거나 논의 과정에서 갈등을 빚었을 것이다. 상당수 대학 간부들은 점거 학생들을 나이 어린 제자 관점에서 바라보니 대응하는 자세가 일방적일 수 있다. 그러나 학생들은 비록 젊은 학생이지만 '대학의 미래를 걱정한다'고 외치는 정치적 주장의 주체라는 점을 간과해서는 안 된다. 이 점을 의식해 나 스스로 점거 현장을 전격 방문한 것이다.

점거 사태를 해결하려고 애쓰는 본부 간부들에게는 미안한 마음이 앞섰다. 농성 현장 방문은 차라리 '나 홀로 내린 결정'인지라 신속히 할 수 있었다고 생각했다. 몇몇 간부는 내 독단적 결정을 '무모한' 행동으로 간주하는 듯 '대학본부의 협상 카드를 잃게 되었다'고 걱정하기도 했다.

만일 이 사안을 간부회의에서 결론낸다고 하면 학생들의 점거에 대한 사과를 받아내는 방법을 포함해 다양한 입장과 전략을 논의했을 것이다. 정치 운동의 성격을 띤 이 사태에는 오히려 집행부의 순수한 의지를 전하고 단순하며 명쾌한 소통으로 대응하는 것이 설득력 있다. 경우에 따라서는 제도적 차원의 의사 결정 시스템을 거치지 않은 채 고뇌에 찬 독자적 판단을 통한 결정이 비록 합리성을 결여할 수 있을지 몰라도 반대자들의 마음을 움직이게 하는 요소일 수 있다.

{ 04 }

융합기술연구원의
좌초 위기 극복
: 선임자의 결정 존중한 김 지사

1 차세대 융합연구원이 태동하다
2 경기도 지사 취임과 융합연구원의 존립 위기
3 입장을 수정한 김문수 지사의 결단
　1) 김 지사의 파격적인 공관 초청 만찬
　2) 선거 과정에서의 선입견 씻고 전향적 입장을 표명하다
4 전화위복의 계기: 융합과학기술대학원 신설을 결정하다
5 전임자 의지를 중시한 신임 지사의 탈정치적 결정: 정반합正反合 진화의 증표

1 차세대 융합연구원이 태동하다

서울대 '차세대 융합기술연구원'과 '융합과학기술대학원' 출범은 2004년 손학규 경기도 지사 시절, 경기도와 서울대 공과대학이 수원 광교 지구에 융합연구원을 설립하기로 합의 각서를 체결한 데서 그 뿌리를 찾을 수 있다. 경기도에 서울대의 첨단 연구 역량을 유치하려는 손 지사의 비전과 공과대학의 연구 영역 확대를 바라던 공대 학장의 의욕이 합치한 덕분에 이루어진 협약이다. 당시 서울대 총장은 학장회의에서 언론에 보도된 이 협약이 대학본부와 협의 아

래 체결한 것인지를 한민구 교수(공대 학장)에게 물을 정도로 공과대학 주도로 융합연구원 구상이 시작되었다. 당시 총장은 이 협약에 대해 당혹스러움을 표명했지만, 총장의 원만한 성격상 협약에 대해 사후 승인을 표하는 듯 보였다.

결국, 경기도가 공간을 제공하고 재정 지원을 해주어 수원에 서울대 융합 연구 단위가 출발하게 되었다. 이 연구 단위는 출범부터 시설과 예산은 물론이고 연구 인력과 연구 활동 골격도 경기도의 지원을 받는 공과대학 팀이 맡았다.

2 경기도 지사 취임과 융합연구원의 존립 위기

2005년, 서울대 깃발을 걸고 불완전한 형태의 임시 조직으로 뿌리를 내린 융합 기술 연구 조직이 가동된 지 얼마 지나지 않아 2006년 4월 지방 선거가 치러졌다. 손학규 지사 뒤를 이어 김문수 지사가 취임했다. 경기도의 정권이 교체된 것이다. 신임 김문수 지사 팀은 융합연구원 조직이 경기도민의 여망과는 거리가 있고 전적으로 전임 지사의 선택이었다고 판단했다. 2006년 6월, 김문수 지사는 취임 초 서울대 융합 연구 사업이 경기도민에게 매우 중요한 사업이 아니라고 판단해 이 사업을 백지화할 의향을 표명했다. 김문수 지사의 과학기술 담당 보좌관은 "융합연구원이 경기도민의 이익에 부합하지 않고 서울대에 혜택을 주는 사업이므로 전면 재검토해야 한다"고 했다.

김문수 지사는 선거 기간 중 수원에 소재한 경희대와 아주대 이공계 교수들의 의견을 청취하면서 서울대 융합 기술 연구 조직의 존

2008년 3월 21일, 이장무 전임 총장이 차세대 융합기술연구원 개원식에서 김문수 경기도 지사와 악수를 나누는 모습(오른쪽부터 박종구 교육과학기술부 차관, 김문수 지사, 이장무 총장)

재에 대해서 회의감이 있었다. 김 지사 선거 참모 팀은 "경기도에 캠퍼스가 있는 대학에게 융합 연구의 기회를 주는 것이 경기도민 입장에서 바람직한 것인데, 구태여 서울에 캠퍼스가 있는 서울대를 이곳으로 끌어들여 특별 지원을 하는 것을 이해할 수 없다"는 일부 유권자의 반응을 지사 취임 후 도정 계획 수립에 투입했다. 이 결과, 경기도는 융합 기술 연구에 대한 연속적 지원에 냉정한 입장을 취했다.

이러한 정치적 변화에 직면해 융합 기술 연구는 그야말로 풍전등화에 처했다. 새 지사 팀이 지원 예산을 중단하면 전적으로 경기도에 재정을 의존했던 융합 연구는 존립 기반이 허물어지게 된다. 이 분위기를 파악하고 융합 기술 연구 존속에 불안감을 떨치지 못하던 공과대학 교수들이 황급히 움직이기 시작했다.

3 입장을 수정한 김문수 지사의 결단

1) 김 지사의 파격적인 공관 초청 만찬

융합기술연구원 활동에 적극적인 이건우 교수(현재 공대 학장)가 김문수 지사와의 면담 주선을 요청했다. 위기 상황에서 평교수인 내게 지사와의 면담을 요청한 것은 김문수 지사와 서울대 70학번 동기라는 사실을 알았기 때문이다. 신임 지사가 취임 초인데 이런 일로 만나자고 하면 불편하게 생각할 것이지만 최선의 노력을 다해보겠다고 답했다.

분망한 신임 지사에게 민원성 면담을 요청하는 것이 이래저래 마음에 걸렸지만, 공대 교수들의 요구가 절실해 면담을 시도했다. 가까스로 김문수 지사와 연락이 닿았다. 김 지사는 서울 팔래스호텔에서 만나자며 편안한 답을 주었다.

그런데 약속 바로 전날, 김문수 지사로부터 다시 전화가 왔다. 전화를 받는 순간, 예정된 약속이 취소되는 것으로 예견했는데 오히려 정반대인 게 아닌가. 김 지사가 약속 장소를 팔래스호텔에서 도지사 공관으로 바꾸자는 것이다. 그 순간 융합기술연구원 문제가 실타래 풀듯 술술 풀릴 수 있는 계기가 마련될 수 있다는 기대를 떨치기 어려웠다. 면담 장소가 호텔 식당이면 지나가다 남는 시간에 비공식으로 얼굴 한번 비치는 정도의 만남인데, 공관 만찬은 우리와의 만남이 공식적 성격으로 격상되는 것이라고 희망 섞인 전망을 가능하게 했기 때문이다.

동반한 공대 교수들에게 지사 관저 만찬 자리에서 처음부터 융합

기술연구원 문제를 꺼내지 말고 도지사 취임을 축하하며 초청에 감사하다는 대화를 주로 나누자고 조언했다. 처음부터 정치적으로 민감한 사안을 꺼내는 것은 교양인의 자세가 아니라고 생각했다. 김문수 지사의 취임 초 일정은 그야말로 촌음을 다투는 데 우리를 정중히 초청해주는 것만으로도 최고의 예우를 베푸는 것이라고 생각해 정중한 자세를 갖추는 것이 교수로서의 기본 예법이라고 다시 한번 강조했다.

2) 선거 과정에서의 선입견 씻고 전향적 입장을 표명하다

그날 만찬은 시종일관 김문수 지사의 취임을 축하하고 우리들의 초청에 감사하는 고조된 분위기였다. 서울대 팀은 "우리가 그동안 제대로 못했지만, 앞으로 기회를 준다면 융합기술연구원 정착을 위해 아낌없는 노력을 쏟겠다"고 다짐했다.

만찬이 무르익어가는 시점에 김문수 지사는 소주 폭탄주를 건배로 제안하면서 "서울대 여러분이 새롭게 헌신한다니 경기도가 계속 지원하겠다"고 선언했다. 순간 서울대 팀은 잠시 말문을 멈출 수밖에 없었다. 구체적 요청을 하지도 않았고 그저 열심히 잘하겠다는 다짐을 했을 뿐인데 지사가 그간의 입장을 접으며 융합기술연구원에 대한 긍정적 언급을 표명했기 때문이다.

김문수 지사는 "경기도민들이 서울대의 교육 단위가 경기도로 오는 것을 염원하니, 융합기술연구원에 한정하지 말고 융합대학원 설립을 모색해보자"고 덧붙였다. 김 지사는 선거 과정에서 "경기도가 서울대를 유치했다고 선전하면서 연구 단위만 왔을 뿐 교육 기관을 유치하지 않았다"는 도민들의 비판을 전하며 대학원 신설을 제안했다. 내 옆에 앉아 있던 김 지사의 과학기술 담당 보좌관이 "오늘 지사님이 이런 말씀을 하실 줄은 정말 몰랐다"면서 귓속말로 "축하합니다"라고 했다.

이날 회동은 '차세대 융합기술연구원'과 '융합과학기술대학원' 제도를 마련하는데 뜻깊은 전환점이 되었다. 만일 이날 회동이 없었더라면 새 지사 팀의 융합기술원에 대한 회의적 시각이 계속 이어져 그 위상이 어떻게 변했을지 그 누구도 자신 있게 말할 수 없으리라.

4 전화위복의 계기: 융합과학기술대학원 신설을 결정하다

새 지사 취임으로 사업 중단까지 치달을 뻔했던 융합 기술 연구 프로젝트가 계속해서 경기도의 지원을 받게 되었다. 게다가 융합과학기술대학원이라는 새로운 기관을 형성하는 데 필요한 토대를 마련하기도 했다.

2008년, 차세대 융합기술연구원은 이장무 총장과 김문수 지사 참석 아래 공식적인 개원식을 열었다. 뒤이어 경기도는 서울대의 교육 단위 유치를 기대하는 경기도민의 뜻에 따라 융합과학기술대학원 신설을 요청했다.

2009년, 서울대 전문대학원의 하나로써 융합과학기술대학원이 경기도 수원 광교 단지에 신설되었다. 정치적 전환기에 정중한 자세로 대응한 공과대학 교수들의 노력이 차세대 융합기술연구원의 불확실성을 제거하는 데 이바지했다.

5 전임자 의지를 중시한 신임 지사의 탈정치적 결정:
정반합正反合 진화의 증표

신규 사업을 진행하는 초기에 정부가 교체되면 차질이 빚어지는 경우가 허다하다. 그렇기에 많은 학자가 정책 결정의 장애 요인 또는 불확실성 요인으로 정부 교체를 꼽는 것이다. 정책의 계속성이 보장되지 않는다면 정책 목표 달성이 어렵게 됨은 쉽게 짐작할 수 있다.

융합 연구 조직을 가동한 지 얼마 되지 않아, 그 조직을 추진했던 지사가 물러나고 새 지사가 들어서면 새로운 지사 참모진은 물론 사업을 추진했던 관료 기구조차 사업의 계속성에 회의감을 드러내거나 최소한 침묵하는 경향이 있다. 이때 신규 사업은 차질을 빚을 수밖에 없다.

바로 서울대 융합기술연구원도 이 위험에 직면해 있었다. 이 위험을 극복할 수 있었던 요인은 신임 지사의 탈정치적 결정이 주효했다. 전임자의 정책 선택에 대해 신임 팀들은 냉정한 입장일 수밖에 없고 여기에 사업이 내포하던 부수적 문제점이 노정되는 이상 사업은 존속되기 어렵다. 그럼에도 김문수 지사 팀은 경기도 유권자들이 제기한 문제점을 전향적으로 해결하기로 하고 융합 사업을 계속하기로 했다. 이 과정에서 선임자의 결정을 존중하고 서울대에 대한 신뢰를 중시한 정책 결정 유형은 일부 광역자치단체에서의 불연속적 정책 선택 사례에 소중한 시사점을 던져준다.

서울대 역시 융합과학기술대학원 신설을 비롯해 경기도와의 책무 이행을 위해 성의 있는 노력을 기울였다. 이러한 상호 노력을 통해 경기도와 서울대가 흔히 발생할 수 있는 갈등을 막고 상호 이익의 토대를 견고히 다져나가고 있다고 생각한다.

두 기관의 제도적 정착은 정반합正反合의 역사 진화 과정을 떠오르게 해준다. 지사 교체로 존폐 위기에 처한 융합기술연구원이 새 생명을 갖게 되었고 나아가 융합과학기술대학원이라는 새로운 가치 지향의 교육 단위가 출범되어 활발히 가동하고 있음은 진화의 한 증표라고 볼 수 있다.

{ 05 }

IBK커뮤니케이션센터
준공과 갈등
: 개별 이익과 전체 이익의 조화가 절실하다

1 IBK커뮤니케이션센터 준공 과정
2 IBK 행장의 결단
3 공간 활용을 둘러싼 갈등: 학과 이익과 대학 이익 간 충돌
4 개별 이익과 공통 이익의 조화

1 IBK커뮤니케이션센터 준공 과정

2014년 4월 22일, 서울대는 커뮤니케이션 인력 양성을 목표로 'IBK커뮤니케이션센터'를 개관했다. 이 센터는 2012년 봄, 언론정보학과 초빙 교수로 있는 정흥보 초빙 교수(전 춘천MBC 사장) 등 언론정보학과 교수 몇 분과 면담 기회를 마련하면서 출발의 밀알이 심어졌다.

정흥보 교수는 IBK(기업은행: Industrial Bank of Korea)로부터 커뮤니케이션센터 건립을 위한 20억 원 규모의 발전기금 유치를 추진하기 시작했다면서 총장이 이 과정에 힘을 보태달라고 요청했다. 나

아가서 독립 건물을 지으려면 이 규모로는 부족하다며 기금 규모를 늘리는 과정에도 적극적으로 노력해달라 당부했다. 학과 교수들이 대학 발전을 위해 자발적으로 노력하는 것에 경의를 표하며 최선을 다하겠다고 다짐했다.

2 *IBK* 행장의 결단

이 일이 있고 난 지 일주일 만에 IBK 조준희 은행장에게 연락을 취해 면담 시간을 잡았다. 내가 정부투자기관 평가단장 자격으로 IBK 경영 평가를 할 때, 조 행장은 IBK 평가 담당 부서장이었다. IBK가 서울대에 발전기금을 제공할 의향이 있다는 소식을 듣고, 대학을 대표해 감사 뜻을 전했다. 정부투자기관의 사정을 잘 아는 나로서는 정부의 직·간접적인 통제를 받는 IBK가 대학에 발전기금을 제공한다는 것이 결코 쉬운 일이 아니라는 사실을 짐작했다. 그럼에도 조 행장은 서울대에 대한 지원에 상당히 긍정적이라는 것을 느꼈다.

IBK의 서울대 발전기금 공여 문제가 진전되는 시점에 조 행장을 한 차례 더 만날 기회가 있었다. IBK 이름으로 단독 건물을 신축한다면 기금 규모가 지금 생각하는 것보다는 늘어나야 한다고 했다. 내 요청이 무리라는 것을 알면서도 친숙한 마음에서 그 뜻을 전했다. 고맙게도 조 행장은 내 언급에 이의를 달지 않으면서 내부 의견을 조율해보겠다고 응답했다.

얼마 후 IBK는 서울대에 ATM 인출기 설치 등 추가 요청 사안을

2012년 3월 29일, IBK 조준희 행장과 'IBK커뮤니케이션센터' 건립 협약서를 교환하는 모습

전했고 50억 원 규모의 발전기금 제공을 확약했다. 이 과정을 거쳐 2012년 3월 29일, IBK 조준희 행장 참석 아래 'IBK커뮤니케이션센터' 건립 협약식을 체결했다. 예견했던 금액의 2배 이상의 발전기금 공여가 이루어졌다는 것은 조 행장이 내부 간부들을 강도 높게 설득한 덕분이다.

이러한 IBK의 결정은 2012년 10월, 국회 정무위원회 국정감사에서 지적을 받았다. 박 모 의원은 "기업은행이 서울대에 50억 원을 출연하는 절차를 서면으로 결의했다는데, 서면 결의가 적절하느냐"고 지적하기도 했다. 조 행장은 "기업은행이 정책적으로 서울대 IBK 커뮤니케이션센터를 짓고 산학협력의 새 영역을 개척해나가는 중"이라며 소신 있게 대답했다.

2014년 4월, 내 임기를 3개월 앞두고 IBK 권선주 신임 행장 참석 아래 IBK커뮤니케이션센터가 문을 열었다.

3 공간 활용을 둘러싼 갈등: 학과 이익과 대학 이익 간 충돌

IBK커뮤니케이션센터 개원을 전후해 공간 사용 문제를 둘러싼 논란이 일었다. 발전기금 모금을 주도한 언론정보학과 교수들은 이 건물을 언론정보학과가 전적으로 활용해야 한다고 주장했다. 특히 언론정보학과 교수 몇 분은 언론정보학과 교수들이 건물을 신축하는 데 주도적 역할을 했으므로, 언론정보학과의 교수연구실 등 교육 단위를 새 건물로 이전해야 한다는 주장을 펼치기도 했다.

대학본부는 어떤 건물이 특정 교육 단위에 전속된다는 개념은 옳지 않고, 새 건물의 공간은 언론정보학과가 내놓은 의견을 참작해 서울대 전체의 관점에서 개원 목적에 걸맞게 공간을 배정하는 것이 바람직하다는 입장이었다. 일단 언론정보학과 교수연구실을 사회과학대학으로부터 새 건물로 이전하는 주장은 접게 되었지만, 공간 활용 문제는 불씨로 남은 채 준공식을 거행했다.

준공 후 가장 큰 쟁점은 본부가 생각하는 서울대 홍보센터의 배치 문제였다. 기획처는 입시생, 학부생, 방문 인사들에게 서울대를 소개할 공간이 없으니 IBK커뮤니케이션센터 지하 공간을 활용하자고 했다. 그러나 일부 언론정보학과 교수들은 연고권을 주장하며 대학본부 계획에 공감하지 않은 채 지속적으로 이의를 제기했다. 이 과정에서 기획처 강준호 부처장이 고초를 꽤 겪었다. 특히 우리 팀의 임기가 3개월밖에 남아 있지 않은 상황이어서 공간 활용을 둘러싼 혼선은 쉽게 사그라들지 않았다.

시진핑 주석이 서울대를 방문하기 이틀 전에 일어난 일이다. 언론 정보학과 교수 한 분이 IBK커뮤니케이션센터 앞에서 일인 시위를 벌였다. 그 교수는 "새 건물에 서울대의 홍보 기능을 담당할 공간을 만드는 것이 예산 낭비니 이를 철회하라"며 피켓을 들고 시위했다. 그 교수는 "서울대 역사관이 준공되면 그곳에 홍보관을 만들면 될 일인데 굳이 IBK커뮤니케이션센터에 홍보관을 개설하는 것은 예산 낭비"라고 주장했다.

예산의 장기적 효율성 측면에서 그 교수가 한 주장이 일리가 있을지 모르나 동창회가 구상하는 서울대 역사관은 막연한 장기 계획만 있을 뿐 언제 건물을 올릴지 예측하기 쉽지 않았다. 나아가서 역사관에 홍보관을 배치한다는 계획은 더 불확실했다. 대학본부는 매년 수천 명의 입시생과 학부모들이 대학을 방문하는데 이들을 맞아 서울대를 알릴 공간이 전혀 없어 공간 마련에 부심하고 있었다. 마침 소규모지만 IBK커뮤니케이션센터에 그 공간을 마련하면 서울대의 대외적 이미지를 높일 수 있고 IBK커뮤니케이션센터 설립 목적(소통 문화 창달)에도 부합한다고 판단한 것이다.

2014년 7월 4일, 시진핑 주석이 서울대를 방문하는 시점이라 일인 시위는 당연히 매체의 주목을 받았다. 시진핑 주석 경호 팀과 경찰에서는 일인 시위를 해결해달라고 내게 요청해왔다. '시진핑 주석의 역사적 방문'이라는 서울대의 막중한 국빈 행사를 준비하는 간부들은 일인 시위에 대해 그 이유를 불문하고 서운한 마음을 지울 수 없었다. 기획처 간부들이 이 사태를 수습하려고 시위 교수와 오랜 시간 대화를 나누었으나 뚜렷한 진전이 없었다.

우리 팀은 3주 후 임기를 마치므로 그 뒤로 공간 정리를 어떻게 마무리했는지 궁금할 뿐이다. 한편 그 시위 교수가 주장하던 서울대 역사관은 2016년 7월까지도 구체적 계획을 세우지 않았다. 하물며 그 안에 홍보관을 배치할지는 불확실한 일이라고 한다.

4 개별 이익과 공통 이익의 조화

대학에서는 공간 배치를 둘러싸고 개별 학과나 단과대학이 대학 본부와 갈등을 빚는 일이 흔한 편이다. 교육 단위인 학과와 대학은 가급적 활용 공간을 많이 확보하려고 노력하는 반면 대학본부는 대학 전체의 목적에 활용하려는 경향이 강하기 때문이다. 법과 규정에 따르면 대학 건물은 본부 관리 대상이지만, 학과와 대학은 자신의 소속이라고 생각한다. 기존 건물은 특별히 새로운 문제가 발생하지 않지만 신규 건물이 들어섰을 때는 마찰이 생기기 마련이다. 국고 예산으로 건물을 짓지만 학과와 대학이 자신의 전유 공간으로 생각하는 나머지 신축 공간 일부라도 전체 대학의 목적으로 활용하려 하면 저항에 부딪히곤 한다.

특히 발전기금으로 건물을 신축하면 이 마찰은 커지고 갈등이 생긴다. 발전기금을 유치할 때 기여한 학과나 대학이 실정법이나 대학 규정에는 아랑곳하지 않은 채 연고권을 강력히 주장하기 때문이다. 바로 개별 이익과 전체 이익이 충돌하는 전형적인 케이스다. 심지어 대학의 공공건물에 상업 임대를 해서 해당 교육 단위가 수입으로

잡아 지출하는 불법 행위가 감독 기관의 지적을 받는 사례도 있다.

개별 교육 단위의 공간 사용 연고권도 중시해야 하나, 국유 재산인 대학 부지에 신축 비용을 유치하는 데 이바지했다고 전적으로 자신의 전속 공간이라고 주장하는 것은 대학 공동체 구성원으로서 지켜야 할 최소한도의 공적 마인드가 결여된 것이다.

대학의 법적 규범을 존중하는 가운데 개별 이익을 실현하려는 자세는 오히려 개별 이익 추구의 권위를 높여줄 수 있다. 신규 공간 활용을 대학 측에 객관적으로 설명하고 이해를 구하면서 대학 전체의 목표에도 기여할 수 있는 포용과 상호 존중의 여유를 갖는 것이 지식인의 책무가 아닐까 싶다.

{ 06 }

공감대 형성에 실패한
병원장 연임
: 책임자와 부속 기관장의 불일치

---

1 병원장 선임 이사회의 결론이 양분되다
2 책임자의 사전 조율과 마음 비우는 노력

---

1 병원장 선임 이사회의 결론이 양분되다

어느 기관을 막론하고 인사는 어렵다. 특히 부속 기관장의 임명권
이 기관의 최고 책임자에게 있지 않을 때 부속 기관장을 선임하는
데 어려움에 직면할 수 있다.

서울대병원장은 이사장을 포함한 9인의 이사회가 2명의 병원장
후보를 선임, 추천하면 대통령이 다수 득표자를 임용하는 것이 그
동안 해온 관행이다. 2001년 봄, 서울대병원장 3년 임기가 종료되기
직전에 후임 원장 선임 절차를 진행했다. 당시 병원장은 병원 혁신
을 추진하며 분당서울대병원 완공을 위해 연임을 기대하는 분위기
였다. 반면 이사장은 대학 목표와 병원 비전을 조화롭게 조정할 수

있다고 믿은 의과대학 원로 교수 한 분을 적극 추천했다. 8인(이사직을 겸하는 원장은 표결권 없음)으로 구성된 이사회의 표결 결과 두 후보가 동수의 지지를 받았다. 우선순위가 드러나지 않은 동수의 후보 추천은 서울대병원 이사회의 선임 결론이 복수화된 셈이다. 이는 이사회가 원장 선임권을 유보한 것이라고 해석할 수 있다. 결국, 임용권자인 행정 수반의 선택으로 귀결될 수밖에 없는 상황이었다. 몇 주 후 현임 원장이 대통령의 임용을 받아 연임되었다.

2 책임자의 사전 조율과 마음 비우는 노력

2001년, 병원장 선임 사례를 통해 기관의 책임자 선임 과정에서 사전 조율을 거쳐야 한다는 점을 확인할 수 있었다. 사전 조율을 하지 않거나 미진한 상태에서 기관의 주요 책임자들이 각기 자신의 스탠스stance를 고집한다면, 통합형integrated 장長을 선출하는 일이 어려울 수 있다. 출발부터 기관이 갈등을 겪거나 불일치로 치닫는 상황이 연출될 수 있다는 말이다. 이런 양상은 1번의 임기에 끝나지 않은 채 다음번 선임 과정에서도 이어질 수 있다.

어떤 기관의 장을 선임할 법적 기구(이사회)가 우선순위 선택을 하지 못하고 의견이 팽팽하게 양분되어, 제3의 상위 기관이 최종 선택을 한다면 기관의 권위를 떨어뜨리는 역할을 자임하는 셈이다. 이때 후보자들이 제3기관의 신뢰를 확보하려고 경쟁하는 소망스럽지 않은 양상이 펼쳐질 수도 있다. 최적임자에 대한 의견이 항상 같을 수는 없다. 출발점에서는 의견이 다르더라도 조율을 거쳐 최대공약수의 결론을 도출해내는 것이 해당 기관이 갖춘 시스템 경쟁력의 하나다.

인사를 결정할 때 영향력이 큰 위치에 있을수록 그에 비례해 마음을 비우는 노력을 쏟아야 한다는 것을 새삼 느끼게 되었다. 합의제 인사 결정 과정에서 선의의 사전 조율 없이 영향력이 큰 참여자가 자신의 의견을 관철시키려 한다면 최대공약수를 도출하는 일이 어려울 것이다. 이렇게 되면 의견이 양분되어 대치와 갈등이 빚어질 수 있으며 기관의 통합을 지향하는 리더십을 발휘하는 일이 어렵게 된다. 이 점을 고려해 합의제 의사 결정 기구의 구성원들은 마음을 비우고 기관의 공통 지향점을 탐색해 공감대를 형성하면서 이에 부합하는 후보를 선임하는 노력을 해야 한다.

VIII
자신의 문제에
관한 결정

01 울산대 총장 제안 응낙: 시선 의식하지 않은 결정

02 법인 전환 후 총장 보수 결정: 이전과 동일한 수준으로

03 총장 공관 신축 계획의 백지화를 스스로 주도하다

자신에게 초지일관 냉철해야 한다

제도적 차원의 정책 결정은 이론적 틀과 객관적 입장에서 냉철하게 분석하고 평가할 수 있으며 그것이 학자의 책무다. 그러나 자신과 관련한 문제를 결정할 때는 인간의 한계상 냉정한 자세를 잃기 쉽다. 자신에 관한 문제는 내면적 이기심과 감성적 대응에서 탈출하기가 어렵고, 주위의 참모들과 조언자들도 그것을 의식해 책임자의 속마음에 순응하려는 경향이 강하기 때문이다. 수직적 질서가 강한 조직일수록 이런 성향은 뚜렷할 수밖에 없다.

바로 이러한 온정주의적 여건에 사로잡혀 책임자가 자신과 관련된 결정을 할 때 오류를 범할 가능성이 높다. 이 점을 기관 책임자가 스스로 염두에 두지 않으면 기관의 결정이 모르는 사이에 자신에게 우호적인 결정으로 서서히 흘러가게 될 수 있다.

이 오류 발생을 막을 책임은 참모나 조언자들에게 있는 것이 아니라 그들의 의견을 듣고 결정해야 할 위치에 있는 책임자의 몫이다. 이 과정에서 우유부단해서는 안 된다. 책임자는 그 지위와 권한에 부합하는 총체적 책무를 안고 있기 때문이다. 혹자는 오류가 발견되면 자신의 선택과 무관하다고 주장할지 모르지만, 어디까지나 변명에 불과하며 책임은 전적으로 기관장의 몫이다.

기관 책임자는 더 높은 기준에서 스스로를 냉철하게 판단하는 자세에 익숙해져야 한다. 많은 구성원이 그런 자세를 기대한다는 사실에도 유념해야 한다. 기관 책임자는 자연인으로서는 한 개체이지만 기관 인격 차원에서는 기관을 대표하는 정치적·상징적 존재라는 점을 잊어서는 안 된다. 매일매일 자기 자신을 성찰하는 것이 기관의 존재 가치를 유지하고 발전시키는 과정에서 매우 중요한 자세라고 할 수 있다.

Ⅷ부에서는 울산대 총장 수락, 총장 보수 결정, 총장 공관 신축 과정에서 겪은 개인적 선택의 경험을 소개했다.

{ 01 }

울산대 총장 제안 응낙
: 시선 의식하지 않은 결정

1 예견하지 못한 '고민 아닌 고민'의 출발
2 돌이킬 수 없는 선택
3 총장직 수용을 결정하다: 시선보다 새로운 도전 선택

1 예견하지 못한 '고민 아닌 고민'의 출발

2014년 7월, 서울대 총장 임기 종료 후 1년 계획으로 미국 스
탠포드 대학 아시아태평양연구소APARC 코렛 펠로Koret Fellow로 머
무르고 있었다. 그곳에서 'Economic Development in East Asia:
Government or Market?'이라는 강좌명으로 강의하던 중 서울대 연
구실에 있는 강의 자료를 수집하고자 11월에 3박 일정으로 서울을
찾았다.

3일간의 바쁜 서울 일정을 소화하는데 울산대 정몽준 명예이사
장으로부터 만나자는 연락이 왔다. 명예이사장은 내 근황을 묻더니
울산대 총장을 맡을 분이 있으면 추천해달라고 당부했다. 며칠 말

미를 주면 좋겠다고 응답했다. 명예이사장은 내가 서울대 총장 이임 후 정무적 역할에 관심이 있는 것으로 짐작하면서 앞으로의 거취를 물었다. "서울대에서 30년 교직의 길을 걸었고 그곳에서 대학을 대표하는 위치에 있었던 사람으로서 앞으로도 교육과 사회 공헌에 매진할 것"이라고 답했다. 명예이사장은 내 응답이 의외라고 생각하는 듯 잠시 적막이 흘렀다. 명예이사장은 갑자기 울산대 총장직을 직접 맡아달라고 요청했다. 명예이사장이 하는 말을 덕담으로 받아들이고 후임 총장 추천을 재확인하는 것쯤으로 이해했다.

상황이 심상치 않았다. 명예이사장은 갑자기 자기 사무실로 같이 가자며 내 차에 동승하겠다고 했다. 엉겁결에 명예이사장과 집무실을 찾았다. 그 자리에 울산대 정정길 이사장이 있었다. 이사장을 보는 순간 "내가 생각하는 것과 다르게 일이 급박하게 돌아가는구나" 싶었다. 서울 방문 목적인 강의 자료 수집 차 급히 서울대 연구실로 떠났고, 다음날 스탠포드 대학으로 돌아갔다.

2 돌이킬 수 없는 선택

스탠포드 대학으로 돌아와 평온하게 지내면서 서울에서 있었던 정몽준 명예이사장과의 만남과 대화가 머릿속을 떠나지 않았다. 명예이사장과 3시간 정도 나눈 대화에서 '신중히 다시 생각하길 바란다', '그 자리에 적합하지 않으니 좋은 분을 모시길 바란다' 등 완강히 사양하지 않던 내 온건한 언급이 총장직에 대한 수용으로 해석될 수도 있겠다고 생각하니 머리가 무거웠다.

이런저런 생각을 하는데 정정길 이사장으로부터 전화를 받았다. 이사장은 "오 총장의 임용 준비를 진행하고 있으니 다른 생각 말고 3월 초에 귀국하기 바란다"면서 "이미 모든 상황이 돌이킬 수 없게 되었으니, 편한 마음으로 그곳 대학 일을 마무리하고 귀국해 서울에서 보자"고 덧붙였다. 이곳에서 복무 계약을 이행하려면 4월 이후에야 귀국할 수 있는데 2월 말까지는 귀국하기 쉽지 않다고 했다. 이사장은 "그런 일은 오 교수가 잘 처리하기 바라며 귀국 준비를 서두르라"고 당부했다. 서울대에서 30년 가까이 지근거리에서 모셨던 사이인지라 허물없이 긴박한 상황을 말해준 것이다. 다른 선택의 답변을 할 수 있는 상황이 아니었다.

순간 "이제 다른 생각은 하지 않고 새 임지로 가는 것을 숙명이라고 생각하자"고 다짐했다. "아무런 단서도 달지 않고, 마음속의 조그마한 유보도 남겨놓지 말고, 내가 스스로 그 직을 택했다고 생각하자. 내게 보여준 신뢰에 감사하는 길은 '직을 고맙게 수용하고 그 직무를 성실히 수행하는 것' 외에는 없다"고 스스로를 격려했다.

3 총장직 수용을 결정하다: 시선보다 새로운 도전 선택

총장직 제안을 수용하기로 마음을 굳히는 과정에서 나 스스로에 대한 확신을 세워야 했다. 서울대 교수들에게 내 결정을 어떻게 설명할지 곰곰이 고민했다. 비록 공직의 모자를 벗었지만, 서울대 동료들의 기대에 부응해야 할 책무가 있으니 말이다. 내가 수행한 공직의 가치가 과거형이지만, 그것을 현재와 미래에도 스스로 지켜야 한다고 믿었다. "이 믿음이 내 새로운 선택과 어떻게 양립될 수 있는가, 서울대 구성원들이 내 선택을 바라보는 시선이 어떨까, 여기에 대한 내 응답은 무엇이어야 할까"라는 자기 성찰에 잠겼다. 평소에 공직을 수행할 때 사실과 내용도 중요하지만, 구성원들의 시선도 중요하다는 말을 자주 했다. 그런 사람이 자신의 선택에 대한 따가운 시선을 어떻게 극복할 수 있을까 하는 문제에 직면했다.

30년간의 교수, 4년간의 대학 책임자로서 얻은 경험이 개인에 귀속되는 것만이 아니라 상당 부문 공적 자산public asset이라고 생각했다. 그렇다면 이 공적 자산을 다시 활용할 기회를 여는 것은 공직의 모자를 썼던 사람으로서의 또 다른 도전이라고 봐야 한다고 마음을 정리했다. 새 가치 창출에 이바지할 수 있는 역할이 부여되는 곳이라면 어디든 갈 수 있다는 자기 확신과 긍정의 자세가 중요하다고 생각했다. 새 임지에서 내가 할 수 있는 일은 미래의 불확실성과 좌절감에서 벗어나지 못하는 교직원과 학생들을 격려하고 그들이 자기실현과 공동체 발전에 이바지할 수 있다는 자신감을 고취하는 일이리라.

가족들에게 이해를 구하는 일이 남았다. 가족들에게 "그동안 30여 년 대학에서 학생을 가르친 내가 그래도 잘할 수 있는 일은 학생들을 격려하는 일"이라고 하면서 이해를 구했다. 정년 1여 년을 앞두고 서울대에 사직서를 제출했다. 2015년 6월 1일, 서울대에서 '겸손과 격려, 공동체의 자부심'을 주제로 고별 강연을 했다. 내게 존재와 영혼의 꿈을 심어주었던 서울대 교수가 된 지 33년 만에 남이 나를 보는 시선을 뒤로한 채 새 임지로 떠났다.

02

법인 전환 후 총장 보수 결정
: 이전과 동일한 수준으로

1 법인 전환과 총장 보수 책정의 자율성
2 이사회에서 총장 보수 인상을 논의하다
3 사회자 입장으로 결론을 내리다: 총장 보수 동결
4 자신에 관한 문제는 자신이 결정을 주도해야 한다

1 법인 전환과 총장 보수 책정의 자율성

2012년 1월, 서울대가 국립대학법인으로 전환되면서 총장 보수
를 새롭게 정하는 문제가 이사회 의제로 상정되었다. 그동안 서울대
총장 보수는 국가공무원 전체 보수 체계 속에서 국무위원에 해당
하는 국립대학 총장 직급의 보수로 일괄 결정되었다. 2012년 기준,
서울대 총장 보수는 총급여액 1억 3800만 원, 세후 실수령액 1억
661만 원이었다.

법인으로 전환되면서 총장 보수를 서울대가 스스로 정해야 하는
상황이 찾아왔다. 서울대 이사회는 대학본부에 총장 보수에 대한

개선안 마련을 요청했다. 기획처장이 중심이 되어 총장 보수(안)을 준비했지만, 별다른 진전이 없었다. 그 이유는 총장 개인의 문제라 간부들이 민감하게 생각했고 새로 출범한 서울대 법인 체제에서 총장의 보수 수준이 세간의 관심사가 될 수도 있기 때문이다.

기획처장은 국내 사립대학 총장의 보수 수준, 외국 대학 총장 보수의 결정 방식을 검토하다가 일정 수준의 기본 급여 인상(안)과 기본 급여 외에 성과급을 도입하는 새로운 총장 보수(안)을 이사회에 참고 의견으로 제출했다.

2 이사회에서 총장 보수 인상을 논의하다

서울대 이사회에서 본격적인 논의가 이루어졌고 나는 이사장으로서 사회를 진행했다. 안건이 나와 관련이 있으니 내가 회의장 바깥에 나가 있는 것이 관행이지만 사회자라 자리를 비울 수도 없었다. 이사들이 보수 체계를 새롭게 만들어야 한다고 주장했다. 그동안 총장 보수가 국가공무원 보수 체제에 묶여 있었으니 이제는 이사회가 자율적으로 결정하는 것이 법인 전환 취지에 부합하다는 것이다. 이사들은 현재 총장 보수가 사립대학에 비해 낮은 수준일뿐더러 국가 최고 국립대학 책임자로서 안고 있는 무거운 책무에 비추어 상당 폭의 인상이 불가피하다고 주장했다. 특히 그룹 CEO 출신 박용현 이사는 총장 보수의 비교 대상이 국내 사립대학이 아닌 민간 CEO여야 한다고 했다. 몇몇 이사들은 기본급 외에 총장의 성과 평가를 근거로 성과급 보수 체계를 도입해야 한다고 지적했다. 이사들의 발언은 대체로 봉급 인상 방향으로 흘러갔고 나는 사회자로서 이사들의 발언을 집약해 결론을 내려야 할 시점에 이르렀다.

사회를 보는 이사장 책무는 이사들이 낸 의견을 집약해서 결론을 내리고, 그 결론에 대해 이사들의 최종 동의를 받는 일이다. 그러나 이날 의제는 사회자인 이사장(총장 겸임)의 보수를 결정하는 회의인 만큼 신중할 수밖에 없었다. 어쩌면 단호해야 할 입장이었다. 사회자의 역할 모순이 드러난 회의이기도 했다.

3 사회자 입장으로 결론을 내리다: 총장 보수 동결

결론 의견을 집약하는 대신 총장으로서 개인 의견을 표명했다. 사회자가 개인 의견을 표명하는 데 대해 이사들의 이해를 구했다. 서울대 총장 보수를 법인 전환 취지에 맞추어 새롭게 책정해야 하지만, 우리 사회의 대학에 대한 정서를 고려해 반대 입장을 밝혔다.

첫째, 서울대 총장은 우리나라 고등 교육의 상징인 만큼 보수 체계도 기존 국립대학 총장 보수와 동일한 수준을 유지해야 한다.

둘째, 자율적 고등 교육 기관으로 새 출발하는 서울대 이사회가 출범한 지 얼마 되지 않아 총장 보수 인상을 의결하는 것은 시기상조다.

셋째, 서울대 운영에 관한 자율성은 교육과 연구 등 학문 진흥 영역에서 주된 의미가 있지 총장 보수 결정까지 그 기준을 원용하는 것은 견강부회에 가깝다.

넷째, 서울대 교수와 직원들이 호봉 승진에 따른 보수 인상에 만족하는데 총장 보수를 구성원들과 별도로 구분해 인상(안)을 다루는 것은 사리에 맞지 않다.

다섯째, '반값 등록금' 등 대학 등록금 인하에 대한 사회적 요구가 있는 상태에서 총장 보수 인상안은 국민과 언론의 시각에서 소망스럽지 않다.

이 논리를 토대로 보수 인상(안)에 반대한다고 명확히 주장했다. 만일 이사회가 보수 인상(안)을 의결하더라도 집행 권한을 쥔 총장이 그 안을 집행하지 않겠다고 했다. 이사들은 내 단호함에 직접 이의를 달지 않았지만 계속 보수 인상의 당위성을 언급했다.

한 이사는 "오늘 논의하는 총장 보수 인상(안)이 오 총장에게만 적용되는 것이 아니니, 후임 총장을 위해서라도 일정 수준의 보수 인상을 단행해야 한다"고 주장했다. 그 이사는 "오 총장이 인상안에 대해서 동의하지 않으면 시행 보류 기간을 두어 오 총장의 후임 총장 때 적용하면 어떻겠는가"라는 수정 의견을 제안하기도 했다. 이런 논의가 있었음에도 그날 열린 이사회는 총장 보수 책정(안)을 없었던 일로 하자는 데 의견을 모았다. 총장 보수는 자연스럽게 동결되었다.

4 자신에 관한 문제는 자신이 결정을 주도해야 한다

우리 국민의 마음속에는 평등 의식이 깊이 잠복해 있다. 특히 고위 공직자가 높은 보수를 받는 것에 대해 마음속으로는 동의하지 않는 구석이 있다. 고위 공직자로서 명예와 권한을 가지고 있으면서 높은 보수를 받는 것에 대한 이해의 범위는 넓지 않다. "명예와 권한을 가지고 있는 사람들이 돈까지 많이 가져간다"는 세간의 시선이 아직도 걷히지 않는 실정이다. 이러한 일부 국민의 시선은 '역량과 성과, 책무에 따라 보수를 결정해야 한다'는 서구의 합리주의적 시각과는 거리가 있다. 이런 시선의 옳고 그름을 떠나 이것이 현실이라는 점을 직시하면 고위 공직자의 보수 결정은 신중하게 결정해야 한다.

더구나 교육자 지위에 있는 고위 공직자에 대한 시선은 더욱 엄격하다. "교육자가 돈을 추구하다니"라는 학부형들의 따가운 시선은 결코 지나치기 어렵다. 반값 등록금 파동으로 대학이 몸살을 앓는 시점에 평범한 시민의 봉급 인상 비율을 넘는 대학 최고 책임자의 보수 인상 결정은 절제해야 마땅하다.

보수 인상에 관한 사회적 인식을 염두에 둘 때, 자신의 보수 인상(안)에 대한 결론은 합의제 의결 기구의 다수 의견에 따라 순리적으로 결정해서는 안 된다고 판단했다. 내 문제이니 직접 나서서 말리는 노력을 주도할 때 이사회가 사회적 눈높이에 맞춘 의사 결정을 할 수 있다고 여긴 것이다. 만일 내가 이사들이 낸 의견을 좇아 보수 인상(안)을 의결했다면 대학 구성원들의 반응은 어땠을까? 언론은 어떻게 보도했을까? 국회교육과학위원회는 나를 불러 어떤 질의를 했을까? 이런 생각을 하면 내가 주도한 봉급 동결 결정에 공감해 준 이사들께 감사하고 싶다.

이 일을 겪으면서 자신에 관한 문제는 '자신이 앞장서서 주도해야 한다'는 점을 확인하게 되었다. 그렇지 않으면 자신에게 유리한 제안

이 기관의 최종 의사 결정으로 귀결될 수가 있고, 그 결론이 자신은
물론 기관 전체의 권위에 손상을 줄 우려가 다분히 있기 때문이다.
구성원들은 기관의 최고 책임자가 자신의 일과 관련해서는 마음을
비우는 모습을 보고 싶어 하는 정서가 엄존한다는 사실을 지나쳐서
는 안 된다.

03

총장 공관 신축 계획의
백지화를 스스로 주도하다

1 공관 신축 계획을 마련하다
2 공관 신축 제약 요소
3 공관 신축 계획의 허점: 필요성 낮고 긴급성 없어
4 백지화를 단행하다
5 공관 신축 백지화 과정에서 얻은 교훈
  1) 사실 못지않게 구성원 내면에 있는 시선을 고려한다
  2) 상위 책임자가 스스로 시선을 찾아내야 할 책무가 있다
  3) 기관 책임자 관련 사안은 높은 상징성을 고려한다

1 공관 신축 계획을 마련하다

2015년 3월 2일, 울산대에 첫 출근 하면서 부총장을 비롯한 몇몇 간부가 내 거처에 대해서 고민을 토로했다. 학내에 총장 관사가 있지만, 낡아서 지내는데 부적절하다는 것이다. 일단 총장이 머무를 곳이 있어야 하니 대학 인근 옥동에 아파트 전세를 얻을 계획이라고 했다. 대학 실정을 모르는 나로서는 부총장 제안에 경청했고, 아파트 전세 계약을 체결하면 입주하겠다고 했다. 그때까지는 호텔에

머무르기로 했다.

호텔에서 출퇴근한 지 일주일이 지난 시점이다. 재단이사 중 한 사람인 현대중공업 권오갑 사장이 요즈음 사정을 듣고 총장 거주를 위한 특별 대책을 세워야 한다고 강조했다. 권 사장은 총장이 전세 아파트에 거주하는 것은 부적절하다면서 기존의 낡은 공관을 허물고 그 자리에 공관을 신축하는 것이 바람직하다는 입장이었다. 신축할 때까지 울산 동구 외국인 거주 단지에 머물자고 제안해왔다. 권 사장의 제안을 받아들여 그곳에 둥지를 틀었다. 권 사장은 대학의 총무처장 등 간부에게 공관 신축을 당부했다.

본부의 담당 부서는 권오갑 사장의 제안을 긍정적으로 받아들여 공관 신축 계획 수립에 착수했다. 신축 근거는 기존 공관을 수리하거나 리모델링하는 것보다 차라리 신축하는 것이 효율적이라는 데 있었다. 이렇게 해서 4월 초, 공관 신축 계획안이 빛을 보게 되었다.

2 공관 신축 제약 요소

대학 간부들은 공관 신축에 대해 대부분 공감대를 표시했고 본부 시설 팀이 신축 계획을 진행했다. 대학에 부임한 지 얼마 되지 않은 나로서는 일일이 의제를 조율할 수 있는 위치에 있지 않아 공관 신축 계획을 수동적으로 받아들였지만, 마음 한구석은 내키지 않았다. 울산대의 열악한 재정 여건에서 총장 공관 신축이 바람직한지 회의적인 시각을 갖고 있었기 때문이다.

울산대는 수년간 등록금 동결에, 재단으로부터의 정상적 전입금 수입 확보가 어려운 상황이었다. 즉각적인 예산 구조 조정을 취하지 않으면 내년도에 적자 예산을 편성할 수밖에 없었다. 여기에 울산산학융합지구(울산테크노산업단지) 토지 매입 대금 납입이라는 복병을 만나 수습해야 하는데 '총장 공관 신축'이라는 달갑지 않은 과제에 마주치게 된 것이다.

예산 팀 간부에게 신축 예산을 어디에서 충당하느냐고 물었다. 예산 팀 간부는 이미 확보한 총장 주거용 임대비와 예비비에서 충당할 것이라고 했다. 총장 주거용 임대비는 그렇다 치고 예비비 항목은 예기치 못한 비상 수요에 대응하는 예외적 지출이라는 사실을 잘 아는 나로서는 공관 신축에 예비비를 활용한다는 말에 마음이 편치 않았다. 그러나 진행하는 사안에 꼬리를 다는 것이 옳지 않다고 생각해서 일단은 지켜보기로 했다.

3 공관 신축 계획의 허점: 필요성 낮고 긴급성 없어

2015년 6월, 이듬해 예산 편성을 점검하다 보니 살림살이가 더 어려워지리라 직감했다. 각 부서의 기존 예산에 대한 영기준 점검을 주도했다. 문득 이런 재정적 어려움을 목격하면서 총장 공관 신축을 진행하는 것이 바람직한지 다시 회의론에 빠졌다. 대학 구성원들이 함께 고통 분담을 감수해야 하는 시점에 불요불급한 총장 공관 신축에 6억을 지출한다니 용납하기 어려웠다. 고통 분담을 호소해야 할 책임자가 거주하는 집을 신축한다는 것은 전형적인 자기모순의 행태라고 진단했다.

총장 공관 신축의 필요성과 긴급성에 대해 다시 한번 고민했다. 총장 공관 용도를 살펴보니 대학 구성원, 동창회, 관내 주요 인사의 초청 행사 등 1년에 10회 정도 공관 행사가 있을 뿐 공관을 통한 공적 임무 수행 영역이 그리 활발하다고 보지 않았다. 총장의 주거 목적이 공관 존재의 주된 이유였다.

또 하나는 긴급성에 대한 판단이다. 대학 재정이 넉넉하다면 공관 활용도를 떠나 대학의 상징적 공간으로 유지해도 괜찮으나, 힘든 재정 여건 아래서 예비비까지 동원해 새 관저를 지을 것까지는 없다고 판단했다.

때마침 교수협의회 소속 일부 교수가 총장 공관 신축이 적절한지 의문을 제기했다는 사실을 알게 되었다. "총장이 부임하자마자 공관 신축에 착수하는 이상한 일을 한다"는 어떤 교수의 전언을 접하기도 했다.

4 백지화를 단행하다

이 시점에 시설 팀은 새 공관의 설계 도면 설명회를 열었다. 다음 날 곰곰이 생각한 끝에 총장 공관 신축 계획을 백지화하기로 했다. 객관적 조건이 성숙되지 않은데다 학내 구성원들 시각에서도 바람직하지 않다고 판단했다. 무엇보다도 나 자신의 주거를 위해 무리한 조치를 하니 나 스스로를 설득하지 못했다. 설계도를 이미 만들었지만 차기 총장 때나 추후에 활용하면 된다고 생각했다.

시설 팀과 본부 간부들에게 내 '백지화' 결론을 소상히 설명하고 이해를 구했다. 공관 신축을 권했던 상당수 보직 교수들도 내 결심에 공감을 표했다. 아마도 상당수 보직 교수들도 속으로는 공관 신축에 유보적 입장이었을 수 있으나, 총장이 살 집이니 뭐라 말하기가 어려웠을 것이다. 교학부총장으로부터 "참 잘했다"는 격려를 받으니 만시지탄의 결정이라고 생각했다. 만일 내가 공관 신축 백지화를 결심하지 않았다면 보직 교수들은 근심에 찼을 것이다.

요즈음 울산 동구의 외국인 거주 단지에 머물면서 45분 거리에 있는 대학으로 출퇴근하고 있다. 아마도 임기 내내 하루 2번씩 태화강변 아산로를 지나면서 울산의 정취를 만끽할 수 있으리라.

5 공관 신축 백지화 과정에서 얻은 교훈

1) 사실 못지않게 구성원 내면에 있는 시선을 고려한다

공관 신축 백지화 과정에서 얻은 첫 교훈은 사실fact 못지않게 시선이 중요하다는 점이다. 공관 신축을 논의하는 과정에서 많은 보직자가 공관 신축의 객관적 필요성을 공감했지만, 현재의 재정 여건 아래서 총장 공관 신축이 매우 중요한 것이 아니라는 내면의 생각을 품었을 듯싶다. 다만 총장이 거주해야 할 집이 필요하다는 사실에 이의를 제기하기가 어려웠을 것이다.

더 나아가서 평교수나 직원들 시선은 보직 교수들보다 더 엄격했을 것이다. 고통 분담을 솔선수범해야 할 대학 책임자가 재정 여건에 역행하는 것이라는 시선이 엄존했을 것이다. 명시적으로 노출되지 않았을 뿐이다.

의사 결정에서 객관적 필요성은 당연한 요건이지만, 이에 못지않게 구성원들 내면에 있는 시선을 찾아내 그것을 읽고 실천하는 것도 중요한 요소다. 더구나 책임 있는 위치에 있는 공직자일수록 구성원들의 시선을 고려하거나 중시하는 자세가 바람직한 의사 결정에 이르는 길이리라.

2) 상위 책임자가 스스로 시선을 찾아내야 할 책무가 있다

기관의 상위 책임자와 관련된 의사 결정은 상위 책임자 자신이 스스로 문제를 풀지 않으면 어느 누구도 바른 제언을 하기 어렵다. 우리나라의 권위주의적 조직 문화 아래서 "상위 책임자 비위를 거스르지 않을까" 하는 과민함으로 간부들이 상위 책임자의 의중을 따르려는 경향이 있음을 부인하기 어렵다. 이런 상황일수록 상위 책임자가 자신과 관련된 문제를 주위의 시선을 광범위하게 살피고 참모들의 속마음을 읽으려는 결자해지 노력을 기울이지 않으면 최종 결론이 엉뚱한 방향으로 흐를 수 있다. 그러므로 자신에 관한 문제는 자신을 편하게 해주려는 주위 조언을 뿌리치고 스스로 결정을 주도하는 것이 바람직하다.

3) 기관 책임자 관련 사안은 높은 상징성을 고려한다

불과 6억 원 규모의 공관 신축 예산이지만 기관 책임자와 관련된 사안의 상징성은 매우 크므로 신중하게 의사를 결정해야 할 것이다. 기관 책임자와 관련된 사안은 대다수 구성원이 주시하고 있다. 엄격한 잣대로 사안을 꿰뚫어보는 경향도 있다. 기관 책임자의 사소한 일도 때로는 구성원들의 입에 회자되고 비판적 논의가 쉽게 확산되는 만큼 기관 책임자는 이러한 기본적 분위기를 항상 유념해 결정에 임해야 한다.

기관 책임자가 주요 정책이나 시책을 결정하는 과정에서 구성원들의 비판을 받는 것은 그 목표와 취지가 정당하다면 그럴 만한 가치가 있고 당연히 감수해야 한다. 개인적인 일로 구성원들의 비판과 비방 대상이 된다면 스스로 공적 권위를 훼손하는 것이라고 생각해야 한다. 특히 정치적으로 민감한 사안에 대한 결정은 예산 규모나 관행을 불문하고 신중하게 대처해야 한다는 것을 일깨워주었다.

『결정의 미학』를 완성하면서 비록 평범하지만 몇 가지 메시지를 정리했다.

가치 지향적 인사와 미래 지향적 리더십

인사 결정은 소속 집단으로부터 또는 관련 그룹의 의견을 청취하면서 임용 직책이 필요로 하는 객관적 역량을 확인하고 기관의 가치 창출에 이바지할 수 있는 인물을 선택하는 과정임을 확인했다. 직책이 요구하는 객관적 조건과 기관이 추구하는 가치에 부합하는 인물을 발굴하는 '가치 지향형 인사'가 리더십의 출발이라고 믿었다.

현존하는 기관들의 역할과 기능은 대부분 기존 시스템으로 가동한다. 그런 만큼 기관의 책임 그룹은 새로운 제도 설계와 새로운 일의 모색에 리더십 에너지의 가장 많은 부분을 쏟아야 한다. 이런 점에서 기관 책임자의 지도력은 기존 시스템으로 하여금 새로운 가치 창출에 매진할 수 있도록 변화와 쇄신의 동력을 불어넣는 일이 중요하다. 어떤 기관이 살아 있으면서 미래로 전진하는 존재인지, 현상 유지에 머무르는 정태적 조직인지를 가르는 기준이 바로 '미래 지향 적 리더십'에 달려 있다고 말할 수 있다.

갈등 극복과 시스템 역량 확립

정책 결정을 단순화하면 제도 변화와 새로운 사업의 형성으로 구분할 수 있다. 전자는 규칙rule과 가치 구조value structure 변화에, 후자는 하드웨어적hardware 가치 증대positive sum에 의사 결정의 초점을 맞춘다고 볼 수 있다.

가치 선택이 공히 의사 결정의 출발점이자 본질이라고 볼 수 있다. 다만 '제도의 변화'가 주축을 이루는 의사 결정은 이익과 목표를 조정하는 과업이 의사 결정의 요체다. 이 과정에서 발생하는 갈등을 조율하고 이를 극복하기 위해 환경과의 상호 신뢰를 구축하는 작업이 필수적이다.

한편, 새로운 사업은 자원을 확보하는 과정에서 기존 역량의 경계를 넘는 노력이 결정의 핵심이다. 총량적 가치를 증대시키는 결정은 갈등 발생 빈도가 낮은 편이나 기존 역량의 한계를 뛰어넘기 위해 내부 역량을 축적하고 환경으로부터 적극적 지지를 확보하는 것이 매우 중요하다.

정책 결정을 구성하는 개념 틀		
	제도와 규칙의 변화 software decision making	새로운 사업, 가치 증대 hardware decision making
결정 출발점	가치(보편적 이익) 선택	
활동 내용	이익 조정	자원 확보
제약 요인	개별 이익 추구와 갈등 발생	역량 한계
과업	갈등 조정	한계 극복
환경 요인	환경 지지(반대의 극복)	환경 지지(긍정적 지지 확대)
요구되는 리더십	갈등 조정과 공감대 형성	시스템 역량 증대와 책임자의 헌신

공감대 형성과 책임자의 헌신

이러한 이분법적 비교를 기준으로 할 때 제도의 변화와 관련된 결정은 가치 선택, 목표와 이익을 조정하는 과정에서 발생하는 갈등을 치유하는 기관 내외의 공감대 형성에 주력하는 지도력을 중시해야 한다. 한편 새로운 사업은 시스템 역량을 증대시키는 책임자의 헌신과 전략이 사업 성패를 가늠하는 결정적 요소임을 확인했다.

51개의 결정 사례를 정리하면서 기관 책임자가 수행해야 할 미션 mission을 집약했다. 첫째, 가치 설정(비전). 둘째, 사람 선택(인사). 셋째, 역량 증대(자원). 넷째, 갈등 극복(공존과 화합). 다섯째, 환경 지지(소통)

KI신서 6634

결정의 미학

1판 1쇄 인쇄 2016년 6월 29일
1판 1쇄 발행 2016년 7월 6일

지은이 오연천
펴낸이 김영곤 **펴낸곳** (주)북이십일 21세기북스
인문기획팀장 정지은 **책임편집** 장보라
디자인 표지 이하나
출판사업본부장 안형태 **출판영업팀장** 이경희
출판영업팀 정병철 이은혜 권오권 **출판마케팅팀** 김홍선 최성환 백세희 조윤정
홍보팀장 이혜연 **제작팀장** 이영민

출판등록 2000년 5월 6일 제406-2003-061호
주소 (10881) 경기도 파주시 회동길 201(문발동)
대표전화 031-955-2100 **팩스** 031-955-2151
이메일 book21@book21.co.kr

ⓒ 오연천, 2016

ISBN 978-89-509-6581-5 03320
책값은 뒤표지에 있습니다.

(주)북이십일 경계를 허무는 콘텐츠 리더

21세기북스 채널에서 도서 정보와 다양한 영상자료, 이벤트를 만나세요!
북이십일과 함께하는 팟캐스트 '[북팟21] 이게 뭐라고'
페이스북 facebook.com/21cbooks **블로그** b.book21.com
인스타그램 instagram.com/21cbooks **홈페이지** www.book21.com